U0453431

教育部人文社会科学重点研究基地成果
中国语言文学国家"双一流"建设学科成果

汉语方言语法研究丛书

顾问　邢福义　张振兴

主编　汪国胜

石城方言语法研究

曾毅平◎著

中国社会科学出版社

图书在版编目（CIP）数据

石城方言语法研究/曾毅平著.—北京：中国社会科学出版社，2024.3
（汉语方言语法研究丛书）
ISBN 978-7-5227-2998-5

Ⅰ.①石⋯　Ⅱ.①曾⋯　Ⅲ.①赣语—语法—方言研究—石城县　Ⅳ.①H175

中国国家版本馆 CIP 数据核字（2024）第 033963 号

出 版 人	赵剑英
责任编辑	张　林
特约编辑	张　虎
责任校对	朱妍洁
责任印制	戴　宽

出　　　版	中国社会科学出版社
社　　　址	北京鼓楼西大街甲 158 号
邮　　　编	100720
网　　　址	http://www.csspw.cn
发 行 部	010-84083685
门 市 部	010-84029450
经　　　销	新华书店及其他书店

印刷装订	北京君升印刷有限公司
版　　次	2024 年 3 月第 1 版
印　　次	2024 年 3 月第 1 次印刷

开　　本	710×1000　1/16
印　　张	16.5
插　　页	2
字　　数	263 千字
定　　价	99.00 元

凡购买中国社会科学出版社图书，如有质量问题请与本社营销中心联系调换
电话：010-84083683
版权所有　侵权必究

总　　序

　　20世纪80年代以来，随着汉语方言研究的拓展和深化，方言语法的研究越来越受到学界的关注和重视。一方面是因为方言语法在客观上存在着不同程度的不容小觑的差异，另一方面，共同语（普通话）语法和历史语法的深入研究需要方言语法研究的支持。

　　过去人们一般认为，跟方言语音和词汇比较而言，方言语法的差异很小。这是一种误解，让人忽略了对方言语法事实的细致观察。实际上，在南方方言语法上的差异还是不小的，至少不像过去人们想象的那么小。当然，这些差异大多是表现在一些细节上，但就是这样一些细节，从一个侧面鲜明地映射出方言的特点和个性。比如湖北大冶方言的情意变调①，青海西宁方言的左向否定②，南方方言的是非型正反问句③，等等，这些方言语法的特异性表现，既显示出汉语方言语法的丰富性和复杂性，也可以提升我们对整体汉语语法的全面认识。

　　共同语语法和方言语法都是对历史语法的继承和发展，它们密切联系，又相互区别。作为整体汉语语法的一个方面，无论是共同语语法还是历史语法，有的问题光从本身来看，可能看不清楚，如果能将视线投向方言，则可从方言中获得启发，找到问题解决的线索和证据。朱德熙先生和邢福义先生等关于汉语方言语法的许多研究就是明证。④ 可见方言语法对于共同语语法和历史语法研究的重要价值。

---

① 汪国胜：《大冶话的情意变调》，《中国语文》1996年第5期。
② 汪国胜：《从语法角度看〈现代汉语方言大词典〉》，《方言》2003年第4期。
③ 汪国胜、李嬰：《汉语方言的是非型正反问句》，《方言》2019年第1期。
④ 朱德熙：《从历史和方言看状态形容词的名词化》，《方言》1993年第2期；邢福义：《"起去"的普方古检视》，《方言》2002年第2期。

本"丛书"由教育部人文社会科学重点研究基地华中师范大学"语言与语言教育研究中心"筹划并组织编纂，主要收录了两个方面的成果：一是单点方言语法的专题研究（甲类），如《武汉方言语法研究》；二是方言语法的专题比较研究（乙类），如《汉语方言疑问范畴比较研究》。其中有的是国家或教育部社科基金项目的结项成果，有的是作者多年潜心研究的学术结晶，有的是博士学位论文。就两类成果而言，应该说，当前更需要的是甲类成果。只有把单点方言语法研究的工作做扎实了，调查的方言点足够多了，考察足够深了，有了更多的甲类成果的积累，才能更好地开展广泛的方言语法的比较研究，才能逐步揭示汉语方言语法及整体汉语语法的基本面貌。

　　出版本"丛书"，一方面是想较为集中地反映汉语方言语法的研究成果，助推方言语法研究，另一方面，也是想为将来汉语方言语法的系统描写做点基础性的工作。"丛书"能够顺利面世，得力于中国社会科学出版社张林编辑的全力支持，在此表示衷心的感谢。"丛书"难免存在这样那样的问题，盼能得到读者朋友的批评指正。

汪国胜

2021 年 5 月 1 日

目　　录

第1章　概述 …………………………………………………… (1)
　1.1　石城概况 ………………………………………………… (1)
　1.2　石城对客家民系发祥的意义 …………………………… (5)
　1.3　石城下水片方言龙岗话 ………………………………… (11)
　1.4　研究对象和方法 ………………………………………… (15)
　1.5　语料来源及体例说明 …………………………………… (16)

第2章　名词 …………………………………………………… (18)
　2.1　名词的语法特征、分类、功能 ………………………… (18)
　2.2　名词语缀 ………………………………………………… (21)
　2.3　名词的逆序构词 ………………………………………… (40)
　2.4　名词性别表示法 ………………………………………… (41)
　2.5　名词的重叠 ……………………………………………… (44)
　2.6　名词的小称 ……………………………………………… (47)

第3章　方位词、处所词、时间词 …………………………… (49)
　3.1　方位词 …………………………………………………… (49)
　3.2　处所词 …………………………………………………… (55)
　3.3　时间词 …………………………………………………… (57)

第4章　代词 …………………………………………………… (64)
　4.1　人称代词 ………………………………………………… (64)
　4.2　指示代词 ………………………………………………… (73)
　4.3　疑问代词 ………………………………………………… (84)

第5章　动词的体 ……………………………………………… (91)
　5.1　起始体 …………………………………………………… (91)

5.2　接续体 ……………………………………………………（96）
　　5.3　进行体 ……………………………………………………（97）
　　5.4　持续体 ……………………………………………………（98）
　　5.5　完成体 ……………………………………………………（101）
　　5.6　经历体 ……………………………………………………（107）
　　5.7　已然体 ……………………………………………………（108）
　　5.8　体标记讨论 ………………………………………………（110）
第6章　形容词 ………………………………………………………（113）
　　6.1　形容词附缀形式的多样性 ………………………………（113）
　　6.2　形容词的级范畴 …………………………………………（117）
　　6.3　由动词生成的形容词 ……………………………………（118）
第7章　实词衍音 ……………………………………………………（119）
　　7.1　名词衍音 …………………………………………………（119）
　　7.2　形容词衍音 ………………………………………………（123）
　　7.3　动词衍音 …………………………………………………（127）
第8章　介词 …………………………………………………………（130）
　　8.1　介词概说 …………………………………………………（130）
　　8.2　介词系统 …………………………………………………（130）
　　8.3　主要介词的用法 …………………………………………（132）
第9章　助词 …………………………………………………………（163）
　　9.1　结构助词 …………………………………………………（163）
　　9.2　语气助词 …………………………………………………（180）
第10章　副词 ………………………………………………………（189）
　　10.1　程度副词 ………………………………………………（189）
　　10.2　时间副词 ………………………………………………（191）
　　10.3　范围副词 ………………………………………………（194）
　　10.4　否定副词 ………………………………………………（195）
　　10.5　情态、语气副词 ………………………………………（196）
　　10.6　副词的两点特色 ………………………………………（198）
第11章　处置句 ……………………………………………………（199）
　　11.1　处置式（NP$_1$）＋拿＋NP$_2$＋VP ………………………（199）

11.2　处置句标记"拿" …………………………………………（200）
　11.3　介词宾语与 V 的关系 …………………………………（201）
　11.4　介词宾语 ………………………………………………（202）
　11.5　处置句 VP 的复杂性 …………………………………（203）
　11.6　处置句和 SVO 句的转换 ………………………………（204）
　11.7　"把"字句的普方转换 …………………………………（208）
第 12 章　被动句 …………………………………………………（210）
　12.1　被动标记"等""拿""逮" ……………………………（210）
　12.2　被动句的基本特点 ……………………………………（212）
　12.3　被动和处置嵌套句 ……………………………………（213）
第 13 章　双宾句 …………………………………………………（215）
　13.1　"给予"类双宾句 ………………………………………（215）
　13.2　"取得"类双宾句 ………………………………………（217）
　13.3　"同等"类双宾句 ………………………………………（218）
第 14 章　比较句 …………………………………………………（220）
　14.1　比较标记 ………………………………………………（220）
　14.2　等比句 …………………………………………………（221）
　14.3　差比句 …………………………………………………（223）
第 15 章　疑问句 …………………………………………………（225）
　15.1　特指问 …………………………………………………（225）
　15.2　是非问 …………………………………………………（228）
　15.3　选择问 …………………………………………………（231）
　15.4　反复问 …………………………………………………（233）
第 16 章　其他句式 ………………………………………………（235）
　16.1　"来、去"句 ……………………………………………（235）
　16.2　"有"字句 ………………………………………………（237）
　16.3　"添"字句 ………………………………………………（238）
第 17 章　综合讨论 ………………………………………………（240）
　17.1　语法中的存古现象 ……………………………………（240）
　17.2　与客家祖地方言的关系 ………………………………（240）
　17.3　客家方言语法的内部一致性 …………………………（241）

17.4　客家方言语法中的异质因素 …………………………………（241）
17.5　关于重叠构词 ……………………………………………………（242）
17.6　关于"修饰成分后见" ………………………………………（243）
17.7　结语 ………………………………………………………………（243）
参考文献 ……………………………………………………………………（245）

第 1 章　概述

1.1　石城概况

1.1.1 地理概貌

石城县位于江西省东南部，赣州市东北部，地处闽赣边武夷山脉中段西麓。东部、东南部与福建宁化、长汀县隔山而居；北部、西部、西南部与本省广昌县、宁都县、瑞金市为邻，地理坐标为东经116°05′46″—116°38′03″，北纬25°57′47″—26°36′13″。面积1567平方公里。[①]

石城境内多山，山地丘陵面积占89%。由东北到东南有八卦脑、牛牯崠、牙梳山、金华山、东华山、正顶脑、棋盘石、鸡公崠、过风坳、刘家坳、高桥崠等千米以上的山峰。群峰壁立，山势逶迤，乃闽赣两省之天然屏障。东北到东南一线以西，千米以下的省际界山有仙山脑、寨老山、海螺岭，县际界山有仙人井、王贯头、杨家寨、白马崠、灵华山、将军寨、尖峰寨、梨子崠、八卦顶、莲花山、帽子崠等。县境内还散布着西华山、李腊石、丈夫嶂、通天寨、仙姑岭、红石寨、麒麟山、南华山等大小山岭，其中通天寨是著名风景区，丹霞地貌地质公园。山地丘陵之间，错以大小盆地，沿河冲积小平原多开垦为农田。石城水网属赣江水系，地处贡水二级支流中、上游区。境内河溪密布，有大小河流142条，主河道琴江自北而南贯通县境。赣江源头在县境南部高桥崠。石城县地貌特征被当地人概括为"八山半水一分田，半分道路

[①] 行政区域面积数据来源：国家统计局农村社会经济调查司编《2021中国县域统计年鉴（县市卷）》，中国统计出版社2022年版。

和庄园"。①

1.1.2　历史沿革

今石城县境周武王时为吴王封地。周元王三年（前473），越灭吴，遂属越。周显王三十六年（前333），楚灭越，属楚地。秦代属九江郡。汉属淮南国，次置豫章郡于都县，石城属之。三国吴设庐陵南部都尉揭阳县，石城为揭阳县地。晋揭阳易名陂阳，石城仍属之。

隋开皇十三年（593）置"场"，始有行政建制，因其地山石耸峙如城，故名"石城场"。南唐保大十一年（953）升场为县，初隶江南道昭信军，北宋隶虔州（976），元属赣州路宁都州（1296），明改属赣州府（1368），清乾隆十九年（1754）起属宁都直隶州，直至宣统三年（1911）。

民国成立后废府、州建制，1912年石城隶属江西省。民国十九年（1930）6月27日，中国工农红军第一次解放石城，石城隶属江西省苏维埃政府。1932年9月起，属福建省苏维埃政府。1933年2月，复属江西省苏维埃政府；同年8月，苏区政府析出石城横江、大由、龙岗、珠坑、洋地与瑞金县日东、湖陂和福建省宁化县淮阳，成立太雷县，县苏维埃政府驻横江，为中央直属县。1935年至1949年8月，石城隶属江西省第八行政区。

1949年9月30日，石城解放，隶属江西省宁都分区。1952年8月，宁都分区并入赣州分区，石城隶属赣州分区。1954年6月起属赣南行政区，1964年6月起属赣州专区，1970年后属赣州地区。1999年，赣州地区改为赣州市，辖石城县。

石城县现辖琴江、小松、屏山、横江、高田、赣江源6个镇，木兰、丰山、大由、龙岗、珠坑5个乡，以及1个城市社区管委会。有131个行政村、13个居委会。

1.1.3　资源特产

石城自然资源丰富。地下蕴藏钽、铌、钨、锡、钼、稀土、高岭土

---

① 数据来源：江西省石城县县志编辑委员会编纂《石城县志》，书目文献出版社1990年版；江西省基础地理信息中心编制《石城县政区图》（2020年）；石城县人民政府网站。

等26种矿产。现存野生动物37目106科405种，高等植物2358种，其中国家一级保护树种有伯乐树、南方红豆杉、银杏等。石城是赣江发源地，大小河溪水质纯净，无污染，水力资源蕴藏量约5.4万千瓦。琴江航道，宋代即通航。20世纪中叶以前，假舟楫可由琴江上游直下宁都梅江，入贡江达赣州，经赣江航道抵南昌北上鄱阳湖，由长江而入海。石城地热资源丰富，现已探明有九寨、通天寨（大畲）等7处温泉点，可开采量达1万立方米/天。经中国矿业联合会评审，石城被认定为"中国温泉之乡"。

石城物产素以农林产品为主。大宗商品有粮食、木竹、药材、纸张、烟叶。传统外销商品有横江重纸、晒烟、活鸡、冬笋、猪鬃、皮张等。横江重纸始产于南宋，明、清两代最盛，清乾隆年间以"天然国宝"被列为贡品，长期享誉大江南北，远销印度、缅甸等国。改革开放后，石城县大力发展白莲和烤烟生产，1996年被国务院命名为"中国白莲之乡"和"中国烟叶之乡"。白莲、烤烟、米粉、石城白药是知名土特产。

石城古有陶器和竹木加工等手工业。至明代，造纸业已具相当规模。清初传入夏布纺织业。嘉庆元年（1796）传入生铁冶炼业。民国三年（1914）引进棉纱织布机，十六年（1927）引进石印印刷术。1949年后逐步建立起有一定规模的电力、农机、化工、建材、食品、制药、机械修造等工业体系。改革开放后，石城县重视工业建设，矿山机械、农副产品加工工业得到较大发展，其中矿山机械科技含量高，拥有多个专利，占全国同类产品60%的市场份额。中国龙砚、南金纸等特色产品畅销全国，远销东南亚。

1.1.4 人文概要

石城建县伊始即兴县学，创建学宫。学宫又名文庙、孔庙、圣学，既是祭祀孔子的礼堂，又是教谕、训导的公廨，也是儒生读书的学校。历史上最早的书院建于唐长兴年间。北宋元宝中，石城学子温革，于汴京购得大批国子监出版图书还乡，择山水优美之地——柏林创建学堂，称柏林讲学堂，就读者除乡里子弟外，亦有远自闽粤诸州府者，一时名闻遐迩。历代所建书院还有通政书院（宋绍兴四年）、琴江书院（宋）、龙门书院（明）、屏山书院（清咸丰）、横江书院（清咸丰）、长松书院（清同治）、鳌峰书院（清同治）、大由书院（清光绪）等。两宋300余年，登进士者计14人。南宋巫双瑞探花及第，清代刘寅中式解元。历史名人有北宋进士陈恕，以文才、学术擢任参知政事、盐铁使，为人有清鉴，名相寇准即为其所荐。南宋陈敏，抗金名将，卒后入《宋史·功臣传》。明代赖嘉谟，曾代巡抚孙旷持节出使高丽，载誉而归。清朝廖国用，先后跟随大将施琅和康熙皇帝，参与收复台湾和噶尔丹之战。

石城早在新石器时代就有人类活动，历代遗存有新石器时代的磨制石器、晚唐的古窑群遗址及其出土陶器、南宋古城墙、宋元时期及清代的石刻等。县城琴江之滨的宝福塔，建于北宋徽宗崇宁元年（1102），高50余米，历经900多年风霜雷震，苍劲古朴，雄姿依然。

石城历史上不乏战事，存留有不少山寨、土楼、古战场遗迹。清同治三年（1864），太平天国天京陷落后，干王洪仁玕率七八千人，护卫幼天王洪天贵福退入江西，大部战死石城。干王、幼天王及尊王刘庆汉、昭王黄文英、恤王洪仁政五王皆蒙难，太平天国王统终结于石城。幼天王洪天贵福被捕于石城，囚室在县城桂花屋。第二次国内革命战争时期，石城是中央苏区和中央红军长征出发地之一。县内有毛泽东、朱德故居，红四军、红十三军军部旧址，苏维埃政府旧址以及苏区时期的大量印信、文件、证件、袖章、奖章、货币、证券、宣传品、课本、兵器等红色文物。[1]

1.1.5　主要产业

石城县主要产业有工业、农业、建筑、旅游等。2021年，全年地区生产总值（GDP）947842万元，第一、第二、第三产业结构为19.7∶29.6∶50.7。[2] 第三产业经济贡献率超过一半。

石城县自然生态优越，森林覆盖率达75.1%。2021年，县境水质检测点达标率100%，城区环境空气质量优良率99.7%，PM2.5平均浓

---

[1] 据江西省石城县县志编辑委员会编纂《石城县志》整理，书目文献出版社1990年版。
[2] 石城县统计局：《石城县2021年国民经济和社会发展统计公报》。

度为 18 微克/立方米。近年来，石城发挥生态资源优势，大力发展旅游业。随着高速公路、铁路的开通，交通条件大为改善，生态旅游在全国乃至世界的能见度不断提高，知名度和名誉度蒸蒸日上。

石城现已被确定为赣江源国家湿地公园试点县、首批"江西省旅游强县"、江西省旅游综合改革试点县、江西省生态文明先行示范县，全国休闲农业与乡村旅游示范县、首批国家全域旅游示范区创建单位。入选国家卫生乡镇（县城）命名名单和"第二批国家全域旅游示范区"名单。被生态环境部命名为第五批国家生态文明建设示范区。

1.2 石城对客家民系发祥的意义

1.2.1 早期人类活动与民族构成

地下考古新石器时代磨制石锛的发现，证明远在新石器时期，石城境内就有人类活动。世代繁衍在这块土地上的土著系活跃在闽粤赣山区的"山越人"。山越人又称崋徭民，"崋"与"畲"同，故又称畲徭。明正德十二年（1517）丁丑因"畲徭之患"，王守仁派重兵"痛剿"，"其势大衰"（吴宗慈《江西通志稿》，转引自朱祖振 1993），石城境内畲民几近绝迹。至清代，又有蓝、雷两姓畲族自闽迁入。

石城居民现以汉族为主体，占全县居民的 99.76%，少数民族有畲族、蒙古族、回族、苗族、壮族、布衣族、满族、瑶族 8 族，其中畲族在 1990 年第四次全国人口普查时有 1153 人，其他少数民族多为 1949 年后零星入邑人士。

1.2.2 移民与人口变迁

石城是中原汉人南迁重要的"滞留地"和"中转站"，系客家民系重要的发祥地之一。[①]

北方汉人进入石城有史料可求始自秦末。石城客家先祖则是因战乱涌入的中原汉人，据谱牒资料显示，石城客姓多是因"永嘉之乱""黄巢之乱""宋室南迁""元乱"由中原辗转迁来的。期间河南迁入 20

[①] 朱祖振：《石城客家姓氏》，石城县档案史志馆 1993 年版（内部资料）。

姓、山西 15 姓、甘肃 15 姓、山东 13 姓、河北 12 姓、陕西 64 姓，合计迁入 80 姓，约占清末前期总姓氏的 80%。历史上，石城五次人口大迁入如表 1-1 所示。

从西晋至五代十国末年建县为止，石城境内建有 54 个居民点，其中大部分为外来移民所建。至南宋淳熙年间，县内又新辟 95 个居民点。石城现存有晋代所建的居民点 5 处，隋代 1 处，唐代 40 处，五代十国 8 处，宋代 95 处，元代 65 处，明代 505 处，清代 1091 处，清末至新中国成立前夕 100 余处。①

表 1-1　　　　　　　　　石城五次人口大迁入②

次序	时间	起因	迁入姓氏
第一次	西晋末年	永嘉之乱、晋室南迁	郑氏兄弟从中原迁至今石城小松；温氏族人随中原士族南迁③
第二次	唐肃宗至德元年起约 300 年	安史之乱、黄巢起义	郑、吴、温、黄、陈、刘、赖、李、王、张、廖、许、邓、何、罗、谢、曾、周、杨、朱、连、白、钱、袁、方、赵、蔡、黎、官、巫、康、卢、冯、彭、邹、宋、江、余、程、范、崔、傅、徐、胡、高、熊、毕、钟、杜、花、鄢、洪、汤、金、联、雷、蓝 57 姓
第三次	宋代	金人入侵、宋室南迁	温、黄、陈、刘、赖、李、王、张、廖、许、邓、何、罗、吴、谢、曾、周、杨、朱、康、邱、胡、宋、郑、熊、徐、伊、巫、池、毛、丁、孟、江、应、段、聂、郡、吕、向、奚、汉、曹、余、叶、官、孙、邹、金、钟、肖、崔、魏、管、沈、赵、雷、姜、章、潘、卢、钱、田、秦、孔、白、戚、容、郭、童、蔡、龚、过等 70 余姓

---

① 据朱祖振上揭书及温涌泉《客家民系的发祥地——石城》，作家出版社 2006 年版，第 2—4 页整理。

② 据温涌泉《客家民系的发祥地——石城》整理，作家出版社 2006 年版，第 2—4 页。

③ 据《石城井溪村郑氏六修谱》载："海内大乱，独江东差安，中原士民避乱者多南迁奔吴……"，有郑氏兄弟从中原迁至今石城小松。温氏族谱载："五胡乱华之际，温氏族人随中原士族南迁。"转引自温涌泉上揭书。

续表

次序	时间	起因	迁入姓氏
第四次	明末清初	明末农民起义、清军入关	蓝、严、尹、吉、雷、董、饶、谢、阮、伊、傅、孔、巫、姜、程、施、危、白、肖、容、汪、宁、连、池、蒋、任、上官、卢、顺、沈、伍、包、聂、柯、过、赵、夏等30余姓
第五次	太平天国、清末、抗日战争	战乱、县际迁移	洪、丰、龙、宗、皮、俞、喻、梅、文、韩、官、鄢、曹、毛、章、方、匡、阎、闵、管、左、慕、向、况、阴等20余姓

中原移民进出石城的特点是"乱世迁入，安定迁出"。战乱时期，由于石城地处偏远，境内群山环绕、土地肥沃，是避乱求存的理想之地，于是便有大量中原汉人迁入。已外迁的客家人也回迁石城，从而人口猛增。社会较安定时期，由于地域所限，生存空间不足，许多客家人又不断向闽、粤及其他地区迁徙，因而石城人口变动较大。据县志记载，南宋淳熙年间，县内常住户14709户，计29894丁。宝庆年间，丁数上升为36764丁。自明洪武二十四年至崇祯五年的242年，石城人口由16754人下降为6330人，总数减少了62.22%。清康熙五十二年后，石城人口剧增，从雍正十年至乾隆四十七年，仅50年，人口增加了37倍，由4614人增至175598人，其中多为新迁入的客户。至同治八年，人口达228095人。此后至民国三十七年的90年间，人口数下降至81584人，净减了64.23%，为200年来人口数最低。1949年后，石城人口增长，至1985年，人口总数达227070人。[1]

根据第七次全国人口普查数据，截至2020年11月1日零时，石城县常住人口为283182人。[2] 2021年年末，石城县有户籍人口333277人，其中城镇户籍人口86237人。60岁以上人口50397人，占总人口的

---

[1] 江西省石城县县志编辑委员会编纂：《石城县志》，书目文献出版社1990年版。
[2] 赣州市统计局赣州市第七次全国人口普查领导小组办公室2021年6月9日《赣州市第七次全国人口普查公报（第一号）——全市人口情况》，引自赣州市人民政府网站市统计局"信息公开"网页，https：//www.ganzhou.gov.cn/zfxxgk/c100458u/202106/88e13f6189-bc42c7acde331584e72ba1.shtml。

比重为 15.12%。全县事业单位有各类专业技术人员 4254 人，其中，高级职称 669 人、中级职称 1694 人。①

表 1-2　　　　石城县 2021 年年末人口数及其构成

指　　标	年末数	比重（%）
总人口	333277	100.0
男性	176619	53.0
女性	156658	47.0
17 岁以下	79219	23.8
18—34 岁	84622	25.4
35—59 岁	119039	35.7
60 岁以上	50397	15.1

资料来源：石城县统计局：《石城县 2021 年国民经济和社会发展统计公报》。

1.2.3　闽粤通衢

历史上石城沟通外地的水路主要是琴江水道，商旅由城南登舟，沿琴江下行 100 里出县境，可达赣州。陆路古道县城通福建宁化的有东大道、东北大道 3 条，通福建汀州府的有南大道 1 条；县城西、西北、北、南有 6 条古道通宁都州、建昌府广昌县、瑞金；此外，福建汀州府至江西建昌府、宁都州，福建宁化县至江西宁都州的 3 条古道亦穿越县境。这些古道连接赣中、赣北，出闽西、粤东，为沟通外界的重要通道。

迁入石城的中原汉人主要通过两条路线进入石城：一是从鄱阳湖溯赣江而上入邑；二是从鄱阳湖沿抚河、信江、饶江而行进入赣东，再沿武夷山经广昌进入石城。进入赣南的北方移民或定居或继续迁徙进入闽西粤东，石城是他们在江西境内的最后一个停靠站。移民是否翻过武夷山东移福建，到了石城后，必定要作最后的选择。而石城与福建宁化之间，恰有一平坦的通道和一片河谷盆地，上述从北到南的多条古道、多处隘口与宁化、长汀相通，为江西东南部进入福建的必经之地，石城因

---

① 石城县统计局：《石城县 2021 年国民经济和社会发展统计公报》。

之素有"闽粤通衢"之称,今县城北关郭头街街口的镇武楼仍保留有明代万历年间勒石"闽粤通衢"4个字。罗香林《客家源流考》亦录有多条中原汉人经石城迁往福建宁化、长汀、上杭,广东大埔、梅县、兴宁、五华、龙川等地的谱牒资料。① 素有"客家祖地"之称的宁化石壁距石城仅35公里。②

地理位置上的特殊性使石城成为中原移民南下的重要"滞留地"和"中转站",石城因之成为客家民系重要的发祥地之一。冯秀珍《客家文化大观》指出:"由于石城位置上的原因,使石城成为早期客家民系形成的发祥地之一,又是中原汉人南迁途中最大的中转站之一。石城在整个客家民系的形成过程中发挥了它特有的历史作用,在客家民系的发展史上占有重要的地位。"③

1.2.4 客家文化

石城是纯客县,80%以上的人口为老客。有趣的是石城人的客家意识并无粤东、闽西之人强烈。这大概因为赣南人口的主体为南迁的中原汉人,历史上并无粤东等地那么剧烈的"土客之争"。移民文化是强势文化,久而久之,反客为主,"客"的身份意识也就淡化了。改革开放后,由于"经济搭台、文化唱戏"的需要,地域文化受到重视,客家意识才得到进一步强化。尽管相当长一段时期内,当地人没有浓厚的客家意识,但客家文化的底蕴却十分深厚。

围屋、土楼、山寨、茶亭是客家典型的建筑。石城村落民居有的是典型的围屋构造,有的则保留围屋防御性强的特色——或高墙四壁,或夯筑围墙,将屋场圈隔。保存最为完好的围屋为距县城30公里的陈坑围,该围屋依九井十八厅模式构建,共有99间半房屋,已有180余年历史。土楼一般由主楼、角楼、哨楼、围墙等组成,具有良好的防御功能,保存较为完好的有田江土楼、木兰土楼、高岭土楼、大由河背土楼等。历史上,石城乡间多设寨以避侵扰,旧志载,石城自元代即建有山

---

① 罗香林:《客家源流考》,中国华侨出版公司1989年版。
② 江西省石城县县志编辑委员会编纂:《石城县志》,书目文献出版社1990年版;朱祖振:《石城客家姓氏》,石城县档案史志馆1993年版(内部资料)。
③ 转引自温涌泉《客家民系的发祥地——石城》,作家出版社2006年版,第4—5页。

寨，今尚存不少断壁残垣。主要山寨有：通天寨、石马寨、李猎石、河石寨、红石寨、陈坊寨、李家寨、胜石寨、堰塘岩寨、石耳寨、湖南寨、洞下寨等。茶亭是修建在道路上供途人歇脚、遮蔽风雨的简易建筑，旧时客家地区的道路几乎条条都有茶亭，亭内有积德行善人家供给茵陈茶水。在石城境内的古道上，现在仍保留着许多年代久远的茶亭。位于县城北17.5公里处的杨村亭建于清光绪元年，跨石城至广昌当衢要冲。

许多客家生产、生活用具石城民间世代袭用。生产用具如犁、耙、辘轴、锄、铲、镰、畚箕、禾桶、谷箩、谷笪、水车、扫桶等。生活用具如斗笠、蒲扇、皮枕、藤篮等。

客家食品是客家文化的一种重要形式。石城农家多种水稻、番薯、大豆、麦子、花生、油菜。传统的主食为米饭和番薯，加工食品以粉干（米粉）、番薯粉条（皮）、豆腐、面条最为普遍，此外有黄粄、麻糍、油炸糕、芋包子、煎丸、煎豆腐、发糕、糖糕、番薯干等。农村普遍有吃擂茶、米茶的风俗。客家菜谱中人们喜食的肉类有猪、牛、狗肉，家禽肉主要有鸡、鸭、鹅，山珍有香菇、木耳、竹笋，水产有淡水鱼、甲鱼、田螺等。肉丸、鱼丸、红烧棋子块（红烧猪肉）、燥腌菜蒸扣肉、米末肉、腊肉、焖狗肉、烧鱼、薯粉水饺、煎豆腐、炒粉干、炒粉条等都是石城客家特色菜肴。

石城有着浓郁的客家风俗民情。居民大年初一早饭有吃"丰菜"（水煮大叶芥菜，又称禾穗菜）的习俗，祈求五谷丰登。正月里闹花灯，有龙灯、狮灯、蛇灯、罗汉灯、莲灯、麒麟送子灯、寿桃灯、茶篮灯、马灯、船灯、蚌壳灯、宫灯等，异彩纷呈，不胜枚举，石城是江西著名的"灯彩之乡"。除传统重大节日，如除夕、春节、元宵、清明、端午、中秋、重阳外，石城还有吃"七种羹"、吃"丁酒"、赛神、做花朝、食新、中元节、尝芋、过小年等节令。传统婚俗有定亲、查人家、纳彩、赘鞋样、赘八字、报日子、做酒、上门等。丧葬有送终、开祭、点莲灯、吃斋饭、做七等礼俗。

1.3 石城下水片方言龙岗话

1.3.1 周边语言环境与石城方言概貌

石城方言属赣南客家话，周边语言环境是：东部宁化、长汀属闽西客家话，北邻广昌为赣语区，西部及西南邻县宁都、瑞金均属赣南客家话。石城为纯客县，当地人将本县方言分上水、城里、下水三种口音，称为"上水声""城里声""下水声"。上水为琴江上游，北与赣语区接壤；下水包括龙岗、赣江源、大由、横江、珠坑、屏山6个乡镇，其东部和东南部与福建宁化、长汀以武夷山脉界接，南部、西部与瑞金、宁都接壤。

1.3.2 石城龙岗方言

下水声以龙岗话为代表，龙岗乡乡址龙岗圩距县城33公里，建于明弘治五年（1492），以境内岗峦起伏蜿蜒如龙得名。

自建县至清末千来年，石城一直沿用县分乡，乡分里图，里下又分村坊的行政区划。宋元至明洪武年间，县城内外分15坊，全县按琴江上下游被划分为长松乡、陂阳乡，合24里，今龙岗乡地界大致为陂阳乡龙岗上里和龙岗下里。明洪武二十四年（1391）全县分2乡11里，明景泰三年（1453）分2乡8里半，龙岗均属陂阳乡。明弘治五年（1492）分2乡7里2图，龙岗属陂阳乡龙上里。

民国初年，琴江上水片分河东、河西两个自治区，龙岗等城内和下水片各区划仍沿袭旧制，以乡、里称。民国十八年（1929），全县分5区，龙岗属第四区横江区。

1931年，石城建立苏维埃政权，辖14区111乡，龙岗乡属横江区。1933年中央苏区增设太雷县，辖龙岗等5区44乡。

龙岗古姓氏流迁据谱牒记载有：山东东平花姓，唐代迁龙岗花园、濯龙、枫树下等村开基，后裔外迁；四川江陵熊姓，五代后周显德二年（955）由广昌迁入；河南南阳邓姓，北宋天圣年间由福建清流迁入；山东鲁国曾姓，北宋元祐二年（1087）由福建宁化迁入龙岗新建塘村；山东乐安蒋姓，明代由江西南丰迁入龙岗鸭婆塘；甘肃天水上官姓，明代迁入龙岗绿水村；河南陈留伊姓，明代迁入龙岗下迳、绿水等村；甘肃安定伍姓，明代由福建宁化迁入龙岗莲塘排；山西河东聂姓，清顺治年间由瑞金壬田迁入龙岗大湖塅、竹竿岭；甘肃天水秦姓，清代迁入龙岗秦屋，后外迁；河北范阳邹姓，清代由福建宁化迁入龙岗上村、下村。以上姓氏迁徙，对龙岗历史人口的变迁有重要影响，与龙岗话的形成密切相关。①

龙岗乡有少数民族畲族，2003 年数据显示共 13 户 70 人，其余人口均为汉族。

1.3.3 龙岗话音系

龙岗话音系包括声母 20 个，韵母 44 个，声调 5 个。

1.3.3.1 声母

龙岗话声母 20 个（包括零声母，用 Ø 表示）

p 爸表布斧　p· 怕皮步扶　m 名目尾蚊　f 火肺红户　v 文禾云乌
t 多爹东笃　t· 道田敌兔　n 难女农耳　l 罗刘如六
ts 猪早争职　ts· 初展草车　s 三事船社
tɕ 借足酒接　tɕ· 取齐请斜　ɕ 星俗谢秀
k 高九古家　k· 狂茄开局　x 河雄害歇　ŋ 我牙牛硬
Ø 欧爷任有

说明：

①v 为唇齿浊擦音，但摩擦较弱，实际音值接近 ʋ。

②舌尖中鼻音 n 与齐齿呼拼合时，实际音值接近舌面前的 ȵ，如年 nien^{24}，都标为 n。

③舌根音 k k· x 与齐齿呼拼时，音值接近舌面中的 c c· ç，如基 ci^{453} 棋 ci^{24} 气 çi^{31}，都标为 k k· x。

④ts ts· s 与 tɕ tɕ·ɕ 互补，ts 组拼开、合口呼，tɕ 组拼齐齿呼。

⑤齐齿呼零声母 –i 前实际音值带半元音 j，如夜 jia^{53}，液 jit^{4}。

1.3.3.2 韵母

龙岗话韵母 44 个，含自成音节的 n̩ 和无元音辅音组合音节 st̩。分类

---

① 据《石城县志》（1990）及朱祖振（1993）等资料整理。

列表如下。

ɿ 资支知志　i 米被亿易　u 布富树古
a 巴瓜画花　ia 也夜摸挖
ə 猪紫使去　iɛ 蛆肺犁泥
o 火做磨河　iɔ 靴茄瘸搭
ai 大界买太　uai 开税腿嘴
ei 个辈肥来　uei 贵桂危亏
au 高刀教超　iau 标晓跳嚼
əu 斗手周救　uei 旅流秋丢
iu 居具又剧
an 贪难范关　iɛn 贬线原烟　uan 含汗竿酸
ən 森扇银胜　in 林云灯情　uən 昆棍困荤
aŋ 坑郑横梗　iaŋ 尖星谦铃
ɔŋ 光江讲矿　iɔŋ 蒋良祥腔
iuŋ 穷胸荣用　uŋ 东送葱窗
at 插辣瞎发　iɛt 铁乙雪灭　uat 鸹刮脱鹤
ət 执直舌汁　it 急域力敌　uət 骨窟
ak 白麦石客　iak 夹接锡迹
ɔk 各剥学郭　iɔk 药脚削略
iuk 绿肉足续　uk 木福粥复
n̩ 唔　st 食

说明：

①/a/包含了[a ɐ ɑ]，单念时为[a]，au、aŋ中的[a]，实际音值为[ɑ]。

②uai的实际音值为[oai]，uan的实际音值为[oɐn]。

③n̩自成音节，例如：唔n̩。st是无元音辅音组合音节，仅有"食"[s̩t]一字。

1.3.3　声调

龙岗话声调5个，另有轻声现象。5个调类调值如下：

阴平453 高染买柱，阳平24 穷宁鹅嫂，上声31 古口汉妹，去声53 社岸共校，入声4 急缺月局。

说明：

①阴平调是个高升降调，曲折度不很大。

②上声和去声都是降调，去声发音短促，调尾有轻微的喉塞感。

1.3.4 主要音韵特征

与《广韵》比较，龙岗话音系的主要音韵特征概括如下。

1.3.4.1 声母特征

第一，全浊声母清化，全浊塞音、塞擦音大多读送气清音，少数读不送气清音，例如："办、等"读 p，"夺、调、党"文读 t，"脐、剂"读 tɕ。

第二，非、敷、奉母部分常用字读重唇音，此所谓"古无轻唇音"上古语音特点的遗留。例如：斧 pu³¹、扶 p'u²⁴、肥 p'ei²⁴。

第三，泥来二母在洪音前面都有严格区分，如挪罗有别、年连相分。

第四，精组逢洪音读 ts、ts'、s，逢细音读 tɕ、tɕ'、ɕ，并与知、庄、章组合流。

第五，见组逢细音大部分字保留舌根音读法，少数字腭化为 tɕ、tɕ'、ɕ，如冀 tɕi，泣 tɕ'it，祁 tɕ'i，腭化的字多是书面用字，口语中一般不用，系受普通话影响的读书音。

第六，晓、匣母合口字大部分都读 f（匣母合口还有读 v 的），部分字文读 x，白读 f，还有少数例外，如荤 k'uən⁴⁵³、况 k'ɔŋ³¹、瓠 p'u²⁴等；晓匣母逢细音有较为整齐的文白异读，文读 ɕ，白读 x。

第七，有唇齿擦音 v，它来自微母、日母、见母、疑母、晓母、匣母、影母、云母、以母的合口字，个别来自开口字，如影母握 vɔk⁴、孕 vin⁵³。

1.3.4.2 韵母特征

第一，《广韵》的入声韵在龙岗话中多有保留，个别韵有舒化的例外字，如划 fa²⁴、易 i⁵³、忆 i³¹、朔 su³¹ 等。塞音韵尾有 –t、–k 两个，咸深二摄入声塞尾与山、臻合流的读 –t 尾，与宕江曾梗通合流的读 –k 尾。

第二，鼻音韵尾有 –n、–ŋ 两个，咸摄一二等鼻尾与山臻合流读 –n，个别读 –ŋ 尾，有少部分字读 –n 尾，既有舒声又有入声的韵摄，阳声韵尾是 –n、–ŋ，入声韵尾 –t、–k，同一韵摄阳、入韵尾发音部位相同。

第三，龙岗话无撮口呼韵母，撮口呼字与齐齿呼相混。

第四，咸山蟹开口一、二等部分字有别。

第五，少数字有阴—阳、阴—入、阳—入对转的现象。

1.3.4.3　声调特征

第一，平分阴阳，古清声母字读阴平，浊声母字读阳平。少部分例外。

第二，古上声字分化情况比较复杂，基本特征是上声按清浊与去声合流，清上、清去合流为今上声，次浊上部分字归阴平，全浊上分三路分化，部分与去声合流，部分归入阴平，还有部分仍读上声。

第三，古清声母去声字与清上合流今读上声，也有少数读去声；浊声母字读去声。也有少部分字归入阴平、阳平、上声的。

第四，入声字不分阴阳，合为一个入声调。

1.4　研究对象和方法

1.4.1　关于方言语法研究

长期以来，汉语方言学研究在语音方面用力最勤，词汇其次，语法相对薄弱。一种相当流行的看法认为，方言的差异主要在语音方面，词汇语法差异不大，尤其是语法，在汉语方言之间具有最大程度的一致性。

20世纪90年代后，方言语法研究越来越受到重视，其意义有三：一是从语音、词汇、语法相互联系的角度研究方言，深化了对某些方言现象的认识；二是方言语法与现代汉语、汉语史的研究相互参证，可互为借鉴，互相发明；三是方言语法的研究可丰富语言类型学的研究。随着调查的深入及一批成果的获得，人们已经意识到，断言方言语法差异不大未免失之粗疏，当务之急是对方言语法进行深入系统的调查描写。

然而，调查语法较之调查语音、词汇有着更为特殊的困难，一是尽管在汉语研究中，语法研究最为成熟，但由于汉语现代语法学的研究框架是在借鉴印欧系语言语法体系的基础上建立的，难免削足适履，甚至诸多基本问题意见尚存分歧；汉语语法研究的理论、方法问题也还需要进一步解决。二是方言欠缺书面材料，记录大量口语例句难度较大。三是调查非母语，由于缺少语感，语法意义上的细微差别难以辨别。

正因如此，20世纪90年代初，学者们提出"研究汉语方言语法，要从一个方言研究起"；方言语法研究"现在最好的方法，是从自己所熟悉的方言入手，注意发现跟北京话有显著差别的语法现象"；提倡"以自己的母语或以自己比较熟悉的方言为调查点，来写方言语法专著"。（贺巍1991，1992）"石城（龙岗）方言语法研究"即为客家方言地点性的语法系统研究，描写对象为笔者母语的共时语法系统。

1.4.2 描写对象、方法与参照系

本研究以石城下水片方言龙岗话的共时语法系统为描写对象，主要包括词类、构词法、句型、句法等方面的内容。鉴于共时描写不可避免地要涉及方言与共同语语法现象的共性部分，为突出方言特色，将尽可能就相关方言及汉语史材料进行纵横两面的比较，在共时描写中突出方言特色，对某些问题在共时描写的基础上展开讨论，以深化对方言语法现象的认识。

本研究调查框架的拟定来源于以下参照系：①汉民族共同语语法体系。以朱德熙《语法讲义》体系为主，相关问题还参照了丁声树、吕叔湘、李荣等先生合著的《现代汉语语法讲话》及相关语法专题著作。②专题拟定主要参考了黄伯荣主编的《汉语方言语法类编》以及 ANNE YUE‑HASHIMOTO（余霭芹）著 *Comparative Chinese Dialectal Grammar: Hand Book for Investigators*（《汉语方言语法比较：调查手册》）。③客家话语法专著。如项梦冰《连城客家话语法研究》、罗肇锦《客语语法》、何耿镛《客家方言语法研究》、林立芳《梅县方言语法论集》等。基本的语法术语采自《语法讲义》及学界通用术语。

1.5 语料来源及体例说明

本研究语料来源：第一，笔者自拟。笔者出生于龙岗，童年、少年时期在龙岗度过，1979年起到外地求学、工作，假期回到龙岗，在家乡一直讲龙岗话。考虑到离开龙岗的时间较长，因此笔者将自拟的大部分例句在当地作了核实。第二，新近来广州的龙岗人。第三，笔者在龙

岗的家人及邻居。第四，墟镇人家的自然语言录音。第五，少部分例句采自书面民间故事材料。第六，历史语料和现代汉语语料主要转引自相关引用著作。

　　注音用国际音标，本字未明者用同音字，首次出现时一般注音释义，考虑到排版方便，再出现时一般不作特别标示。虚成分和有些有音无字的词，直接记音入句，有需要时用"□"号。同音字下加"⁝⁝⁝⁝⁝"线。训读字下加"～～～"线。

第 2 章 名词

2.1 名词的语法特征、分类、功能

2.1.1 名词的语法特征

名词的主要语法特点是：第一，可以和数量短语组合构成偏正结构，例如：一杆笔、两乘单车、两栋屋。第二，不受副词"唔""蛮""也"等修饰，例如：*唔桌嘚、*唔田唇、*唔灰寮厕所等。第三，能用在介词后，组成介宾短语，例如：□tɕ·i⁴⁵³在屋下，拿罂罐（打烂□t·əu²⁴掉）、用箸只（搛）等。

如同大多数客家话一样，龙岗话的"烟""山""沙"等少数名词也可与程度副词或否定副词组合，这些组合中的"烟""山""沙"已转性为形容词。例如：

（1）灶前窗嘚冇打开，十分烟厨房的窗户没打开，烟雾很大。

（2）烟唔烟？——唔烟烟气大不大？——不大。

（3）绿水嘎（□ka²⁴那）个当在蛮山绿水那个地方很山。

（4）啲（□ti²⁴这）种苹果蛮沙这种苹果很松碎。

例（1）（2）中"烟"形容烟气熏人，例（3）的"山"形容山多林密、偏僻落后，例（4）由名词"沙"引申为松碎。

有些名词受"唔"修饰，这些多为两两对举的并列结构，例如：

（5）人唔人，鬼唔鬼人不人，鬼不鬼。

（6）僧唔僧，道唔道僧不僧，道不道。

（7）郎唔郎，秀唔秀郎中不像郎中，秀才不像秀才（郎、秀分别为"郎中""秀才"的节取）。

2.1.2 名词的分类

名词可以按照它与量词的关系分为以下几类。

第一，可数名词。这类名词的特点是有自己适用的个体量词。如门（皮）、井（眼）、田（丘）、衫（身）、山（嵊）。

第二，不可数名词。不可数名词没有适用的个体量词。例如：水、汤、酒、土、面粉、布等。这类名词只能选择三类量词：①表示度量单位的量词，如一尺布；②由名词转来的量词（临时量词），例如：一桶水、一壶酒；③不定数量词"滴滴哩""多多哩"，例如：滴滴哩水（一点点水）、多多哩汤（一点点汤）。

第三，集合名词。集合名词前头不能加个体量词，如爹娭、子女、兄弟、姊妹、家当、饭菜。

普通话由名词性词根加量词性词根组成的复合名词，如纸张、枪支、人口、车辆、船只等都是集合名词，龙岗话这类复合名词数量很少，且多不是集合名词，可以受个体量词修饰，例如：鞋只、箸只、禾串、瓦片、猪条，可以说"一只鞋只""一只/条箸只""一串/析禾串""一块瓦片""一只猪条仔猪"等。

普通话人称名词后加"们"构成的合成词都是集体名词，如人们、孩子们、同学们等。龙岗话缺少相应的复数词尾，表达这类集合概念得借助词汇手段，在名词后加上"多个"，且一般不用于面称。例如：

（8）带大细喈多个一下过来食饭 带孩子们一起过来吃饭。

（9）同学多个转去［xə$^{31/24}$］同学们全都回去了。

（10）老师多个去开会呃 老师们去开会了。

（11）带起亲眷多个来食酒 带领起亲戚们来喝酒。

龙岗话"名词+多个"的结构，其语义色彩接近近代汉语早期"们"的语义特征，即具有"辈类""等类"的意义，表示"某一类人"。[①] 尤其是专名后加"多个"，"类"的语义特征更明显。例如：

（12）斯里来哩？/小柱佬多个谁来了，小柱们来了。

例中"小柱"是专名，加上"多个"指小柱一类人。试比较近代

[①] 参见冯春田《近代汉语语法研究》，山东教育出版社2000年版，第60—82页。

汉语中的用例。如：

（13）胡五峰说性多从东坡、子由们见识说去。（《朱子语类》，P.92，转引自冯春田 2000）

例中"东坡、子由们"是指"东坡、子由"一类相关的人，而不是"东坡、子由"的复数。

第四，抽象名词。抽象名词是前头只能加"种、样、点"或"回、次"等动量词的名词。例如：

（14）嘎（□ka^{24} 那）种戳相冇人欢喜 那种坏脾气没人喜欢。

（15）有一点规矩 没一点规矩。/唔讲一点面情 不讲一点情面。

（16）讲来一次/回口吵了一回架。

第五，专有名词。专有名词在一般情况下不受数量词修饰，跟上举名词的语法性质不符。但是专有名词并不一定绝对不受数量词修饰。例如：

（17）龙岗街上有个张文明，鬼见到渠都怕 龙岗街上有个张文明，鬼见了他都害怕。

（18）有两个龙岗，一个栖（□tɕ'i^{453} 在）石城，一个栖深圳 有两个龙岗，一个在石城，一个在深圳。

（19）石城夜（□ia^{53} 只）有一条琴江 石城只有一条琴江。

除了这一点，专有名词跟一般名词的语法功能是相同的。

2.1.3 名词的语法功能

龙岗话名词的语法功能与普通话一样主要充当主语、宾语、定语。例如：

（20）两条狗嘚耙砻糠 两条小狗耙砻糠。〔主语〕

（21）耙到一块姜 耙到一块生姜。〔宾语〕

（22）往先冇洋油，个个人家都驳枞矿火 过去没有煤油，家家户户都点松明子。〔定语〕

有时名词也可充当谓语。例如：

（23）天光大年日 明天大年三十。

（24）大眼嘚单只嘚 大眼仔单身汉。

（25）老邓宁化人。

（26）今夜初五今天初五。

名词作谓语多用于判断句，主谓之间可补上判断词"係"，变换为动词谓语句。

名词也有少数作状语的用例，其中时间、处所名词充当状语较常见，一般名词常在数量名短语或偏正短语中充当中心语，构成名词性短语充当状语。例如：

（27）𠊎天光去屏山应墟我明天去屏山赶集。

（28）啲（□ti²⁴这）件衫城里买个这件衣服城里买的。

（29）冷滚水落镬正唔会煮烂水温热时下锅才不会煮烂。

（30）渠嬴（□iaŋ²⁴和）新妇划唔来，一个人食呃他和儿媳妇处不来，独自过活了。

（31）大火煮粥，细火焖肉用大火煮粥，小火炖肉。

例（27）（28）是时间词、处所词作状语。例（29）"冷滚水"指半冷不热的水，是偏正式复合名词，用作状语。例（30）名词与数量短语结合为"数量名结构"，作状语。例（31）为偏正式名词性短语作状语，表示行为方式。

2.2 名词语缀

龙岗话常见名词语缀有啲、头、脑、老、佬、俵、鬼、客、公、牯、婆、嫲等。其中"老"为前缀，其他为后缀。

2.2.1 啲

啲，音［tə²⁴］，单念时阳平，名词后缀读轻声12调。其作用是黏附于其他成分之后，派生出名词，大致相当于普通话的"子"尾。不独立使用。在龙岗话中"啲"是使用频率最高、词汇意义虚化得最为彻底的名词后缀。此外，"啲"还可作量词、形容词语缀。

2.2.1.1　"啲"的组合关系

从黏附对象兼及语义作用方面看，可分3大类，9小类。

1. "啲"用于名词或名词性成分之后。例如：

A. 俵啲男孩、毫啲硬币、梢啲鞭子、辫啲浮萍、藻啲浮萍、䘯啲背心、粽嘚、饺嘚、桃嘚、李嘚、枣嘚、梨嘚、蒜嘚、葱嘚、芋嘚、茄嘚、窗嘚、盒嘚、绸嘚、兔嘚、鸟嘚小鸟、乌嘚小男孩的生殖器、袜嘚、哨嘚、楠嘚橡子、本嘚写字本儿、破嘚台阶、人公嘚玩偶/小人儿、萤火嘚萤火虫、节裤嘚短裤、节袖嘚短袖衬衫或汗衫儿。

B. 仔嘚小姑娘、票嘚钞票、铳嘚鞭炮、枪嘚玩具枪、包嘚包子、骨头嘚未捣碎的残余颗粒、烟嘚烟草苗、树嘚原木、果嘚饼干或泛指零食、糖嘚水果糖、酒嘚酿酒时出的新酒、瓜嘚瓜子、耳朵嘚提耳/提手、脚鱼背嘚小轿车、汗衫嘚、心肝嘚爱称、坏心肝嘚心肠坏的人。

C. 屋嘚、尺嘚、石嘚碎石、桶嘚、绳嘚、菇嘚小蘑菇、鸡嘚鸡雏或小鸡儿、鸭嘚小鸭、猪嘚小猪或猪崽、牛嘚小牛儿、狗嘚小狗或狗崽、胺嘚男童生殖器、赤仔嘚婴儿、学生嘚、短命嘚、蛋壳球嘚乒乓球、细新妇嘚、小包车嘚小汽车、摩托车嘚、电视机嘚、菜头线嘚萝卜丝、菜头干嘚萝卜干、芋脑线嘚芋头丝、新衫嘚、豆腐脑嘚、洗汤帕嘚浴巾、嚷枷嘚围兜儿、屎窟眼嘚肛门。

D. 老妹嘚、老弟嘚、老婆嘚、老刘嘚、老虎嘚、老鼠嘚、老师嘚、老鬼嘚老貌者、老俵嘚；孤佬嘚、癫佬嘚、死佬嘚、金柱佬嘚、美国佬嘚、大由佬嘚"大由"为地名；烟客嘚烟瘾大的人、轿客嘚轿夫、仔客嘚姑娘、铁客嘚铁匠、排客嘚放木排的人；契男公嘚奸夫、伙计公嘚奸夫、手指公嘚、菜头公嘚小个的萝卜、番薯公嘚小个的红薯、虾公嘚、鱼公嘚小鱼苗、蛤蟆公嘚蝌蚪；镢头嘚、石头嘚、烟头嘚、纸头嘚裁剩的纸、砖头嘚、枋头嘚、子弹头嘚。

E. 枋枋嘚小木板、篮篮嘚、眼眼嘚小眼儿、格格嘚小格儿、泡泡嘚、槽槽嘚、嘴嘴嘚、桶桶嘚、勺勺嘚、棍棍嘚、铲铲嘚、头头嘚单位的头儿/末端、脑脑嘚顶端、尾尾嘚尾部、皮皮嘚皮儿、袋袋嘚、牙牙嘚牙花儿、花花嘚、末末嘚、线线嘚、星星嘚一星儿的东西、坼坼嘚小裂缝、籽籽嘚、铃铃嘚小铃铛。

F. 枋□lioŋ嘚、眼□lan嘚、格□lak嘚、袋□luai嘚、泡□lau嘚、脑□lau嘚、尾□lei嘚、棍□luən嘚、把□la嘚、嘴□luai嘚、洞□luŋ嘚。

以上6类"嘚"的黏着对象都是名词性成分。A类是非成词语素，以单音节居多。B类、C类两类黏着对象为名词，其中B类加"嘚"后词义发生变化，C类加"嘚"前后词汇意义基本相同，"嘚"是小称标记；三音节黏着成分的层次关系是细‖新妇｜嘚、蛋壳‖球｜嘚、摩托‖车｜嘚、电视‖机｜嘚、菜头‖线｜嘚萝卜丝。D类为带"老""佬""客""公""头"等语缀的派生名词，其层次关系是老妹｜嘚、金柱佬｜嘚、烟客｜嘚、手指公｜嘚、烟头｜嘚。E类为叠音语素。F类为名词的衍音式。

2. "嘚"用于动词或动词性成分之后。例如：

G. 刨嘚、锤嘚、锯嘚、凿嘚、锉嘚、磨嘚、钻嘚、钳嘚、吹嘚、搭嘚、剪嘚、铲嘚、筛嘚、耙嘚、刷嘚、把嘚、扇嘚、塞嘚、盖嘚、梳嘚、纽嘚纽扣、骗嘚、贩嘚

H. 结舌嘚、眨眼嘚、了钱嘚不珍惜东西者、败家嘚、扛丧嘚抬棺材下葬者、怕死嘚胆小鬼、卖娭嘚荡妇、卖淫女、络人嘚偷汉子的女人、翻花嘚无中生有、搬弄是非、说话不算数的女人、缳颈嘚调皮好动的小孩、齉鼻嘚拖着鼻涕的小孩、漦［lai²⁴］尿嘚遗尿的人、漦［lai²⁴］屎嘚大便失控者、手扶嘚手扶拖拉机、脚踏嘚踏脚板、鼻齉嘚拖着鼻涕的小孩、野戳嘚野种

以上两类黏着对象为动词性成分，G类多为单音节动作动词；H类为复合式动词或动词短语，其中以动宾式结构居多（结舌、眨眼、了钱、扛丧），少数为主谓（手扶、脚踏、鼻齉）或偏正式（野戳）。

3. "嘚"用于形容词或形容性成分之后。例如：

I. 聋嘚、哑嘚、瘸嘚、满嘚最小的儿子、呆嘚、精作嘚吝啬鬼或斤斤计较者、翻调嘚不听话的小孩、娭形嘚神气活现的人、精怪嘚神神气气的人、赖无嘚耍赖者、恶柴嘚凶狠的人、恶觋嘚狠毒的人、□ŋo³¹错嘚糊涂者、后生嘚年轻人、鬼碌嘚狡猾的人、揽屏嘚调皮或爱开下流玩笑者、越绝嘚有小聪明、爱耍弄人的人、□mə³¹嘚傻子、邋遢嘚不讲卫生的人、□tia²⁴□tɔk⁴嘚喜欢客套的人、懒尸嘚懒鬼①

2.2.1.2 "嘚"的语法意义

"嘚"的语法作用主要包括两个方面：一是构成派生词，具有名词的成词作用；二是表达"小称"的语法意义。以下作几点具体说明。

---

① "懒尸"是形容词，相当于普通话的"懒"，可以受程度副词"蛮""不胜几""十分"修饰。

1. "嘚"具有成词作用

非成词语素加"嘚"后生成派生名词。如上举 A 类中的"粽""饺""桃""李"等都是单音节非成词语素，一般不能构成单音节词，只有在一些固定短语或对举的结构，例如："三月桃，四月李"中才可见到独用的情形。这些单音节非成词语素加上"嘚"后成为名词，这是词汇双音节化的一种手段。"人公""节裤""节袖"等也不能单说，加"嘚"后成为名词。E 类如"枋枋嘚""袋袋嘚""牙牙嘚""花花嘚"等，"嘚"的黏着对象为单音节名词的 AA 重叠式，AA 本身不能独用，加上"嘚"后可表达一个完整意思，在句子中自由运用。

2. "嘚"具有别义作用

上举 B 类"票嘚""铳嘚""枪嘚""包嘚""烟嘚""树嘚""糖嘚""汗衫嘚""耳朵嘚""脚鱼背嘚"等词，其派生名词的词汇意义与其黏着对象有所不同。如"票"泛指一般的票证，"票嘚"则特指钞票；"铳"是狩猎工具，"铳嘚"指鞭炮；"枪"是武器，"枪嘚"指玩具枪；"包"是包裹或隆起物，"包嘚"是食品；"烟"指烟火或香烟，"烟嘚"指烟草苗；"树嘚"指原木，不同于一般意义上的"树"；"糖"是食糖的总称，而"糖嘚"指糖果；"汗衫"是汗湿的衣服，"汗衫嘚"指贴身内衣或短袖 T 恤；"耳朵"是五官之一，"耳朵嘚"指物体凸出的提手部位，词根"耳朵"取的是借喻义；"脚鱼背"是甲鱼背壳，而"脚鱼背嘚"指小轿车，取的也是借喻义。可见，此类派生名词与黏着的对象是两个概念，"嘚"具有别义作用。

3. "嘚"具有改变词根性质的作用

G 类中的"刨""锤""锯""凿""锉""筛""耙""刷""塞""盖""梳"等，是指某种行为或动作，这些动词加"嘚"后生成与该动作有关的工具名词；G 类中的"骗""贩"以及 H 类中动宾式词根"结舌""眨眼""了钱""败家""扛丧"等都是行为动词或短语，加"嘚"后生成的名词指称行为人，"嘚"的作用相当于普通话的"者"。H 类中主谓式的"手扶""脚踏"加"嘚"成为事物名词，带有借代造词性质，"嘚"相当于普通话中"儿"的名物化作用；偏正式的"野戳"加"嘚"后生成的名词相当于"个"字短语（"的"字短语）的指称意义。I 类中的词根"哑""聋""□mə^{53} 傻"等单音节形容词以及双音节的"精作""赖无""恶龊狠毒""后生年轻""鬼碌""懒尸"等形容词加"啑"成为称谓名词，用来指称具有词根意义属性的该类人。G、H、I 三小类中的"啑"都具有改变黏着对象语法性质的作用。

4. "啑"是表称谓的常用手段

称谓名词加"啑"，只用作背称，带有非正式、小视称谓对象的色彩。面称变读 [tei⁴⁵³]，属别义异读。别义异读为 [tei⁴⁵³] 是对缺少前缀"阿"的一种形式上的补偿。以下都是带"啑"的称谓名词：

A. 小柱啑、大群啑、金兰啑、春娣啑、年平啑、小明啑、勇啑、发啑、珠啑

B. 妹啑、叔啑、伯啑、舅啑小舅子、嫂啑、老弟啑、老妹啑、弟妇啑

C. 瘸 [kʻiɔ²⁴] 脚啑、翘嘴啑、瘸 [kʻia²⁴] 手啑、大眼啑、叫化啑、结舌啑、缺嘴啑、单只啑单身汉、大脑啑脑袋奇大者、孤佬啑、光头啑、秃头啑、脾肚啑

D. 局长啑、科长啑、股长啑、班长啑、排长啑、组长啑、乡长啑、副主任啑

A 类用于一般人名后，B 类用于一般称谓，不带"啑"是正式称谓，含有庄重色彩，并有爱称意味，带"啑"后失去原有色彩，成为随意的指称，感情色彩多数情况下是中性的。C 类多用于有生理缺陷或生活缺陷的人的背称，"啑"前的成分描述其状况，加"啑"使之称谓化，有贬义。D 类用于职位后，加"啑"后用于他称含有轻视的意味，用于自称则表示一种自谦。

2.2.1.3 "啑"的来源

龙岗话"啑"大致相当于普通话名词的"子"尾。值得注意的是，在石城县的方言中，只有以龙岗话为代表的"下水声"有"啑"，而"上水声"及"城里声"为"子"[tsɿ]尾。《客赣方言调查报告》①调查了梅县、翁源、连南、河源、清溪、揭西、秀篆、武平、长汀、宁化、宁都、三都、赣县、大余、西河、陆川、香港 17 个点，这 17 个点分布于粤东、粤北、粤中，赣南（三都为赣西北客方言岛），闽西以及

---

① 李如龙、张双庆主编：《客赣方言调查报告》，厦门大学出版社 1992 年版。

广西东部，相当于普通话"子"尾的成分是"子"［tsɿ/tsiɛ］、"仔"［tsɛi／tsai］或"儿"［ɛi］。粤西客方言阳西塘口、阳春三甲、信宜思贺、信宜钱排、高州新垌、电白沙琅、化州新安、廉江石角、廉江青平9个点是"子"［tsi］或"仔"［tsai／tsei］，都没有"嘚"尾。① 赣语中相当于普通话"子"尾的名词后缀有"子"［tsɿ］、仂［li/liʔ/lik］、"嘚"［tɛ/te/teʔ］、"仔"［tsi/tɕi］4个。据陈昌仪调查，"嘚"主要分布于鄱阳湖周围及广大农村，特别是较偏僻的农村。都昌用"嘚"，星子、安义、奉新、新建下片、峡江、上高、万载等也主要用"嘚"。② 《客赣方言调查报告》调查赣语点17个，其中有"嘚"的点是都昌、安义、新余、吉水。石城周边东、西、南三面为客话区，北接赣语区，因此，我们认为"嘚"可能不是石城方言的固有成分，可能是由赣语渗入的名词后缀。表2-1是龙岗话与都昌、安义、新余、吉水4点"嘚"尾名词比较。4点中的"嘚"尾名词，龙岗话基本上都有对应的形式。③

表2-1　　　　　龙岗话与赣语"嘚"尾名词比较

词目	比较点				
	龙岗	都昌	安义	新余	吉水
小刀儿	刀嘚	刀嘚	刀嘚	刀嘚	刀嘚
短裤	短裤嘚	短裤头嘚	裤头嘚	短裤嘚	短裤嘚
绳子	绳嘚	绳嘚	绳嘚	绳嘚	绳嘚
麻雀	麻鸟嘚	麻鸟嘚	奸鸟嘚	麻鸟嘚	麻鸟嘚
瓶子	瓶嘚	瓶嘚	瓶嘚	瓶嘚	瓶嘚
孙子	孙嘚	孙嘚	孙嘚	孙嘚	孙嘚
小女孩儿	伇嘚	女崽哩嘚	姥嘚	女嘚	女嘚
小孩儿	大细嘚	细人嘚	细人嘚	细伢嘚	细伢嘚

---

① 李如龙等：《粤西客家方言调查报告》，暨南大学出版社1999年版。
② 陈昌仪：《赣方言概要》，江西教育出版社1991年版。
③ 赣语诸点材料据《客赣方言调查报告》整理，表中空格为非"嘚"尾名词。

续表

词目	比较点					
	龙岗	都昌	安义	新余	吉水
婴儿	毛伢嘚	毛伢嘚	毛伢嘚	毛伢嘚	毛伢嘚
小男孩儿	俫俫嘚	崽哩嘚		伢嘚	伢嘚
婶婶	婶嘚	细□嘚	婶嘚	婶嘚	
嫂嫂	嫂嘚	嫂嘚	嫂嘚	嫂嘚	
锥子	钻嘚	钻嘚		钻嘚	锥嘚
茄子	茄嘚	茄嘚		茄嘚	茄嘚
手帕	手帕嘚	手捏嘚	手捏嘚		手巾嘚
鸟儿	鸟嘚	鸟嘚		鸟嘚	鸟嘚
桃子	桃嘚	桃嘚		桃嘚	桃嘚
小牛	细牛嘚	牛崽嘚	牛崽嘚		细牛嘚
小猪	细猪嘚	猪崽嘚			细猪嘚
小鸡	细鸡嘚	鸡仁嘚	鸡崽嘚		细鸡嘚
猴子	猴嘚	猴嘚	猴嘚		猴嘚
背心	裌嘚	繃嘚		搭嘚	夹嘚
手套	手袜嘚	手衫袖嘚	手套嘚		手笼嘚
孙女	孙伩嘚	孙女嘚	孙女嘚		孙女嘚
草帽	草笠嘚	草帽嘚			笠嘚
蝌蚪	蛤蟆黏嘚	蛤蟆嫩嘚		蛤蟆嘟嘚	
李子	李嘚	李嘚		李嘚	
上衣	袆嘚	袆嘚		袆嘚	
粽子	粽嘚	粽嘚			粽嘚
粽叶	粽叶嘚	粽箬嘚			箬嘚
梨子	梨嘚	梨巴嘚			梨嘚
桔子	柑嘚			柑嘚	柑嘚
柚子	橙嘚	柚嘚			柑嘚
蝉	呀咿嘚	□□嘚			蝉嘚
萤火虫	荧火嘚		夜火虫嘚		荧火嘚
方凳	独凳嘚	杌子嘚		凳嘚	
桌子	桌嘚	桌嘚			枱嘚
茶缸子	茶缸嘚	端嘚		锤嘚	

续表

词目	比较点				
	龙岗	都昌	安义	新余	吉水
酒杯	杯嘚	酒锺嘚		杯嘚	
窟窿	眼眼嘚	洞眼嘚	洞眼嘚		
眼珠	乌珠嘚	眼中子嘚			镜嘚
嘴唇	嘴舷皮嘚	嘴舷皮嘚	嘴咙皮嘚		
肛门	屎窟眼嘚	屁股眼嘚	屁股眼嘚		
膝盖	膝头脑嘚	膝头巴嘚	膝牯脑嘚		
小拇指	细脑公嘚	细耆嘚	细指嘚		
姨夫		姨爹嘚	姨爹嘚		
苍蝇	乌蝇嘚	蝇嘚	蝇嘚		
外孙女	外甥伎嘚	外甥女嘚	外甥女嘚		
父子俩			两爷嘚		两爷嘚
笔套儿	笔筒嘚	笔筒嘚		笔筒嘚	
吹口哨		吹叫竹嘚		吹叫嘚	
侄女	侄伎嘚	侄女嘚		侄女嘚	
围巾	围领嘚	围领嘚			
桌子	桌嘚	桌嘚			
后生	后生嘚	后生嘚			
楔子	榓嘚	榓嘚			
鞭子	鞭嘚	鞭嘚			
麦子	麦嘚	麦嘚			
豌豆	雪豆嘚	豌豆嘚			
花生米	花生仁嘚	花生仁嘚			
浮萍	藻嘚				藻嘚
柿子	柿嘚	柿嘚			
蘑菇	菇嘚	菇嘚			
豹子	豹嘚		豹老虎嘚		
鸟铳				铳嘚	
喜鹊	喜鸟嘚			喜鸟嘚	
蚂蚁	蚁嘚				蚁嘚
蜻蜓	清明嘚	清明嘚			

第 2 章 名词

续表

词目	比较点				
	龙岗	都昌	安义	新余	吉水
虾	虾公嘚	虾嘚			
屋子	间嘚			间嘚	
窗户	窗嘚	格子嘚			
橡子	桷嘚	橡嘚			
椅子	椅嘚	椅嘚			
草席	蓆嘚	蓆嘚			
调羹	茶匙嘚	茶匙嘚			
蒸笼	蒸笼嘚			笼嘚	
火柴		洋火嘚			
塞子	窒嘚	窒嘚			
裤子	裤嘚			裤嘚	
棉袄	袄嘚	暖嘚			
围嘴儿	㘓枷嘚	枷颈嘚			
子母扣	公婆扣嘚	公母扣嘚			
袜子	袜嘚	水袜嘚			
别针		针嘚			
零食	果嘚	零碎嘚			
新郎	新郎倌嘚	新郎倌嘚			
新娘	新人嘚	新妇嘚			
胎盘		衣盘嘚			
奶头	奶牯嘴嘚	奶嘴头嘚			
头发		头发桩嘚			
头屑	脑屑嘚	风皮嘚			
大拇指	大脑公嘚		大指嘚		
痱子	月痱嘚	痱嘚			
豁嘴儿	缺嘴嘚	缺嘴嘚			
叔叔	叔嘚			叔嘚	
姑父			姑爷嘚		
姨母	姨娭嘚		姨嘚		
最小的儿子	满仔嘚		老崽嘚		

续表

词目	比较点				
	龙岗	都昌	安义	新余	吉水
侄儿	侄嘚				侄人嘚
信封	信套嘚	信筒嘚			
图钉	图钉嘚	捺钉嘚			

2.2.2 头、脑

2.2.2.1 头

头，读［təu²⁴］。龙岗话中的"头"和普通话一样，有量词、形容词用法。例如：

（32）文明俵栖大由帮渠仔话呃头亲_{文明在大由替他儿子说了门亲}。（量词）

（33）志秀嘚供呃五六头猪_{志秀子喂了五六头猪}。（量词）

（34）头几日／头回／头名。（形容词）

除此之外，"头"还可以做名词后缀。

"头"从中古前期开始就具有词尾化的倾向，到中古最末期已经能附缀于一般的事物，相当普通化了。① 也有学者说得更具体，认为"头"作后缀，可能起于晋代（杨伯峻、何乐士1992）。② 现代汉语普通话也用"头"作后缀，龙岗话较之普通话更常用，依附的对象也更广泛。

2.2.2.2 名词后缀"头"的组合关系和语法意义

1. 用于名词性成分之后。例如：

A. 骨头、拳头、石头、手指头、脚趾头、肩头、舌头、膝头、榫头、斧头、葫芦头、镬头、日头、钵头、风头、街头

B. 菜头、门头、天头、人头、名头、钟头、块头、人家头

C. 布头、线头、谷头、零头、搭头、火屎头、枋头

D. 田塍头、乡下头、店下头、山里头、角落头、壁圻眼里头

---

① ［日］志村良治：《中国中世语法史研究》，江蓝生、白维国译，中华书局1995年版，第30页。

② 杨伯峻、何乐士：《古汉语语法及其发展》，语文出版社1992年版。

E. 日辰头_{大白天}、夜辰头_{晚上}、朝辰头_{早晨}、日昼辰头、夜晡辰头、下晡辰头_{下午}、雨天头_{下雨天}、寒天头_{冷天}、热天头_{大热天}、年下头_{春节前后}、年下岁下头_{年关}、春下头_{春天}、秋天头、夏日辰头_{夏天}、冬下辰头_{大冬天的}、冬下头

A 类去掉"头"词汇意义上没有多大差别。"头"本身的词汇意义有的比较空灵，如骨头、斧头、葫芦头等。有的则带有一定的词汇意义，指凸起、凸出的东西，如拳头、肩头。有的"头"则保留有"末端"的词汇意义，如手指头、榫头等。B 类加"头"与不加"头"词汇意义有别，如"菜头"指萝卜，不等于"菜"；"门头"指门口，有别于"门"；"天头"指天气，也不等于"天"。C 类含有"剩余物"的意思，如"布头"指卖剩的小布块，"谷头"指碾米时未碾碎的谷子。D 类是处所词，加上"头"带有"……那样的地方"的意味。E 类是时间词，去掉"头"，可独立运用，是一个词；加上"头"有"……那样的时候"的意味。

2. 用于动词或形容词之后，大多构成抽象名词。例如：

A. 话［va⁵³］头_{好说的}、赚头_{好赚的}、恼头_{好想的}、想头、搞头、来头

B. （冇/有）炒头_{耐炒/不缩水的程度}、（冇/有）卖头、（冇/有）煮头、（冇/有）听头、（冇/有）嚼头_{耐嚼的程度}、（冇/有）割头、（冇/有）看头、（冇/有）写头、（冇/有）烧头_{耐烧的程度}、（冇/有）称头_{沉实耐称的程度}

C. 滑头、甜头、苦头、兴头

A 类为"动＋头"构成的抽象名词，B 类"动＋头"常与"有/冇"连用，表示经得起/经不起做该动作，C 类为"形＋头"构成的名词，大都表抽象概念。

3. "头"可附加于衍音名词后。例如：

坼□［lak²］头_{缝隙}、脚□［liɔk²］头_{剩余物}、骨□［luət²］头、壳□［lɔk²］头、枋□［liɔŋ²¹］头_{板子}、痕□［lən³³］头_痕、尾□［lei²¹］头_{尾端}、沿□［liɛn³³］头_{边缘}、圈□［liɛn²¹］头、丸□［liɛn³³］头_{丸状物}、弯□［lan²¹］头_{弯子}、藤□［lin³³］头_藤、蓬□［luŋ³³］头、嘴□［luai²¹］头_{嘴儿}、笪□［lat²］头_{笪子}、汤□［lɔŋ²¹］头_{汤水}、块□［luei²¹］头_{块状物}、片

□［liɛn²¹］头片状物、末□［luat²］头粉末、粉□［lən²¹］头粉状物、绳□［lən³³］头绳子、权□［la²¹］头树枝/枝子、蔸□［ləu²¹］头蔸儿。

2.2.2.3 脑

"脑"作名词读去声，作名词后缀的"脑"读［nau²⁴］，阳平。后缀"脑"附于单音名词NN叠音式或单音名词衍音式后，也可被用于某些单音动词性语素VV叠音式或衍音式后。变调规律是，若N或V为阴平，叠音变［21］，若N或V为阳平，叠音变［33］，N或V为上去入，叠音读本调。叠音式或其衍音形式具有表小的意味，"脑"是小称标志。例如：

1. 用于单音名词NN叠音式、衍音式后。

A. 脚脚脑剩余物、根根脑、枋枋脑、蔸蔸脑、壳壳脑、汤汤脑、绳绳脑、渣渣脑、桶桶脑、芽芽脑、皮皮脑、泡泡脑、梗梗脑、叶叶脑、脑脑脑根部或末端、头头脑根部或末端/小头目、尾尾脑、线线脑线状物、条条脑、眼眼脑小眼儿、窟窟脑小窝儿、窝窝脑、本本脑本子、纸纸脑纸絮、堆堆脑、缝缝脑、蓬蓬脑、棚棚脑。

B. 脚□［liɔk²］脑剩余物、根□［lən²¹］脑、枋□［liɔŋ²¹］脑、蔸□［ləu²¹］脑、壳□［lɔk²］脑、汤□［lɔŋ²¹］脑、绳□［lən³³］脑、渣□［la²¹］脑、桶□［luŋ²¹］脑、芽□［la³³］脑、皮□［li³³］脑、泡□［lau²¹］脑、梗□［laŋ²¹］脑、叶□［liak²］脑、脑□［lau²¹］脑根部或末端、头□［ləu³³］脑根部或末端/小头目、尾□［lei²¹］脑、线□［liɛn²¹］脑线状物、条□［liau³³］脑、眼□［lan²¹］脑小眼儿、窟□［luət²］脑小窝儿、窝□［lo²¹］脑、本□［lən²¹］脑本子、堆□［lei²¹］脑、缝□［luŋ²¹］脑、蓬□［luŋ³³］脑、棚□［laŋ²¹］脑。

A类词根为单音名词重叠式，NN不能独用，可看作叠音的非成词语素。B类为单音名词的衍音式，去掉"脑"可以独立使用。

2. 用于单音动词VV叠音式、衍音式后。例如：

A. 提提脑提手、把把脑把手、撮撮脑撮子、筛筛脑筛子、铲铲脑铲子、捆捆脑、塞塞脑、刷刷脑、夹夹脑、碎碎脑碎末。

B. 提□［lia³³］脑提手、把□［la²¹］脑把手、撮□［luat²］脑撮子、筛□［lai²¹］脑筛子、铲□［lan²¹］脑铲子、捆□［luən²¹］脑、塞□［lət²］脑、刷□［luat²］脑、夹□［liak²］脑、碎□［lei²¹］脑碎末。

A 类为单音动词重叠，VV 是非成词叠音语素。B 类是其相应的衍音式。

3. 用于少数名词后。例如：

灶脑、豚脑底部、尾脑、蒐脑、豆腐脑、罂罐脑、手指脑、脚趾脑、膝头脑、牛嘚脑膝头、菜头脑萝卜

此类中的后缀"脑"较之叠音式及衍音式虚化程度要低，还保留一定"顶端"的词汇意义，黏着对象也很有限。

2.2.3 老、佬、俵、鬼、客

这一组语缀主要用来构成称谓名词。

2.2.3.1 老

老，读 [lau^{31}]，用作前缀构成称谓名词。据汉语史研究，"老"作前缀来源于形容词，某些称谓前加"老"，如"老姊、老兄"见于唐代史料。姓上加"老"起源很早，但其完全虚化为前缀始于唐代，如白居易《戏赠元李十二》诗："每被老元偷格律。"老元指元稹。动物名称上加前缀"老"，唐代已有，如"老鼠"，宋代虎可称"老虎"、乌鸦称"老鸦"。排行上加"老"发生最晚，但源于何时，尚不清楚，其用例至迟清代已有，如《儒林外史》中有"赵老二"（第六回）、"杨老六"（第十一回）、"王老六"（第十九回）等。①

石城方言的名词前缀"老"保留了宋以前的用法。例如：

1. 用于某些称谓前：老妹、老弟（弟弟）、老伯（哥哥）、老哥、老姊、老公、老婆。

2. 用作动物名词前缀：老鼠、老虎、老鸦。

排行前加"老"如"老大、老二、老三"等，一般本地人家不用，是由"工作干部"带来的说法。"老婆"一词宋代有"老"虚化为词头的用例，元曲用例更多。龙岗话"老婆"中的"老"也是虚化的词头。"老兄"中的"兄"，龙岗话不能白读。"哥哥"则称为"老伯"。

2.2.3.2 佬

佬，读 [lau^{31}]。用作男性人称名词后附加成分。例如：

---

① 王力：《汉语史稿》中册，中华书局 1980 年版，第 222—225 页。

A. 小柱佬、小平佬、海发佬、水根佬、竹根佬、红发佬、院根佬、汝发佬、汝根佬

B. 广东佬、于都佬、宁化佬、广昌佬、长汀佬、大由佬、坪山佬、丰山佬、横江佬

C. □［ŋo^{31}］佬傻子、□［so^{24}］佬傻子、孤佬、癫佬、衰佬、死佬、疯佬瘫痪病人、光头佬、麻风佬、跛脚佬、瘸手佬、赤脚佬、赤膊佬、赤伢佬、□［pak^4］柴佬调皮捣蛋十分好动的小孩

D. 作田佬、裁缝佬、打石佬、打铁佬、贼牯佬、猪龙佬、猪牯佬、梗炭佬、猪屎佬拾粪者、鸭婆佬放鸭子的人

A类"佬"附于一般人名后，可用作面称。B类地名加"佬"指某地人。C类所依附的多是形容词、名词，指称某类人。D类指称从事被当地人认为低下职业的人，黏附对象有名词和动词性短语。一般来说，除第一类普通人名加"佬"无贬义外，由"佬"构成的人称名词都有较明显的鄙视色彩。"老、佬"亦可看作是同一语缀的两个互补变体，"老"作前缀是尊称，"佬"为后缀多作贬称。

2.2.3.3 俵

俵，读［piau^{31}］。附加于人名后，尊称中年男子，例如：过煌俵、远川俵、河根俵、大华俵、其昌俵。"俵兄"一词用来尊称陌生男青年，"兄"只能用白读音［fin^{453}］，"老俵"是农村对陌生男子的尊称，相当于普通话的"老乡"。"俵兄、老俵"中的"俵"是实语素。

2.2.3.4 鬼

鬼，读［kuei^{31}］。"鬼"一般用作实义词，如"浸死鬼、野鬼"，龙岗话中一些骂称中的"鬼"有所虚化，其表现一是词汇意义逐渐失去"人死后的灵魂"的含义，用作具有某种特点的人的贬称；二是具有一定的能产性。例如：

A. 贼鬼、烟鬼、鸦片烟鬼、病鬼、赤膊鬼、短命鬼、蓬毛鬼、赤痢鬼、赌博鬼

B. 冇时鬼背时的人、铳打鬼、拼命鬼、怕死鬼、酒醉鬼、做贼鬼、桠死鬼爱哭的小孩

C. 饿鬼、□［ŋo^{31}］鬼傻子、癫鬼、疯鬼、赖无鬼、翻调鬼不听话的小孩、恶龊鬼、懒尸鬼、越绝鬼坏点子多的人、斐形鬼自我感觉良好不愿帮助他

人者

其中 A 类的黏附对象是名词性成分，B 类是动词性成分，C 类是形容词性成分。以上都是骂人的称谓，其贬义色彩较"佬"更为强烈。

2.2.3.5 客

客，读［kʻak⁴］。见于伫客_{姑娘}、香客、老烟客、铁客_{铁匠}、畲客、猪龙客_{赶公猪配种者}、排客_{放木排者}、篾客_{篾匠}、车客_{司机或乘客}、狗牯客、猪牯客、猪屎客_{拾粪者}、嫖客、潎尿客_{遗尿的人}、潎尿客_{大便失控者}等，指称某类人的名词中，虚化程度不高，能产性较低。

2.2.4 公、牯、婆、嫲

"公、牯、婆、嫲"作为实语素可充当词根，如动物的雄性叫"公嘚、牯嘚"，雌性叫"婆嘚、嫲嘚"。作为后缀有的表示自然性别的概括的词汇义，有的则与自然性别没有关系或关系不明显，类似印欧语名词"性"的语法范畴。

2.2.4.1 公

公，读［kuŋ⁴⁵³］。作后缀可黏附于名词性语素、词之后。例如：

A. 外公、太公、叔公、丈公、舅公、伯公、斋公、雷公、社公、契男公、伙计公

B. 鸡公、鸭公、甲鱼公、鲤公、狮嘚公、驴嘚公、猴嘚公

C. 蚁公、虾公、鱼公（嘚）_{小鱼}、阿屎公（嘚）_{刚孵出的小鱼苗}；菜头公、番薯公、火屎公；手指公、脚趾公、大脑公_{大拇指}、尾脑公_{小拇指}、鼻公、耳朵公、肚脐公

A 类用于男性称谓，B 类用于雄性动物，词汇意义都比较实，因其有一定的类推性和黏着性，我们仍把它看作后缀。C 类有小动物、作物、一般物体以及人体部位名词，其中的"公"不表示自然性别。

2.2.4.2 牯

牯，读［ku³¹］。黏附对象有名词性或形容词性的语素、词。例如：

A. 贼牯、癫牯、癞牯、聋牯、傻牯、壮牯、高牯、矮牯、瘦牯

B. 牛牯、水牛牯、黄牛牯、猪牯、狗牯、马牯、猫牯

C. 尾牯_{最后一名}、拳头牯、膝头牯、鸟牯、奶牯、石头牯

A类用于称谓人，多指男性，但不局限于男性，如"贼牯"可以指男贼也可指女贼，"聋牯、傻牯、壮牯、高牯、矮牯、瘦牯"的性别界限也已模糊。B类用于雄性动物。指称动物时，"公、牯"有所分工，一般"公"用于两足小动物，"牯"用于四足大动物，"狮嘚公、驴嘚公、猴嘚公"黏着不很紧密，"嘚"一般不能省略。C类多用于凸出的人体部位或事物，但不表自然性别，有"性"的语法意义。

2.2.4.3 婆

婆，读 $[p'o^{24}]$。黏附对象多为名词性语素、词或短语，也有少量形容词性、动词性成分。例如：

A. 外婆、太婆、叔婆、舅婆、伯婆、家婆、斋婆、癫婆、尿婆、贼婆、壮婆、聋婆、麻风婆、瘌痢婆、大肚婆、络人婆_{偷情的女人}、契男婆_{偷情的女人}、伙计婆、死人婆、铳打婆

B. 小红婆、小梅婆、美香婆、香秀婆、志秀婆、华英婆、银秀婆、金秀婆、根莲婆

C. 宁化婆、汀州婆、于都婆、宁都婆、广昌婆、广东婆、外头婆_{外地女人}

D. 鸡婆、鸭婆、狗婆、牛婆、猪婆、猫婆、鲤婆

E. 虱婆、鸹婆、笠婆

以上A类包括女性亲属称谓及女性贬称，"婆"指女性。B类"婆"附加于一般女性人名后、色彩多为中性。C类加于地名后，用来称呼外地来的女人，有一定的鄙视色彩。D类用来构成雌性动物名词。E类不指自然性别。

2.2.4.4 嫲

嫲，读 $[ma^{24}]$。黏附对象为名词性语素或词。例如：

A. 猪嫲、鸡嫲、鸭嫲、狗嫲、猫嫲、斐嫲_{女阴}、尿嫲_{同"斐嫲"}

B. 舌嫲、虱嫲、竹嫲、笠嫲

A类用于雌性动物或附于女阴名称后，属自然性别标记。B类表"性"的语法意义。"婆"和"嫲"都可作自然性别标记，"婆"的使用范围要大，称呼女性时"婆"不能用"嫲"替换，雌性动物"婆、嫲"一般可以替换，"嫲"是老派用法。多数客家话女性名字后可加"嫲"称谓，龙岗话不能。

2.2.5 名词语缀的特点

2.2.5.1 龙岗话名词语缀以后缀为主

龙岗话名词语缀多为后缀，前缀只有一个"老"。客家话中常见的用于称谓的前缀"阿"，龙岗话没有。有学者指出，汉语中的词头"阿"事实上来自苗语，如湘西的苗语在亲属称谓前加上一个虚化的[ʔa³⁵]，① 这个词头大概是古台语各种语言所具有的，它首先被吸收到南方的汉语中，然后传入北方话中。② 王力先生认为，"阿"是上古末期汉语新产生的一个词头，最初用于做疑问代词"谁"的词头（阿谁）。到了汉代以后，"阿"的用途扩大，不但可以做人名和亲属称谓的词头，也可以用在人称代词前。现代北京话已没有词头"阿"，而某些方言继承了人名和亲属称谓词头的用法，粤语还可以用在数字前表排行，如"阿三"③。这三种用法现今多数客家话仍保留，如阿芬、阿雄、阿婆、阿叔、阿满等，但龙岗话不用。龙岗话只在阿鹊、阿□puɔt⁴ 嗻（鸟名）中见到，其性质亦有别于客家话中常见的前缀"阿"。一是它用在鸟名前，状鸟噪之声，具有象声造词的性质；二则它没有能产性，并非所有鸟名前都可附加"阿"，如不能说＊阿雀、＊阿鸡婆（老雕）等。"阿姨"一词是从普通话中吸收的称谓。

2.2.5.2 名词语缀黏着对象的多样性

龙岗话名词语缀的黏着对象可以是语素、词、短语等不同的层级单位，既可跟名词、名词性短语结合，也可与某些动作行为动词、形容词或动词性、形容词性短语结合，有些还能与叠音式、衍音式结合。不论哪一层次的语言单位，附加上名词语缀后都能实现名物化，成为一个独立运用的名词，在句子中充当主语、定语、宾语，在组合关系上可受数量词修饰，不能与程度副词、否定副词连用。

2.2.5.3 虚化程度有别

龙岗话名词语缀虚化程度各有差别，从词汇意义保留的程度及结合

---

① 参见易先培《论湘西苗语名词的类别范畴》，载《中国语文》1981 年第 3 期，转引自李新魁（1994）。
② 李新魁：《广东的方言》，广东人民出版社 1994 年版，第 50 页。
③ 王力：《汉语史稿》中册，中华书局 1980 年版，第 221—222 页。

的自由度看，大致可分三个虚化级次。

首先是"嘚"，它的虚化程度最高，词汇义较空灵，是名词的主要构词后缀，结合能力强。

其次是"头""脑"。"头""脑"都是半虚化的名词语缀，保留较多的词汇义。以"头""脑"为后缀的名词，其内部也可看出由实到虚的逐渐过渡。例如：

头： 布头 → 火屎头 → 手指头 → 坼□lak 头 → 听头
　　　实 ────────────────────→ 虚

"布头"中的"头"，指物品的残余部分，基本上是个实语素；"火屎"本身是木柴烧剩的部分，"火屎"与"火屎头"语义差别不大，"头"因语义冗余而有所虚化；"手指头"，"头"有末端的词汇义，但"手指头"不仅仅指手指的末端，也可指整个手指，即"手指 = 手指头"，"头"的虚化程度提高；"坼□lak 头"中的"头"已无"末端""残余部分"的词汇义；"听头"中的"头"附于单音动词后，使其名物化，表达的是较抽象的概念。由此可见，"头"由一个实语素逐渐虚化为名词语缀，其词汇意义逐渐减弱，结合能力逐渐增强。

"脑"也是由实语素逐渐虚化为名词语缀的，在"碎碎脑""末末脑"中，还带有"剩余物"的意思，到"桶桶脑""牌牌脑"中，则带有小称意味了，并且"脑"都可用"嘚"替换。但"脑"的结合自由度较"头"小，它主要用于叠音式、衍音式。

最后是"老"以及"佬""俵""鬼""客"几个较实语缀。"老"作词头，是由形容词演化而来的，它的虚化程度较高，但结合的对象有限，主要用于少数指人的称谓词和某些动物词。"佬""俵""鬼""客"保留了较多的词汇义，功能主要是构成人称名词，虚化程度较低。但它们都有一定的能产性，是生成人称名词的一种主要的附加手段，因而不把它们看成实语素。"公""牯""婆""嫲"的词汇意义也较实，与"佬""俵""鬼""客"可归作同一虚化级次，如表 2 - 2 所示。

表2-2　　　　　　　　龙岗话名词语缀虚化程度比较

语缀	词汇意义	组合关系								
		语素	名词	动词	形容词	名词性短语	动词性短语	形容词性短语	叠音式	衍音式
啲	虚 ↑	+	+	+	+	+	+	+	+	+
头		+	+	+	+	+	+	+	-	+
脑		+	+	-	-	-	-	-	+	+
老		+	+	-	-	-	-	-	-	-
佬		+	+	-	+	-	+	-	-	-
俫		+	+	-	-	-	-	-	-	-
鬼		+	+	-	-	-	-	-	-	-
客		+	+	-	-	-	-	-	-	-
公		+	+	-	-	-	-	-	-	-
牯		+	+	-	-	-	-	-	-	-
婆	↓ 实	+	+	+	+	-	+	-	-	-
嫲		+	+	-	-	-	-	-	-	-

注："＋"表示可组合，"－"表示不可组合。

2.2.5.4　替换关系

一些名词语缀互相可替换。主要有以下几种情形：

1. 单音名词、动词衍音式后的"啲""头""脑"可互换，意义差别不大。例如：

脚□liɔk 啲 ⟷ 脚□liɔk 头 ⟷ 脚□liɔk 脑

提□lia 啲 ⟷ 提□lia 头 ⟷ 提□lia 脑

2. 单音名词、动词叠音式后的"啲""脑"可互换。例如：

壳壳啲 ⟷ 壳壳脑　　末末啲 ⟷ 末末脑

碎碎啲 ⟷ 碎碎脑

3. 由"佬"或"啲"构成的背称可互换。例如：

小柱啲 ⟷ 小柱佬　　瘸脚啲 ⟷ 瘸脚佬

4. 雌性家禽、家畜名词后的"婆""嫲"可互换。例如：

鸡婆 ⟷ 鸡嫲　　鸭婆 ⟷ 鸭嫲　　猪婆 ⟷ 猪嫲

2.2.5.5 叠用关系

一些名词语缀可以叠加使用。主要有：

1. "嘚"可与其他语缀叠用（"俫"除外）。例如：

骨头嘚、子弹头嘚、石头嘚、纸头嘚、布头嘚、菜头嘚、火屎头嘚

豆腐脑嘚、脚趾脑嘚、扁担脑嘚、末末脑嘚、粉粉脑嘚、圿圿脑嘚

老妹嘚、老婆嘚、老公嘚、老弟嘚、老俫嘚、老师嘚、老虎嘚、老鼠嘚

孤佬嘚、鬼佬嘚、癫佬嘚、病佬嘚、金柱佬嘚、水根佬嘚、广东佬嘚、美国佬嘚

病鬼嘚、癫鬼嘚、懒尸鬼嘚、赤膊鬼嘚、短命鬼嘚、冇时鬼嘚、蓬毛鬼嘚

伩客嘚姑娘、铁客嘚铁匠、香客嘚、排客嘚、鸭婆客嘚、鸡毛客嘚、屎客嘚

鼻公嘚、乌蝇公嘚雀斑、邛公嘚、鱼公嘚小鱼苗儿、阿屎公嘚刚孵出的小鱼苗、契男公嘚奸夫

牛牯嘚、狗牯嘚、马牯嘚、拳头牯嘚、大眼牯嘚、尾牯嘚最后一名、鸟牯嘚小男孩生殖器

猪婆嘚、鸭婆嘚、广东婆嘚、城里婆嘚、伙计婆嘚、狗嫲嘚、虱嫲嘚、笠嫲嘚

2. "嘚"尾动物名词带"公/婆"后缀。例如：

狗嘚公/婆、狮嘚公/婆、驴嘚公/婆、兔嘚公/婆、鱼嘚公/婆、羊嘚公/婆

3. 后缀多叠。例如：

伩客嘚、水长俫嘚、石头牯嘚、石头脑牯嘚、菜头公嘚、膝头脑嘚、膝头脑牯嘚

2.3 名词的逆序构词

石城客家方言名词的构词方式，除常规构词外，衍音构词和逆序构词比较有特点。衍音构词将在第七章讨论，本节主要介绍逆序构词。

这里讲的"逆序"是与现代汉语普通话比较而言的，指的是有些

词，方言和普通话使用相同的语素构成，但语素的先后顺序方言和普通话正好相反。显然，这里的"顺""逆"之分是以普通话构词语素的排列先后为参照的。事实上，对方言而言，这种顺序是正常语序。龙岗话与大多数南方方言一样，某些名词（也包括少数动词和形容词）的结构顺序与北方话相反。例如：

A. 鸡公、鸡婆、狗牯、狗婆、鸡健

B. 饭干、涴干_{身上搓出的污垢}、菜干（嘝）、菜头干、番薯干、茄椒干、笋干、粉干、芋脑线、菜头线、番薯线（嘝）

C. 气力、人客、尘灰、魂灵、畜牲、面情、式样、风暴、凳板

这三类逆序名词性质上有所不同。A类是表动物性别的名词，可能是壮侗语影响的结果（岑麒祥1953，袁家骅1960）。B类是脱水物，主要是食物，"干""线"是类名。C类是古来就有的普通名词，其语素顺序古今、方普有可逆性。A、B两类一般认为属前正后偏的偏正结构，我们认为"鸡公、饭干"理解为"鸡之公""饭之干"亦未尝不可，其结构类似于"专名+通名"的前偏后正的地名结构，未必是前正后偏。C类普通名词中有少量属并列结构。

2.4　名词性别表示法

龙岗话名词性别标记有两套：雄性是公、牯，雌性用婆、嫲。

2.4.1　公、牯的分工

公、牯都指雄性，但两者有分工，"公"一般用于两足家禽或小动物，"牯"多用于四足大动物。例如：

公：鸡公、鸭公、鹅公、鱼公、鲤鱼公、脚鱼公、囊蜂_{黄蜂公}

牯：狗牯、猪牯、牛牯、马牯、猫牯、羊牯、猴牯、野猪牯、黄牛牯、水牛牯

2.4.2　婆、嫲互换

婆、嫲指雌性动物时，两者大多可互换，"婆"使用频率高于"嫲"，新派常用，"嫲"多见于老派。例如：

鸡婆/鸡嫲、鸭婆/鸭嫲、猪婆/猪嫲、狗婆/狗嫲、牛婆/牛嫲、驴婆/驴嫲、鲤婆/鲤嫲、猫婆/猫嫲、猴婆/猴嫲

一些有雌雄之分的植物，其雌性植株、花蕊等"婆""嫲"可互换；此外，女性生殖器官、一些非自然性别带有语法"性"范畴性质的"婆""嫲"也有互换的用例。例如：

禾婆（嘚）/禾嫲（嘚）、花婆（嘚）/花嫲（嘚）；屄婆/屄嫲、斐婆/斐嫲；笠婆/笠嫲、虱婆/虱嫲

"嫲"在一些客家方言中，可附在人名、地名后称呼女性，如阿香嫲、银秀嫲、伍嫲，广东嫲、福建嫲、汀州嫲等，石城客家话，女性名称后只能用"婆"，例如：水秀婆、香秀婆、山秀婆、广东婆、汀州婆、瑞金婆，这一用法的"婆"不能用"嫲"替换。

2.4.3 非自然性别用法

公、牯、嫲、婆用于某些小动物或事物名词后，并不表示自然性别，词汇意义有所引申或完全虚化，带有语法"性"范畴标记性质。例如：

A. 虱嫲、虱婆、虾公、蚁公、喷屎公_{屎壳郎}、跳蚤公（嘚）、鱼公

B. 脚趾公、大脑公（嘚）_{大拇指}、手指公、鼻公、耳朵公（嘚）、肚脐公（嘚）、拳头牯、鸟牯（嘚）、膆牯_{乳房}、眼牯、嘴嫲、舌嫲、斐嫲、屄嫲

C. 笠嫲、笠婆、笪嫲、蓆嫲、撮嫲、竹嫲、勺嫲_瓢、石头牯

A 类指称小动物，并无相对的虱公、虾婆、蚁婆，其中的嫲、婆、公已虚化为名词后缀，并不表示自然性别。B 类人体部位词，其中带"公""牯"的多是凸出的人体部位。鸟牯、膆牯中的"牯"变调为 24。C 类用于事物，除"竹嫲"外其余都是无生命的，并无雌雄之别。这三类名词后的"公、牯、婆、嫲"都不代表自然性别，而接近于语法上的"性"范畴。

2.4.4 用作人称名词构词语素

公、婆、牯用作人称名词构词语素，其语义特征相当于汉语中的人称代词"者"，代表"某种人"。例如：

A. 大肚婆、络人婆、契男公、契男婆、屎婆、贼牯、贼婆

B. 聋牯、□so²⁴牯傻瓜、壮牯、高牯、矮牯、瘦牯

A类婆用于女性，公、牯用于男性，有性别对应关系。B类中的牯已逐渐中性化，多用于男性，女性也用。中性化的"牯"音变为24调，"贼牯［ku³¹］"相对于"贼婆"，"贼牯［ku²⁴］"相当于"贼人"。

2.4.5 性别指称的能产结构

公、牯、婆、嫲可作词根，后附名词语缀"嘚"构成性别词公嘚、牯嘚、婆嘚、嫲嘚。例如：

（35）啲只细鸡嘚公嘚，嘎只係婆嘚。

（36）啲只朧狗嘚係牯嘚，嘎只係婆嘚。

公嘚、婆嘚、牯嘚、嫲嘚相当于普通话中的"子"尾名词，不能套用普通话中的"公的""母的"。

龙岗话指称性别的能产结构是"名称＋公/牯/婆（嘚）"，可用于动物，也可用于雌雄异株或异花植物，甚至一些本无雌雄之别的事物，也可因其外形的长、圆相对拟称为"某公嘚""某婆嘚"，例如：

老鼠公/婆（嘚）、狐狸公/婆（嘚）、老虎公/婆（嘚）、兔公/婆（嘚）、马牯/婆（嘚）、驴牯/婆（嘚）、狗牯/婆（嘚）、蝴蝶公/婆（嘚）、扬尾公/婆（嘚）、乌蝇公/婆（嘚）

番瓠南瓜、乱□tɕie³¹丝瓜、西瓜的花有雌雄蕊之分。雄蕊称"花公嘚"，雌蕊称"花婆嘚"。

倘若一只菜头（萝卜）外形是长方形，另一只呈圆形，两两相对，也可以称为"菜头公嘚""菜头婆嘚"。两块石头，一长一圆，长的可以拟称为"石头公嘚"，圆的称作"石头婆嘚"。

性别指称的这种能产结构组合的语言单位基本上属短语性质，名称与性别词之间结合得不是那么紧密，尤其是"嘚"尾名词，表性别的"公""婆"等可直接加在"嘚"后，如狮嘚公/婆、驴嘚公/婆。而"鸡公、鸡婆、笠嫲、笠婆、虱嫲、虱婆、竹嫲"等双音节性别指称则已完全词化。主要原因是，它们是使用频率高的常用词，而能产的"名称＋性别标记"多是应临时辨称性别之用。在词化了的结构中，有的性别标记还因虚化出现了音变。如2.4.3中的"鸟牯""朧牯""眼牯"，

2.4.4 B类中的"牯"等。

龙岗话还有一个雌性的性别词——"伮［niɛ³¹］嘚"，被用来指称雌性猪狗幼仔。例如：猪伮嘚、狗伮嘚。但不能说＊牛伮嘚、＊马伮嘚、＊鸡伮嘚等。哺乳动物幼仔不分性别的指称结构是"朧［niɛn⁴⁵³］X嘚"。如"朧狗嘚""朧猪嘚"。但不能说"朧牛嘚""朧马嘚"。

龙岗话未下蛋的小母鸡叫"鸡健嘚"，阉割了的公鸡叫"络鸡"，未阉的能配种的公鸡叫"骚鸡"，种公猪则称作"猪龙"。

2.5 名词的重叠

龙岗话名词重叠有以下几种情形。

2.5.1 亲属称呼

亲属称呼的变调规则是：平声字重叠，第二音节变读33调；仄声重叠，第二音节变24调。例如：

A. 哥哥［ko⁴⁵³ ko⁴⁵³ᐟ³³］、公公［kuŋ⁴⁵³ kuŋ⁴⁵³ᐟ³³］、姑姑［ku⁴⁵³ ku⁴⁵³ᐟ³³］、婆婆［po²⁴ po²⁴ᐟ³³］、姨姨［i²⁴ i²⁴ᐟ³³］

B. 爸爸［pa³¹ pa³¹ᐟ²⁴］、伯伯［pak⁴ pak⁴ᐟ²⁴］、叔叔［suk⁴ suk⁴ᐟ²⁴］、婶婶［sən³¹ sən³¹ᐟ²⁴］、姊姊［tɕi³¹ tɕi³¹ᐟ²⁴］、妹妹［mei³¹ mei³¹ᐟ²⁴］、□□tɕia³¹ tɕia³¹ᐟ²⁴（伯母）

以上A类为平声重叠，B类为仄声重叠。亲属称谓原式在龙岗话中单用时多是昵称，较少用。"公公""婆婆"原式和重叠式有意义差别，"公""婆"是"祖父""祖母"，"公公""婆婆"则是用作对老年人的社交称谓。

2.5.2 儿语叠词

儿语是小儿用语。儿语叠词的变调规则同上。例如：

A. 虫虫［tsʻuŋ²⁴ tsʻuŋ²⁴ᐟ³³］、鞋鞋［xai²⁴ xai²⁴ᐟ³³］、衫衫［san⁴⁵³ san⁴⁵³ᐟ³³］、烟烟［iɛn⁴⁵³ iɛn⁴⁵³ᐟ³³］

B. 饺饺［kiau³¹ kiau³¹ᐟ²⁴］、蛋蛋［tʻan⁵³ tʻan⁵³ᐟ²⁴］、果果［ko³¹ ko³¹ᐟ²⁴］、袜袜［mat⁴ mat⁴ᐟ²⁴］

龙岗话中有一种源于儿语的 VAA 式三音节动宾短语，AA 为名词重叠式，不单说，充当 V 的宾语。有的 V 与单音名词 N 可构成动宾短语，有的 V 只能跟重叠式。例如：

C. 捉□miaŋ⁴⁵³□miaŋ⁴⁵³/³¹、过家家［ka⁴⁵³ka⁴⁵³/²⁴］、过痧痧［sa⁴⁵³sa⁴⁵³/²⁴］、做娘娘［niɔŋ²⁴niɔŋ²⁴/³³］

捉□miaŋ⁴⁵³□miaŋ³¹ = 捉□miaŋ⁴⁵³、过痧痧 = 过痧，但过家家 ≠ 过家、做娘娘 ≠ 做娘。

2.5.3　AA 哪式重叠

在 AA 哪式重叠中，原式 A 为阴平、上声、去声，重叠音节变读 21 调。A 为阳平，叠音节变读 33 调，A 为入声，叠音节变读 2，末尾的"哪"读轻声 22，"哪"与前一音节间有一音节间塞音 ʔ。例如：

权权⁴⁵³/²¹ʔ哪、锤锤²⁴/³³ʔ哪、簸³¹/²¹簸ʔ哪、袋袋⁵³/²¹ʔ哪、脚脚⁴/²ʔ哪

AA 哪重叠式是名词的小称形式，此外有些原式与重叠式词汇意义上有所变化。

AA 哪重叠式又有以下几种情形。

1. A→A 哪→AA 哪：A 可直接加"哪"尾，也可重叠后加"哪"。例如：

A. 筛→筛哪→筛筛哪、棍→棍哪→棍棍哪、枋→枋哪→枋枋哪、疤→疤哪→疤疤哪、簸→簸哪→簸簸哪、绳→绳哪→绳绳哪

B. 圈→圈哪→圈圈哪、权→权哪→权权哪、珠→珠哪→珠珠哪、球→球哪→球球哪、袋→袋哪→袋袋哪、牙→牙哪→牙牙哪、包→包哪→包包哪、锯→锯哪→锯锯哪

A 类三种形式都可用，语义上原式没有表小的含义，加"哪"尾相当于普通话的"子"尾名词表小称。重叠式是典型的名词小称，相当于普通话"小 + 名 + 儿"的语义。B 类三种形式除上述差别外，语义上"A 哪"和"AA 哪"有所变化，一般而言"A 哪"多表专指，而"AA 哪"含义较泛，带有摹状性质。例如：

圈哪：专指学校点名时作缺席标记的小圆圈。

圈圈哪：泛指小圆圈或小小的圈状物。

杈唧：叉物用具。

杈杈唧：泛指杈状物。树上的小枝杈，可叫"杈杈唧"，一般不叫"杈唧"。

珠唧：专指链珠儿。

珠珠唧：包含了珠唧，也指珠状物。

球唧：小球。

球球唧：球状物。

袋唧：多指衣服上的口袋。

袋袋唧：泛指小口袋或袋状物。

牙唧：牙齿。

牙牙唧：牙状物。

包唧：肉包子。

包包唧：包状物。

锯唧：锯子。

锯锯唧：锯齿状。

2. A唧→AA唧：A为黏着语素，不能独立成词。"AA唧"由重叠"A唧"中的词根语素构成。例如：

盒唧→盒盒唧、牌唧→牌牌唧、套唧→套套唧、板唧→板板唧、格唧→格格唧、罐唧→罐罐唧

3. A→AA唧：A为独立运用的名词，可重叠构成"AA唧"式，但无"A唧"式。例如：

坼→坼坼唧、缝→缝缝唧、□vuŋ^{24}洞→□vuŋ^{24}v□uŋ$^{24/33}$唧小洞洞、脑→脑脑唧、尾→尾尾唧、沿→沿沿唧、箍→箍箍唧、横→横横唧、竖→竖竖唧、耳→耳耳唧

以上重叠式是原式的小称形式。

4. AAB式重叠。例如：

A. 阴阴天、温温水、□tiau^{24}□tiau$^{24/33}$笔（羊角辫）、毛毛雨、朦朦雨

B. 中中间、当当中、下下街、上上边

A类重叠的是形容词语素，有的可还原为AB式，有的不能。例如：阴阴天→阴天、温温水→*温水、□tiau^{24}□tiau$^{24/33}$笔→*

☐tiau²⁴笔。

B 类为方位词，重叠式表示方位的进一步，"中中间""当当中"是"正中"的意思，"下下街"是比"下街"更下的街面。

5. AABB 式重叠。龙岗话只有少数 AABB 式来源于 AB 式双名词，多数由相关名词 A 和 B 重叠组合而来。例如：

A. 亲亲眷眷、大大细细、子子伙伙、面面前前、中中间间、当当中中

B. 鱼鱼肉肉、衫衫裤裤、被被席席、肚肚肠肠

C. 鸡鸡鸭鸭、猪猪狗狗、公公婆婆、婆婆太太、碗碗箸箸、桌桌椅椅、鞋鞋袜袜、日日夜夜

A 类为 AB 式双音名词重叠式，这一类主要是方位名词和亲属词。

B 类可还原为借代式 AB 双音名词，亦可看作相关名词 A 和 B 的重叠组合，借代式 AB 双音名词不能理解为"A＋B"，其整体词义已有所引申。即：

鱼肉：泛指肉类，不等于"鱼＋肉"。

衫裤：泛指衣服，不等于"衫＋裤"。

被席：泛指卧具，不等于"被＋席"。

碗箸：泛指餐具，不等于"碗＋箸"。

试看例句：

鱼肉：定亲个鱼肉都送来哩 订亲的鱼肉送来了。

衫裤：箱啋里装来多大细啋个衫裤 箱子里装了些小孩的衣服。

被席：放假呃，带被席转屋下洗 放假了，带床上用品回家洗。

碗箸：捡正碗箸来食饭 摆好餐具吃饭。

C 类为纯粹的相关名词 A 和 B 的重叠组合。"AABB"重叠相当于一个名词性并列短语，A 为阴平、上声、去声，第 2 音节变读 21。A 为阳平，第二音节变读 33。A 为入声，A_2 变读 2，BB 读本调。方位名词的重叠一般表示强调，相当于 AAB 式。其他的"AABB"都表示"A 呀 B 呀什么的""之类""等等"的意思。

2.6　名词的小称

龙岗话小称语法形式以附缀或重叠与附缀结合为主，名词单纯重叠

表小只在儿语（包括成人对儿童言语）中见到。例如：

1. A + 㗑

尺㗑　　桌㗑　　眼㗑　　篮㗑　　电视机㗑　　摩托车㗑

电话机㗑　小包车㗑　脚踏车㗑　赤伢㗑

2. AA + 㗑

缝缝㗑　格格㗑　盆盆㗑　杈杈㗑　袋袋㗑

枋枋㗑　杓杓㗑　泡泡㗑　盖盖㗑　棍棍㗑

3. AA + 脑

根根脑　壳壳脑　汤汤脑　绳绳脑　叶叶脑

牌牌脑　渣渣脑　皮皮脑　桶桶脑　藤藤脑

4. AA 式儿语

鞋鞋　桌桌　车车　果果　糖糖　枪枪　铃铃　水水　饭饭

第3章 方位词、处所词、时间词

3.1 方位词

方位词是表示方向和相对位置关系的词。可分单纯方位词和合成方位词两类。

3.1.1 单纯方位词

龙岗话单纯方位词有：

上 soŋ⁵³/xoŋ⁵³　　下 xa⁴⁵³　　前 tɕ·iɛn²⁴　　后 xəu⁵³
背 pei³¹　　　　　里 li⁴⁵³　　外 ŋuai⁵³　　中 tsuŋ⁴⁵³
东 tuŋ⁴⁵³　　　　西 ɕi⁴⁵³　　南 nan²⁴　　北 pət⁴
侧 tsət⁴　　　　　边 piɛn⁴⁵³　过 ko³¹

"上""下"也可作动词用。动词"上"音 soŋ⁴⁵³。例如："蚁公上［soŋ⁴⁵³］树"，方位词"上"有文白两读。用在合成方位词中作前一语素的文读 soŋ⁵³，如"上向"［soŋ⁵³xiɔŋ³¹］；用在名词后构成处所词的白读 xoŋ⁵³，如"脚上"［kiɔk⁴xoŋ⁵³］。动词"下"和方位词"下"都念 xa⁴⁵³。

普通话中有一个单纯方位词"内"，地道的龙岗话一般不用，龙岗话中"国内""两个月内""连俚算在内"一类说法，显然是受普通话影响的结果。龙岗话一般用"里向/头/高"代替普通话中的"内"。试比较：

普通话　　　　　　　　　　龙岗话
有人在内　　　　　　　　　有人栖里高/里头/里向

内外有别　　　　　　　里外唔同

由内而外　　　　　　　从里到外

室内　　　　　　　　　屋里

校内　　　　　　　　　学堂下

龙岗话单纯方位词的语法作用有：

1. 可单用作主语、宾语。例如：

（1）上有老个，下有细个<small>上有老的，下有小的。</small>［主语］

（2）前冇村，后冇店<small>前没村，后没店。</small>［主语］

（3）东话西话<small>说东道西。</small>［状语］

（4）里又要偓，外又要偓，偓有几多双手吧<small>里又要我，外又要我，我有多少双手啊？</small>［主语］

（5）ti²⁴栋屋大门朝南<small>这幢房子大门朝南。</small>［宾语］

单纯方位词用作主语，多在两两对举的并列句式中。

2. 用在名词前后表示处所或时间。例如：

A. 上寨、下龙岗、前间、后龙山、里壁、外壁、侧门、中屋、东门

B. 屋脑上、户跤［kʻiaŋ⁵³］下<small>门槛下</small>、屋前、屋后、耳领啋角背<small>耳朵后背</small>、溪背<small>小溪对面</small>、崠背<small>山后</small>、间里、祠堂外、水东、曾姑山东

3.1.2 合成方位词

3.1.2.1 合成方位词后缀

单纯方位词加上"向""头""高""边""面"等后缀即构成合成方位词。普通话合成方位词后缀有"边（儿）、面（儿）、头（儿）"等，除了"内""中"不能加"边、面、头"，"左、右"不能加"头"外，其他单纯方位词均可与"边、面、头"结合，构成3套相应的合成方位词。在龙岗话中，使用频率最高的方位词后缀是"向""头""高"，它们附加于"上、下、前、背、后、里、外"7个单纯方位词后构成的3套合成方位词，对应整齐。龙岗话后缀"边""面"多用于"东、西、南、北"4个表"向架"（朝向）的方位词后，一般来说，龙岗人"东、西、南、北"的方向感并不很强，口语中也较少涉及这些，只在"地理先生"确定建房的"向架"时较多用到，且附加于

"东、南、西、北"的后缀也多用"向"。零星的方位词后缀还有"岸""壁""角"等，可构成"里岸""侧岸""里壁""外壁""背壁""侧角"等合成方位词。

表3-1　　　　　　　方位后缀与单纯方位词组合关系

方位词	后缀					
	向	高	头	边	面	其他
上	上向	上高	上头			
下	下向	下高	下头			
前	前向	前高	前头			
背	背向	背高	背头		背面	背壁
后	后向	后高	后头			
里	里向	里高	里头			里壁、里岸
外	外向	外高	外头			外壁
东	东向			东边	东面	
西	西向			西边	西面	
南	南向			南边	南面	
北	北向			北边	北面	
侧	侧向	侧高		侧边		侧角、侧岸
边	边向	边高				
过	过向			过边		

普通话的单纯方位词"中"不能加"边、面、头"，由"中"造成的合成方位词有："中间儿""当中"，龙岗话的"中"不能加"向、高、头"，由"中"构成的合成方位词是"中间""当中"。

龙岗话老派没有"左""右"的说法，新派所说的"左边""右边"是普通话词汇，并且多说"左手边""右手边"。老派表达"右""左"的方位概念，用的是"顺手边""反手边"，"反"变阴平 [fan⁴⁵³]。

3.1.2.2　与人体部位有关的合成方位词

龙岗话有几个使用频率颇高的合成方位词是由人体部位名词加单纯方位词构成的。这一类方位词不是以人体部位本身为参照来确定方位，而是借人体部位比况物体部位，再以之为参照物确定空间位置的。这类方位词见于世界多种语言，体现了人类语言造词上"就近取譬"的共同规律。例如：

本义　　　　　　　　　　引申
肚下：肚子底下　　　　　底下
屎下：屁股底下　　　　　底下
脑上：头顶上　　　　　　上部、顶部
面前：面对着的地方　　　正对面、旁边
唇上：嘴唇上　　　　　　边缘上
脚下：脚底下　　　　　　底下

从本义上理解"肚下""屎下"等是"N+单纯方位词"构成的处所结构，其中的N是确定处所空间范围的参照物。作为合成方位词，"肚下""屎下"等则已经词化，它们通常黏着于一个名词，并以该名词为确定空间范围的参照物。例如：

肚下：桌肚下、床肚下、门肚下、凳肚下、楼阶肚下、书肚下、灶肚下
屎下：衫屎下、箱屎下、罂罐屎下、碗屎下
脚下：岭脚下、凳脚下、井脚下、灶脚下、楼阶脚下
脑上：门脑上、屋脑上、床头脑上、床脑上、蚊帐脑上
面前：屋面前、枕头面前、尿桶面前、井湖面前、角箩面前
唇上：床唇上、塘唇上、碗唇上、田唇上、河唇上

"肚下""屎下""脚下"笼统地说都可引申为"底下"，三者意义和用法上的细微差别是："肚下"多附于具有一定空间包容性的物件后；"屎下"附着于有底的物件后；"脚下"多指靠近物体底部的位置。

龙岗话的"面前"不单指面对着的地方，也可指"近侧""附近"，相当于普通话的"旁"，并且后一种意义是其中心义。例如：

（6）电筒放栖枕头面前 手电筒放在枕头旁。

（7）井湖面前有串锁匙 水井旁有串钥匙。

（8）尿桶面前放来把秆笤尿桶旁边放了一把扫帚。

龙岗话不用"前面"，相当于"前面"的词是"前向"。

3.1.2.3 合成方位词的语法作用

1. 充当主语、宾语、状语、定语

合成方位词单用可充当主语、宾语、状语、定语。方位词作定语直接修饰限定中心词必须带结构助词"个"，单用时其方位参照物能由语境补出。例如：

（9）上向洗菜，下向汤衫上游洗菜，下游汰衣服。［主语］

（10）屎下放块姜底下放一块生姜。［主语］

（11）妆客嘚倚前向，倈倈嘚倚后背女孩站前面，男孩站后面。［宾语］

（12）大细嘚歇里壁小孩睡里边。［宾语］

（13）舅公上向坐舅舅上坐。［状语］

（14）大细嘚里壁歇小孩里边睡。［状语］

（15）前向个俵兄坐落来前面的老兄坐下来！［定语］

（16）脑上 ka^{24} 只梨嘚等囊蜂针来顶上那只梨儿给黄蜂叮了。［定语］

（17）肚下个茄嘚烂掉底下的茄子烂了。［定语］

2. 合成方位词可充当介词宾语，构成介宾结构，用作状语或补语。例如：

（18）看病个栖背头来哩看病的在后面来了。［状语］

（19）大细嘚个衫放栖脑上小孩的衣服放在顶上。［补语］

3. 合成方位词常黏着于充当方位参照物的名词后，构成处所结构，充当句子成分。例如：

（20）桌肚下伏来只狗桌子底下趴着一条狗。

（21）门脑上打来枚钉门顶上钉着一枚大钉。

（22）停来乘小包车嘚栖屋侧角停了一辆小轿车在屋子旁边。

（23）单车放去楼阶肚下单车放到楼梯底下去。

（24）电筒要枕头面前放手电要枕头边放。

（25）有个大细嘚栖岭脚下桴有个小孩在山脚下哭。

3.1.3 方位词的重叠

3.1.3.1 紧 N 紧 N 式

不论单纯方位词还是合成方位词都可用"紧 N 紧 N"式重叠，表示程度的加深。相当于"比 N 还要 N"的位置。例如：

（26）紧前紧前坐，就来坐到戏台脚下呃_{老往前老往前坐，就快坐到舞台脚下了}。

（27）紧背（向）紧背（向）有一条河_{往后再往后有一条河}。

（28）紧下（向）紧下（向）就係大由坪_{往下再往下就是大由坪}。

（29）花边俹栖紧屎下紧屎下_{银圆藏在最底下}。

（30）紧肚下紧肚下个衫下炼掉_{最底下的衣服灼坏了}。

"紧 N 紧 N"式可充当句子主语、宾语、定语、状语，也可与介词构成介宾结构充当句子状语或补语。

"紧 N 紧 N"式用作定中结构的中心语，一般定语要带结构助词"个"，以舒缓节奏，在语流节奏协调平稳的情况下，也可省去"个"。例如：屋（个）紧前（向）紧前（向）、大衣橱（个）紧屎下紧屎下、楼阶紧脑上紧脑上。

"紧 N 紧 N"不限于二叠，在语境中若需要进一步强调，还可构成三叠四叠式。例如：

（31）甲：摘哋只梨嘚咪_{摘这只梨吗}？

乙：蛮係，紧上紧上嘎只_{不是，上上面那个}。

甲：哋只啊_{这只吗}？

乙：还蛮係，紧上紧上紧上嘎只_{还不是，再上上面那个}。

3.1.3.2　AB→AAB 式

合成方位词常见的重叠式是 AB→AAB 式，表示程度加深。例如：

上高→上上高　　面前→面面前　　脑上→脑脑上

下向→下下向　　屎下→屎屎下　　肚下→肚肚下

里高→里里高　　外头→外外头　　中间→中中间

有的可构成 AABB 式重叠，AAB 式与 AABB 式基本意义相同，其细微差别是后者较前者更具强调意味。例如：

中间→中中间→中中间间　　　面前→面面前→面面前前

当中→当当中→当当中中

合成方位词 AB 亦可用"紧 A 紧 AB"式重叠，其作用相当于"紧 A 紧 A"。合成方位词重叠后在句子中可充当主语、宾语、定语、状语等句子成分。（例略）

3.2 处所词

处所词只指能做"栖[tɕ·i⁴⁵³]在、到、去"的宾语，并能用"哪里、哪多嘚、哪块嘚、哪在嘚"提问，用"哋[ti²⁴]这、嘎[ka²⁴]那"指代的体词。

3.2.1 处所词的范围

龙岗话处所词：一是地名词，例如：瑞金、秋溪、宁化、营里、横江、沿岗、观下、江西、福建等；二是机构名转化成的地点名，例如：乡政府、学堂下、税务所、工商所、收购站、机米站、车站里；三是名词加方位词构成的处所词，例如：街上、地下、天上、水里、崠背、门脑上、桌肚下、床缘上、屋里高、马路边。

"背""唇"是客家话的两个特征方位词，这两个方位词在龙岗话中亦有着相当的结合能力，它们常与表示具体事物的名词结合，构成以该名词为参照点的处所词。

"背"指后背，《广雅·释亲》："背，后也"。由"背"构成的处所词如"河背、崠背、屋背、门背、井背、桌背、凳背、灶背、猪栏背、田唇背、塘坎背、水缸背、手袖背、马路背、耳领嘚角背"等。

"唇"指边缘，《释名·释形体》："唇，缘也。唇者口之缘也。"《诗·伐檀》："坎坎伐轮兮，置之河之唇兮"，"河之唇"即河边、河岸。龙岗话由"唇"构成的处所词例如：床唇、凳唇、凳板唇、桌唇、橱唇、灶唇、碗唇、井唇、塘唇、河唇、水缸唇、罂罐唇、马路唇等。

3.2.2 特色处所词

由客家地区特殊和常见地貌充当参照点带方位词构成的处所词，是一种富有地方特色的处所词。石城像多数客家地区一样，地貌以山地丘陵为主。石城的地貌词语，富有特色或常用的有以下一些：

坪：小块修整过的平地。

墩：大片坡地。

排：地势较高的狭长坡地。

坑：峡谷地带。

坳：山坳。

坝：水边平地。

岭：山岭。

垅：长而较开阔的山间谷地。

崠：山峰。

圩：圩场地。

这些地貌名词构成的处所词有：坪上、坪里、坪下、坪边上、塅上、排上、排下、坑上、坑里、坑背、坳头、坳尾、坳背、坳前、坝上、坝头、坝尾、坝㘵里、岭上、岭下、岭脚、岭脚下、岭背、垅上、垅下、垅背、垅尾里、崠上、崠脑上、崠背、圩坪里、圩场、圩上、圩背等。

由于龙岗岗峦起伏，蜿蜒如龙，山峦按走势，前端叫"龙脑上"，后部叫"龙尾"或"龙尾上""龙尾里"。走在队列前头叫"打龙头"，走在后面叫"打龙尾"。

3.2.3 处所词的语法功能

1. 处所词充当主语，处所本身成为陈述的对象。例如：

（32）桌肚下蛮浣糟 桌底下很脏。

（33）马路沿上栽来一排苦楝树 马路边种了一排苦楝树。

表示事物存在、出现、消失的句子常常用处所词做主语。例如：

（34）门角背有张山锄 门后背有一把山锄。

（35）凳肚下伏来条狗 凳子底下伏着一条狗。

（36）龙岗出来个程益民 龙岗出了一个程益民。

（37）学堂下升起一杆红旗 学校里升起了一面红旗。

（38）鸡厩[tɕi³¹] 里死 t'əu²⁴ 只鸡 鸡窝里死了一只鸡。

（39）塘里走 t'əu²⁴ 伙鱼 鱼塘里跑了一群鱼。

例（34）（35）表存在，例（36）（37）表出现，例（38）（39）表消失。

2. 处所词充当定语、状语、宾语

处所词也可以充当定语、状语、宾语（包括介词宾语）。例如：

（40）灰寮棚上个劈柴烧一个月都烧唔到呃厕所棚上的木柴烧一个月也烧不到了。［定语］
（41）带客间里坐带客人到房间里坐。［状语］
（42）刘文明天光去瑞金刘文明明天去瑞金。［宾语］
（43）近视眼过前向坐近视眼在前边坐。［介宾］

从语法功能看，龙岗话的处所词与普通话一样实际不是一个独立的词类，而是名词、方位词的一种功用。

3.3 时间词

3.3.1 时间词的界定

时间词是指称时点、时段的名词，可以作"栖［tɕ·i⁴⁵³］在""到""等到"的宾语，并能用"嘀［ti²⁴］这个场中、嘎［ka²⁴］那个场中""嘀阵嘚、嘎阵嘚"指称的体词。例如：冬下辰头、热天头、至今、昨日、往先等。时间词都表示时间，但表示时间的不一定是时间词。如"可可［k·o²⁴k·o²⁴］刚刚""情拈［tɕ·iŋ²⁴niaŋ⁴⁵³］马上"是副词；"一年""半工半天"是数量词，它们不能称作时间词。

3.3.2 辰、昼、晡

1. 龙岗话常用的区分一天主要时段或时点的时间标记有"辰［sən²⁴］、昼［tsəu³¹］、晡［pu⁴⁵³］"3套，分别构成3套时间名词：

表3-2　　　　　　　　龙岗方言3套时辰标记

时间	辰	昼	晡
早上	朝辰	朝昼	朝晡（日）
半早	半朝辰（哩）	半朝昼	半朝晡（哩）
上午	昼辰	上昼、晏昼	上晡（日）、上昼晡
前半上午	上半昼辰	上半昼	上半昼晡
半上午	半昼辰	半昼（哩）	半昼晡
下半上午	下半昼辰	下半昼	下半昼晡

续表

时间	辰	昼	晡
下午	下昼辰、晡辰、下晡辰	下昼	下晡
上半下午	上半晡辰	上半下昼	上半晡
半下午	半晡辰	半下昼（哩）	半晡（哩）
下半下午	下半晡辰	下半下昼	下半晡
晚上	夜辰	夜昼	夜晡

表 3-2 中的时辰词语是一天中最常用的时段表达式。几点说明：

A. 3 套时间名词对应整齐，其中"辰"是最通用的时辰标记语素。在 3 个系列中，由"辰"构成的系列使用频率最高。

B. 从历时和来源的角度看，"昼""晡"系列是当地人认为更"土"的说法，属更老派的表达方式。"辰"系列在乡镇用得较多，"昼""晡"系列在偏远的地方更多用。同义形式 3 套一般可以互相替换。

C. 表中三音节（含三音节）以上的表达方式词化程度较低，具有短语性质。

D. "哩"是助词，有"大约""左右""前后"等表约数的语法意义，表中所有的词语都可带"哩"表约略的时间，其中括注了"哩"的，带"哩"更站得住。

E. "昼"的本义是"日中"，《广韵》去声宥韵直祐切："日中"。"上昼""下昼"是上午、下午的意思，显然这是以日中为界区别上下午。"晡"是申时，在傍晚。《广韵》平声模韵博孤切："申时"。客家话的"晡"已非专指申时，可以借代为整日。

F. 时段和时点有时是相对的，就时间跨度而言，有一定的持续性的是时段，但在一个较长的时间范围内，某个时段又可相对地被看作一个时点。表 3-2 中所列多被理解为时段，但表示早晨、上午、下午居中的"半"时辰的多为时点，就一天而言，早、中、下午也可以被看作几个时间点。

表中词语各举一例。"辰"系列：

（44）朝辰瞳牛个场间胆［tan^{31}］跌倒来一跤早上放牛时摔了一跤。

第 3 章 方位词、处所词、时间词

59

（45） 半朝辰哩要赶到绿水你舅公家早上半早时辰要赶到绿水你舅舅家。

（46） 上半昼辰冇一个人来买东西，到 10 点多正来哩几个打酱油个上半上午没一个人来买东西，到 10 点多才来了几个打酱油的。

（47） 半昼辰个场中要煮多嘚点心等师傅食半上午的时候要煮些点心给师傅吃。

（48） 下半昼辰冇风，热头又大，莽出来坐下嘚下半上午没风，太阳又大总该出来坐坐。

（49） 下昼辰洗汤，唔要着凉喽下午洗澡，可别着凉了。

（50） 今夜晡辰有几个广东佬会来今天下午有几个广东人会来。

（51） 下晡辰探病人冇时下午探望病人不吉利。

（52） 你上半晡辰去哪里呃你下午前半段去哪了？

（53） 今朝行来蛮快，半晡辰就到来瑞金今天走得很快，下午才过半时就到了瑞金。

（54） 下半晡辰热头冇炟〔xən²⁴〕热辣，东西晒唔燥下半下午太阳不够猛，东西晒不干。

（55） 夜辰食米茶，屙尿都来唔赢晚上喝米茶，起夜都来不及。

"昼"系列：

（56） 渠朝昼去洋地呃，你寻渠有事咪他早上去洋地了，你找他有事吗？

（57） 渠半朝昼就去哩，会来到呃他一大早就走了，快到了。

（58） 叔嘚上昼去清水塘犁田叔叔上午去清水塘犁地。

（59） 一晏昼都冇见渠，唔晓渠走去哪里世下呃一上午都没见他，不知道他跑什么鬼地方去了。

（60） 上半昼个个都去锄田坎上半上午个个都去锄田坎。

（61） 半昼（哩）落来场唔晓几大个雨上午过半时下了一场大得不得了的雨。

（62） 下半昼天晴来哩后半上午天放晴了。

（63） 渠下昼唔去学书，你赢渠请个假好吗他下午不去上学，你替他请个假好吗？

（64） 小红嘚上半下昼栖旱塘小红儿前半下午在干鱼塘。

（65） 到半下昼（哩）你郎就要赶转去到半下午时你们就要赶回去。

（66） 下半下昼街上冷冷清清，蛮早就散来圩下半下午街上冷冷清清，很早就散了集。

(67) 从晡辰到夜昼，渠食到冇停_{从下午到晚上，他吃到没停。}

"晡"系列：

(68) 朝晡天冇光就出门呃，呐阵嘚差唔多到水庙呃吧_{早上天没亮就出门了，这时差不多到水庙了吧。}

(69) 半朝晡（哩）出来阵嘚热头，冇几久就又落雨呃_{半早时出了会儿太阳，没过多久就又下雨了。}

(70) 明朝上晡日去横江卖掉嘎伙鸡嘚来_{明天上午去横江把那窝小鸡儿卖掉。}

(71) 上昼晡个人更有精神，多念阵嘚书_{上午的人更有精神，多读会儿书。}

(72) 天光上半昼晡哩有只车去洋地，要搭车时做得_{明天上午早些时候有辆车去洋地，要搭车的话可以搭。}

(73) 木匠师傅半昼晡正来_{木匠师傅半上午过时才来。}

(74) 志华嘚下半昼晡出来院，冇要紧呃_{志华子后半上午出了院，没什么要紧了。}

(75) 下晡的赣州班车都过去哩，你还冇食昼饭啊_{下午的赣州班车都过去了，你还没吃午饭啊？}

(76) 要去斫草皮时上半晡就要去，唔係时会夜掉_{要去割猪圈草的话，上半下午就要去，要不太晚了。}

(77) 大伯嘚半晡（哩）就宁化转来，冇买到什么像样个东西_{大伯父半下午就从宁化回来了，没买到什么像样的东西。}

(78) 渠姑丈下半晡来过一回，冇一个人栖屋_{他女婿下半下午来过一次，没一个人在家。}

(79) 夜晡黑古隆冬，走夜路要驳枞矿火_{晚上黑古隆冬，走夜路要点松明子。}

2. "朝、昼、晡、夜"将24小时划分为4个时间段，分别带"辰"指称，构成"朝辰_{早上}、昼辰_{上午}、晡辰_{下午}、夜辰_{晚上}"4个最常用的时间段名词。

指称晚上，还可以有"夜昼辰""夜晡辰""夜昼晡辰"等叠加的说法。例如：

(80) 呐件衫夜昼辰联个，针脚冇蛮平整_{这件衣服晚上缝的，针脚不够平整。}

（81）夜晡辰唔要食咁饱晚上不要吃那么饱。

（82）几十个人夜昼晡辰走去清水塘呃，唔晓做什么鬼几十个人晚上跑去清水塘了，不知道干什么。

3. 以"辰"为后标记的时间词语都可后附名词语缀"头"，例如：朝辰头、昼辰头、晡辰头、夜辰头、半昼辰头、半晡辰头。"XX 辰头"有"XX 时分""XX 时辰"的含义。例如：

（83）起秋凉呃，朝辰头要多着件衫起秋凉了，早上要多穿件衣服。

（84）昼辰头脑盖更清楚，要考试时就昼辰考上午头脑更清醒，要考试的话就上午考。

（85）晡辰头日嘚短，做唔到几多事下午日子短，做不到多少事。

（86）生党当在夜辰头冇事时早多嘚歇陌生地方，晚上没事的话早点儿睡觉。

（87）半昼辰头呃正食朝饭，你去做什么呃哦半上午了才吃早饭，你去干什么了嘛！

（88）半晡辰头热头都会来落山呃，被哩帕拉半下午太阳都快下山了，赶紧！

3.3.3 时间点标记"场间""场中"

龙岗话表示时点除一般钟点表示法外，最常用的是以"场间""场中"作为时点标记，用描述法组合成时点短语。例如：食昼饭个场间/场中吃中饭时、细个场间/场中小时候、开会个场间/场中开会的时候、割禾个场间/场中收割稻子的时候、散圩个场间/场中散集时、落大雨个场间/场中下大雨时、红来个场间/场中红了时、滚来个场间/场中热了的时候。

一天当中最重要的几个时点"拂晓""正午""傍晚""黄昏"，龙岗话对应的表达方式是：

拂晓：天冇光、天冇光个场间/场中

正午：热头打丁个场间/场中、食昼饭个场间/场中

傍晚：热头落山个场间/场中

黄昏：断夜暗个场间/场中

钟点表时是现代方法，龙岗话习惯的表达法是描述法，作为时辰参照的几个重要的参照点，一是太阳的运行轨迹，如：出热头、热头斜、

热头打丁、热头落山；二是三餐，如：食早饭、食昼饭午饭、食夜饭。例如：

（89）天有光个场间/场中听到有人撬门拂晓时分听到有人撬门。

（90）热头打丁个场间/场中头一冇神气太阳打顶的时候最没精神。

（91）热头落山个场间/场中收起谷来车太阳下山的时候收起谷子（用风车）来车。

（92）个个斫柴个断夜暗个场间/场中都转来，就夜冇见渠两兄弟个个砍柴的黄昏时都回家来了，就只没见到他两兄弟。

（93）食昼饭个场间/场中打个电话去城里你姆嘎，喊渠天光圩日要转来吃中午饭的时候打个电话去县城你妈那儿，叫她下个圩日要回来。

（94）食夜饭个场间/场中搬几把椅㗒去晒谷坪里霸到几只位置来吃晚饭的时候搬几把椅子去晒谷场占几个位置。

3.3.4 年、日的回溯、现在、前瞻时间链

1. 龙岗话年份回溯、现在、前瞻的表述链是：

大n前年……大大大前年—大大前年—大前年—前年—旧年—今年—明年—后年—大后年—大大后年—大大大后年……大n后年

2. 龙岗话日期回溯、现在、前瞻的表述链是：

大n前日……大大大前日—大大前日—大前日—前日—昨日—今朝—天光—后日—大后日—大大后日—大大大后日—大n后日

3. 以"今"为起点，前、后推移3年/天之外的年份、日子可用"大"重叠式表示，理论上"大"可无限叠加下去，但实际交际中三叠之外已很少用。

4. 表日子的时间词有以下同义式：

今天：今朝、今夜、今晡日

昨天：昨日、昨晡日

明天：天光、明朝、明朝晡、明朝晡日

后天：后日、后晡日

"今朝"不是"今天早上"，"今夜"也不是"今天晚上"，都是"今天"，用"早上""晚上"指全天，属借代造词。"今天早上"正确的表达方式可以是"今朝/今夜朝晨""今朝/今夜夜辰"。上列同义形

式举例如下：

（95）学堂下今朝/今夜/今晡日来呃唔晓几多公安局个，唔晓出来什么事<u>学校今天来了很多公安，不知道出了什么事。</u>

（96）你老伯昨日/昨晡日有去瑞金么<u>你哥哥昨天去瑞金了吗？</u>

（97）天光/明朝/明朝晡/明朝晡日就开学呃，你还有人工过呃<u>流修落昨</u><u>明天就开学了，你还有时间在这儿无所事事。</u>

（98）渠爹后日/后晡日会带渠下赣州开刀，有什么要带时，天光晡辰要拿等渠<u>他爸爸后天会带他下赣州去做手术，有什么要带的话明天下午要拿给他。</u>

3.3.5 时间词的语法功能

时间词在句中可充当主语、谓语、状语、定语、宾语，这与普通话无异。例如：

（99）天光係大由坪个圩日，捉嚡两只络鸡［lɔk⁴kiɛ⁴⁵³］阉割了的公鸡去卖 tʻəu³¹来<u>明天是大由坪的集市，抓那两只大阉鸡卖掉去。</u>［主语］

（100）过门个日嘚老历三月初九<u>出嫁的日子农历三月初九。</u>［谓语］

（101）清水塘夜晡放水，晡辰要作正田唇来<u>清水塘晚上放水，下午要把田唇做好。</u>［状语］

（102）冬下辰头个热头冇炘<u>冬天的太阳没热量。</u>［定语］

（103）过伙定天光昼辰，要捡东西时快多嘚捡<u>乔迁定明天上午，要收拾东西的话快点收拾。</u>［宾语］

（104）从朝辰天冇光哩做到断夜暗，累来渠都唔会动呃<u>从早上天不亮做到黄昏，累得他都动弹不了了。</u>［介宾］

第4章 代词

龙岗话的代词可按语法学界惯常的做法分三大类：人称代词、指示代词、疑问代词。

4.1 人称代词

4.1.1 人称代词的形式

龙岗话人称代词形式如表4-1所示：

表4-1　　　　　　　　龙岗话人称代词形式

类别	单数	复数 排除式	复数 包括式
第一人称	偓 [ŋai⁴⁵³]	偓郎人 [ŋai⁴⁵³ lɔŋ²⁴ nin²⁴ᐟ³³]、偓郎、偓多个人、偓多个、偓多人、偓多	偓人 [ŋai⁴⁵³ nin²⁴ᐟ³³]
第二人称	你 [ni⁴⁵³]	你郎人、你郎、你多个人、你多个、你多人、你多	
第三人称	渠 [kə⁴⁵³]	渠郎人、渠郎、渠多个人、渠多个、渠多人、渠多	
自称		自家 [tɕ·i⁵³ ka⁴⁵³ᐟ²¹]	
别称		别人 [p·iɛt⁴ nin²⁴]、别络人 [p·iɛt⁴ lɔk⁴ nin²⁴]、人家 [nin²⁴ ka⁴⁵³]	
共称		大家 [t·ai⁵³ ka⁴⁵³ᐟ²¹]、个个人 [kei³¹ kei³¹ᐟ²¹ nin²⁴]、个个 [kei³¹ kei³¹ᐟ²¹]	

4.1.2 人称代词的意义

4.1.2.1 三身代词

"偃、你、渠"是基本的三身代词,其意义相当于普通话的"我、你、他"。普通话二、三人称有"您""慫"的尊称形式,龙岗话没有相应的尊称代词。

人称代词的复数形式有两类 6 种。一类后加"郎人",另一类后加"多个"。"偃郎"和"偃多"可看作"偃郎人"和"偃多个"的省略式。使用频率上第一类高于第二类,这两类 6 种复数形式都可附加于"偃、你、渠"后,对应整齐。

第一人称"偃郎人(偃郎)""偃多个(偃多)"都是排除式,相当于普通话"咱们"的包括式是"偃人"。例如:

(1) 偃郎人石城人,你郎南昌人,偃人都係江西老俵_{我们石城人,你们南昌人,我们都是江西老俵}。

(2) 偃人都係做阵个,还分什么你郎人偃郎人_{咱们都是朋友,还分什么你们我们}。

4.1.2.2 自称代词

普通话自称代词是"自己",龙岗话说"自家"。"自"文读[tsʻət⁴],白读[tɕʻi⁵³]。"自家"中的"自"只能白读,"家"读轻声[ka⁴⁵³/²¹]。

"自家"单用(前头没有人称代词),有时是泛指的。例如:

(3) 自家打自家个嘴管_{自己打自己的嘴巴}。

(4) 学书有出息啊冇出息,关键在自家读书有出息没有出息,关键在自己。

有时是特指的,此时"自家"前头往往可以补出"偃、你、渠"等人称代词。例如:

(5) (你)自家打自家,桪都冇眼粒出_{(你)自己打自己,哭都没眼泪出}。

(6) 还冇开嘴,(渠)自家正[tsaŋ³¹]笑啊开来哦_{还没说话,(他)自己倒笑起来了呢}。

4.1.2.3 别称代词

普通话别称代词有"别人""人家"等,龙岗话说"别人""别络人""人家"。

"别人""人家"的基本意义与普通话同,指上下文中提到的某人以外的人。例如：

（7）自家想样时做就样时做，唔要管别人（人家）话什么自己想怎么做就怎么做，不要管别人说什么。

（8）借别人（人家）个东西要情拈还转去借别人的东西要马上还回去。

"人家"和"别人"的区别有二：一是"人家"复指上下文中的相关名词，相当于第三人称的"他"，不能用"别人"替换"人家"；二是"别人"有时泛指"其他的人"，此时不能用"人家"替换。例如：

（9）𠊎问来粮管所个人，人家话哦几工唔做米我问了粮管所的人，人家说这几天不碾米。

（10）昨日夜晡冇别人来过，夜渠来过昨天晚上没别人来过，只他来过。

例（9）"人家"复指"粮管所个人"，相当于"渠"，不能换用"别人"。例（10）中的"别人"相当于"其他人"，不能用"人家"替换，不过此例中的"别人"，龙岗话也常说"其他人"。

"别络人"相当于"别人"，以上各例中，凡"别人"皆可用"别络人"替换。此外，"别络人"也指"外人"。例如：

（11）哦又冇别络人，有什么话什么这儿又没外人，有什么说什么。

（12）连别络人都看唔过眼，更唔要话自家人呃连外人都看不过眼，更不要说自己人了。

以上两例中的"别络人"不能换成"别人"。

龙岗话中"别人""人家"经常用来替代第一、二人称，此时"别人""人家"相当于"𠊎""你"。例如：

（13）别人（人家）唔想去又要喊人家去别人/我不想去又要叫人家/我去。

（14）你又唔早话，临花临赶人家（别人）样时做得赢吧你又不早说，匆匆忙忙人家/我怎么来得及呢？

（15）人家係公社干部，𠊎人样时请得到人家吧人家/你是公社干部，我们怎么请得到你呢？

在只涉及甲乙两方的情况下例（13）（14）中的"别人""人家"均是发话者自称，实指"𠊎"。例（15）中"人家"可指听话者，这种用法带有"嗔怪"的意味。

4.1.2.4 共称代词

龙岗话统括众人的总称用"大家""个个人"。"大家"也可说成

"大家人",其意味相当于普通话"大家伙儿",以"大家"为常用;"个个人"也可说成"个个",从来源上看,"个个(人)"来自表逐指的量名结构,但在龙岗话中,它已经词化为共称代词。"大家"和"个个人"以后者为地道,但两者可自由对换。例如:

(16)个个(人)/大家坐倒来食,有堆金山也会食穷_{大家都坐着吃(不干活),有座金山也会吃穷。}

(17)唔怕大家/个个(人)话坏渠,渠个事偃心里有定盘_{不怕大伙说他的坏话,他的事我心中有数。}

(18)卖莲嘚个事你嬴大家/个个(人)话明来_{卖莲子的事你跟大伙说清楚。}

(19)你□ŋat⁴_骗来大家/个个(人),个个(人)/大家唔会放过你_{你骗了大家,大家不会放过你。}

4.1.3 人称代词的领属形式

人称代词表领属的语法形式有三套:一是人称代词后加"个";二是后加"家";三为零形式。

4.1.3.1 后加"个"式

即人称代词后附"个",表领属。个,音[kei³¹],结构助词。三身代词及复数各式,自称、别称、共称代词均可加"个",构成领属格。以第一人称为例,如:

偃·个:偃个子∣偃个衫∣偃个事∣偃个过失∣偃个禾杠∣偃个人缘

偃郎人·个:偃郎人个人工∣偃郎人个车票∣偃郎人个书包∣偃郎人个禾田

偃郎·个:偃郎个心∣偃郎个脑盖∣偃郎个大细嘚_{小孩}∣偃郎个衫裤

偃多个人·个:偃多个人个衫∣偃多个人个良心∣偃多个人个想法

偃多个·个:偃多个个事∣偃多个个田∣偃多个个面嘚∣偃多个个人工

偃多人·个:偃多人个工钱∣偃多人个做阵个_{我们的朋友}∣偃多人个学费

偃多·个:偃多个打算∣偃多个日嘚∣偃多个事∣偃多个老家∣偃多个话

𠊎人·个：𠊎人个楼棚_{楼板}｜𠊎人个土墩_{菜地}｜𠊎人个面光_{脸面}｜𠊎人个打算

"𠊎多"的属格"𠊎多·个"为免与复数式"𠊎多个"混淆，"多"变读 [to⁴⁵³/²⁴]。共称代词"个个"亦可加"个"构成"个个·个"属格。

4.1.3.2 后加"家"式

人称代词后附加"家"也可以表领属。家，音 ka⁴⁵³，用作属格标志变读 ka⁴⁵³/²⁴。此式亦可用于三身代词，自称、别称、共称代词各式，以第一人称赅其他。例如：

𠊎·家：𠊎家爹娭_{我的父母}｜𠊎家屋下_{我家里}｜𠊎家票哩_{我的钞票}｜𠊎家年级｜𠊎家老师

𠊎郎人·家：𠊎郎人家面哩｜𠊎郎人家学堂｜𠊎郎人家屋下｜𠊎郎人家衫裤

𠊎郎·家：𠊎郎家胆哩_{胆子}｜𠊎郎家鸡鸭｜𠊎郎家班主任｜𠊎郎家头发

𠊎多个人·家：𠊎多个人家屋下｜𠊎多个人家电费｜𠊎多个人家人工

𠊎多人·家：𠊎多人家大细哩_{小孩}｜𠊎多人家电费｜𠊎多人家书包｜𠊎多人家老师

𠊎多·家：𠊎多家谷｜𠊎多家亲眷｜𠊎多家人缘｜𠊎多家脾气｜𠊎多家班主任

𠊎人·家：𠊎人家西瓜｜𠊎人家自留地｜𠊎人家手扶拖拉机｜𠊎人家办公室

4.1.3.3 零形式

零形式指人称代词直接限定中心语。这种用法中心语一般是亲属称谓词、方位处所词。人称代词放在指量中心语前或中心语前有指量结构也常用零形式。从使用频率上看，音节少的人称代词比音节多的人称代词更常用。例如：

（20）𠊎老伯天光去瑞金_{我哥哥明天去瑞金}。

（21）大华哩放来只蛤蟆栖渠书包里_{大华子放了一只青蛙在他的书包里}。

（22）你啲只系公哩_{你这只是公的}。

（23）偃哋坵田明年伺油菜 我这坵田明年种油菜。

4.1.4　人称代词的语法功能

4.1.4.1　充当主语、宾语、定语

人称代词在句子中可充当主语、宾语、定语。例如：

（24）你郎人食来饭要捡正碗箸来 你们吃了饭要把碗筷收拾好。［主语］

（25）你唔要话醒渠几时动身 你不要告诉他啥时动身。［宾语］

（26）前几工渠爹零娭勤事去哝回城里 前几天他父母特地去了趟城里。［定语］

单音人称代词充当宾语一般读轻声，调值由 453 变为 21，在有意强调宾语及动词完成体后读本调。复音人称代词充当宾语不变调。

人称代词当定语的标记有"个""家"及零形式三种，见上节 4.1.3。

4.1.4.2　在两两对举句式中作谓语

人称代词有时可以充当谓语，此时多是两两对举的句式。例如：

（27）哟边你郎人，嘎边渠郎人，各人做各人个 这边你们，那边他们，各人做各人的。

（28）坐倒来食个你，做死来个偃，你过得意啊 坐着吃的你，累死了的我，你过得意去吗？

（29）别络人就别络人，自家就自家，唔要三心两意 别人就别人，自己就自己，不要三心二意。

4.1.4.3　构成复指短语充当句子成分

1. 三身代词的复指用法

三身代词单复指形式都可与指人的名词结合构成复指短语，充当主语、宾语、定语。例如：

（30）偃刘文明话哝唔怕死就唔怕死 我刘文明说了不怕死就不怕死。［主语］

（31）过煌嘚渠话哝唔去样时又喊渠去咧 过煌子他说了不去怎么又叫他去呢？［主语］

（32）怕就怕你郎绿水人 怕就怕你们绿水人。［宾语］

（33）你郎婆太人个事偃郎人唔晓得 你们女人家的事我们不懂。［定语］

在充当主语的复指短语中，三身代词可前可后，既可充当被指，也

可充当复指成分。在作宾语、定语的复指短语中，三身代词只能前置充当被指。

2. "自家"的复指用法

"自家"可与指人或事物的名词结合构成复指短语，充当主语、宾语、定语。例如：

（34）小华嗲自家去街上卖猪肉呃小华子自己去街上卖猪肉了。[主语]

（35）话坏渠个係渠爹自家说他坏话的是他爹自己。[宾语]

（36）嘎条禾杠自家胆 tan³¹ 倒下来哩那条禾杠自己倒下来了。[主语]

（37）提到队长自家个仔抓到了队长自己的儿子。[定语]

"自家"在复指短语中居后充当复指成分。

3. "人家""别人""别络人"的复指用法

"人家""别人""别络人"可与指人的名词结合构成复指成分充当句子的主语、宾语、定语。例如：

（38）人家王小敏天冇光就起呃床人家王小敏天没亮就起了床。[主语]

（39）学样时要学人家王小敏学样的话要学人家王小敏。[宾语]

（40）人家王乡长个面光时你总要顾吧人家王乡长的面子你总要顾及吧？[定语]

（41）别（络）人陈小其当来大学生转屋下来还核肥伺菜人家陈小其当了大学生回家还挑粪种菜。[主语]

（42）哟个事你样时敢怪别（络）人当兵个咧这件事你怎么能怪人家当兵的呢。[宾语]

（43）别（络）人刘小秋个书包用掉几年还冇烂掉人家刘小秋的书包用了几年还没烂。[定语]

但应该注意的是并非所有人称代词或名词后的"自家"都充当复指成分，有些"自家"属主谓谓语句中的小主语。例如：

（44）渠郎人自家管账本他们自个管账。

（45）红数岁个俫嗲自家洗汤4岁的小孩自己洗澡。

以上各例句中的"自家"均与其后的动词构成直接成分，其层次关系以（44）为例可分析为：

渠郎人｜自家‖管账本

"自家"充当复指成分则与其前面的代词或名词构成同位关系，其层次结构如：

（46）渠郎人‖自家｜唔‖争气

此类句中的"自家"是否复指成分，还可用插入法检验。"自家"前头可插入"会""唔"等修饰成分的，是小主语；若修饰性成分只能加在"自家"后，而不能加在代词/（名词）与"自家"之间的，则是复指短语作主语，如例（44）"自家"前可插入"明年"作时间状语，例（44）（45）"自家"前可插入助动词"会"，因而此两例中"自家"都是小主语，而例（46）不能说成＊渠郎人唔自家争气。

4. 人称代词相互组合构成的复指短语

三身代词、自称、别称、共称代词相互结合构成复指短语充当句子成分。

A. 三身代词与自称代词"自家"组合，三身代词不论单复数，均可作被指成分。例如：俚/你/渠＋自家；俚/你/渠郎人＋自家。这些复指短语在句子中可充当主语、宾语、定语。例如：

（47）俚自家冇尽到力，唔敢怪人家张老师 我自己没尽到力，不能怪人家张老师。[主语]

（48）要怪时夜怪得你自家，别络人替你作主唔得 要怪的话只能怪你自己，别人不能替你拿主意。[宾语]

（49）渠郎人自家个屋场，俚人做外人个着什么急咧 他们自己的宅基地，我们做外人的着什么急呢。[定语]

B. 三身代词复数与共称代词组合成复指短语。例如：俚/渠郎＋大家；俚/你/郎＋个个人。这类复指短语也可充当句子的主语、宾语、定语。例如：

（50）俚郎大家话正[tsaŋ$^{31/24}$]，冬下一放假就去北京 我们大家讲好了，冬天一放假就去北京。[主语]

（51）圩日辰头蛮烊，渠冇事挂顾你郎个个人 圩日很忙，他没办法照顾你们每一个人。[宾语]

（52）俚郎个个人个身份证都会来到期呃 我们每个人的身份证都快要到期了。[定语]

C. 别称代词或共称代词与自称代词也可组合成复指短语，例如：人家/别人/别络人＋自家；大家/个个人/个个＋自家。这些复指短语在句中可充当主语、宾语、定语。例如：

（53）人家自家爱几时歇就几时歇，你唔要管咁多_{人家自己爱什么时候睡就什么时候睡，你不要管那么多。}[主语]

（54）个个人（大家）自家攃起菜来食，唔要拘礼_{大家自己夹起菜来吃，不要客气。}[主语]

（55）个个都转过背去，过镜嘚里看下嘚_{个个自家个个都转过身去，在镜子里看看大家自己。}[宾语]

（56）个个有个个的打算，你唔要干涉别络人自家_{人人有人人的打算，你不要干涉人家自己。}[宾语]

（57）人家自家个子女，爱样时管教就样时管教，该你什么事_{人家自己的小孩，爱怎么管教就怎么管教，关你什么事？}[定语]

（58）别人自家个票嘚，难当买多嘚什么都要问过你咪_{人家自己的钱，难道买点什么都要问过你吗？}[定语]

4.1.5 人称代词的转代

龙岗话的人称代词有时不用本来的意义，而用作其他人称。有的有语境限制，属语用问题；有的则属一词两用。以下分别说明。

4.1.5.1 三身代词复数形式用如单数

龙岗话三身代词复数第一式"X 郎人"及其变体"X 郎"，第二式"X 多（人）"可用如单数，即：

偓/你/渠郎（人）＝偓/你/渠

偓/你/渠多（人）＝偓/你/渠

两式中以第一式转指为常，第二式少用；三个人称中以第一人称复数转指为常，第二、三人称少用。例如：

（59）甲：你屋下供来鱼么_{你家养了鱼吗？}

乙：偓郎（人）家屋下时冇供鱼哦。（偓郎 = 偓）

（60）甲：你食茄椒啊唔食_{你吃不吃辣椒？}

乙：偓多时唔食哦_{我可不吃}。（偓多 = 偓）

（61）你郎人大人当官坐啊唔怕咧_{你父母当官当然不怕啦}。（你郎人 = 你）

（62）甲：渠去扫街呃啊冇_{他去扫街了还是没去？}

乙：渠郎（人）样时会去扫街吧_{他怎么会去扫街嘛？}（渠郎 = 渠）

4.1.5.2 别称代词转用作三身代词

"别(络)人""人家"常用作第一人称单数。例如：

(63) 甲：你去啊唔去_{你去还是不去}？

乙：别(络)人唔想去又要喊人家去_{我不想去你又要叫我去}！(别人、人家=𠊎)

(64) 甲：你做正啊冇_{你做好了没有}？

乙：你又唔早多嘚喊人家做，临花临赶别(络)人样时做得赢吧_{你又没早点儿叫我做，即时即刻我怎么来得及嘛}？(人家、别〈络〉人=𠊎)

有时"别(络)人""人家"也可用作第二、三人称。例如：

(65) 甲：𠊎唔去外婆家做客做得么_{我不去外婆家做客行吗}？

乙：人家(别络人)係公社干部，样时请得动吧_{你是公社干部，怎么请得动嘛}？(人家〈别络人〉=你)

(66) 甲：你老公样时冇来咧_{你老公怎么没来呀}？

乙：人家(别络人)係公社干部，样时请得动吧_{他是公社干部，怎么请得动嘛}？(人家〈别络人〉=渠)

4.2 指示代词

4.2.1 指示代词的意义和形式

龙岗话的指示代词，其指示范畴属近指、远指二分制。最基本的形式是两套单纯指代词：

近指	远指
甲：□ti^{24}	□ka^{24}
乙：□tin^{453}	□kan^{453}

甲乙两套指示代词本字未明，为便于行文，本书一般以同音字代替或直接记音入句，甲组"□ti^{24}"写作"啲"，"□ka^{24}"写作"嘎"；乙组"□tin^{453}"写作"丁"，"□kan^{453}"写作"咁"。

这两套单纯指代词也可看作同一对指代词的两种不同的语法形式，因为它们在语法意义上是互补的。甲套是体词性的，只能接名词语缀"嘚"；乙套是谓词性的，只能接副词性语缀哩[li$^{453/21}$]。从语法形式上来看，它们是通过增加韵尾和改变声调的方式来表达不同的语法意义的。

单纯指示代词与表时间、处所、方式、事物的语素结合构成若干对合成指示代词。合成指示代词大都必须带或能够带语缀"嘚"或"哩[li$^{453/21}$]"。

单纯指代词与时间词"场间""场中",处所词"当在"组合,构成龙岗话的几套习用的偏正式指代短语,这些习用短语是作为一个完整的指代单位入句的,但它们还没有词化。

由上文可知,龙岗话的指代形式实际上包括了单纯指代词、合成指代词、习用指代短语三种样式。其中单纯指代词是核心,合成指代词和习用指代短语是由它们衍生出来的。

表4-2　　　　　　　　　　龙岗话指代形式

指代形式	意义	体词性		谓词性		意义
		近指	远指	近指	远指	
单纯指代词	处所 事物	啲	嘎	丁	咁	方式等
合成指代词	时间	啲阵嘚	嘎阵嘚	丁阵（嘚）哩	咁阵（嘚）哩	时间
	事物	啲样	嘎样	丁样 丁样式	咁样 咁样式	方式 程度 事物
	处所	啲多嘚 啲迹嘚 啲在嘚 啲块嘚	嘎多嘚 嘎迹嘚 嘎在嘚 嘎块嘚	丁哩 丁络哩 丁样哩	咁哩 咁络哩 咁样哩	方式
习用指代短语	时间	啲个场中	嘎个场中	丁个场中	咁个场中	时间
	时间　处所	啲个场间	嘎个场间	丁个场间	咁个场间	时间　处所
	处所	啲个当在	嘎个当在	丁个当在	咁个当在	处所

表中谓词性的"丁阵嘚、咁阵嘚",其语缀"嘚"是体词类的,但"啲阵嘚、嘎阵嘚"意为"这时候、那时候",而"丁、咁"系列的相当于"这个时候、那个时候",并且"嘚"后可加语缀"哩",加

"哩"后"嘚"的语音形式［tə］弱化了［t］，甚至脱落为"丁阵哩""咁阵哩"，从形式上完全谓词化。

表程度和方式的"丁样式、咁样式"体现了由短语到合成词的过渡。"样式"单念为［iɔŋ⁵³sət⁴］，可独立运用，指代词"丁样式"中"样式"源自名词"样式"，但"丁/咁样式"是词而不是短语，定中之间不能插入结构助词"个"，并且"样式"语音形式也已由单念的［iɔŋ⁵³sət⁴］弱化为［iɔŋ⁵³sə²¹］。

4.2.2 单纯指代词

4.2.2.1 啲、嘎

1. 体词性单纯指代词"啲""嘎"，语义大体相当于普通话"这、那"，但也有差别。

普通话"这、那"作主语时，可以指人也可以指事物，作主宾语时指事物不指人。龙岗话"啲""嘎"以指代处所为主，单用作主宾语时也表处所，而不指代人或事物。例如：

（67）啲係灶前，嘎係灰寮这是厨房，那是厕所。［处所］

（68）你徛过啲，偃徛去嘎你站这儿，我站那儿。［处所］

（69）从啲到嘎有几里路从这到那有几里路。［处所］

普通话作主宾语表达人或事物的"这、那"龙岗话要译为指量式，试比较：

［普］这是我们班长。→［龙］啲个係偃郎班长。/＊啲係偃郎班长。

［普］这是镰刀，那是斧子。→［龙］啲个/把係镰刀，嘎个/把係斧头。/＊啲係镰刀，嘎係斧头。

机构或建筑物占有一定的空间位置，既是一般名词也是处所词，因而龙岗话可以用"啲""嘎"直接指代，表层结构与普通话一样，但实际上一个指处所，一个指事物。试比较：

（70）啲係学堂，嘎係合作社。

（71）［普］这是学校，那是供销社。

例（70）是对处所判断，相当于"这儿是学校，那儿是供销社"。例（71）则要转换为龙岗话的指量主语。

龙岗话"啲、嘎"还可以表时间。例如：

(72) 从嘎到至今渠再冇转去过从那时到现在他再没回去过。

(73) 从嘎到啲差唔多有五六年呃从那时到现在差不多有五六年了。

"啲""嘎"当译为"现在、这时、那时"。

"啲、嘎"也可表虚泛的事物。例如：

(74) 你一个外头人，话啲话嘎有什么用你一个外乡人，说这说那有什么用？

(75) 啲係你个错，争呃啊冇用这是你的错，争了也没用。

(76) 啲唔食嘎唔食，你要食什么人脑盖吧这不吃那不吃，你要吃什么鬼东西吧？

2. 啲、嘎的语法功能

A. 充当主语、宾语、状语。作状语的"啲、嘎"相当于普通话"这儿、那儿"。例如：

(77) 啲係机米个当在，嘎 tsaŋ³¹ 係机糠个当在这是碾米的地方，那才是粉糠的地方。[主语]

(78) 啲冇人，唔要过来这没人，不要过来。[主语]

(79) 有窖捡咪，个个下走过嘎去有宝挖吗，大家都跑到那儿去？[介宾]

(80) 茄嘚放啲住，先端猪肉出去茄子暂时放这儿，先端猪肉出去。[宾语]

(81) 眉华哥哥几时讨老婆，啲话嘎话哪里有咁多眉华哥哥什么时候娶媳妇，这儿找那儿找哪里有那么多。[状语]

(82) 你啲坐住，渠情拈就转来你这儿坐一会儿，他马上就回来。[状语]

B. "啲、嘎"常与量词或数量词组合，构成"啲只、嘎只、啲三斤、嘎几次"之类的指量或"指+数量"结构。这类结构常用作定语，也可单用作主语或宾语。例如：

(83) 啲碗旧饭留来供鸡这碗剩饭留着喂鸡。[定语]

(84) 嘎两蔸树杀来虫那两棵树打了虫。[定语]

(85) 杀只鸡嘚做两筒，啲筒留来归大嫂，嘎筒留来归细嫂杀一只鸡分做两半，这半留着娶大嫂，那半留着娶二嫂。[主语]

(86) 你盖啲床，渠盖嘎床，两个人唔要争被你盖这床，他盖那床，两人不要争被子。[定语]

普通话"这""那"可直接接名词作定语，龙岗话"啲""嘎"需与量词"个"等组合后再限定名词。试比较：

[普]这馒头硬邦邦的。　　　　　　[龙]啲个馒头硬邦邦哩。

其中的"个"表种类。

C. "啲、嘎"可与方位语缀"头、边、向"结合，构成处所词，"啲头、嘎头；啲边、嘎边；啲向、嘎向"充当主语、宾语、状语、定语。做定语一般要带"个"。例如：

（87）啲边有个人栖桸这边有个人在哭。[主语]

（88）你啲头歇你这头睡。[状语]

（89）大细𡅇歇嘎头小孩睡那头。[宾语]

（90）啲向个人下过嘎向去哩这边的人全到那边去了。[定语、宾语]

D. 普通话"那"做主语，有时表示"要是那样的话"的意思，龙岗话必须在"嘎"后加假设性语气助词"时"。例如：

（91）嘎时做唔得哦那可不行。

"嘎时、啲时"还可作叹词，表惊叹。例如：

（92）嘎时！等你舞坏掉吧这下好了！给你搞坏了吧。

（93）啲时！你会爬咁高呃么这下可好！谁叫你爬那么高？

4.2.2.2　丁、咁

单纯词指代词丁、咁，其远、近不是严格意义上的空间上的对立，它带有两两对举的性质。有时是先指与后指或者在眼前与不在眼前的对立。

1. 丁、咁的词汇意义大体相当于普通话的"这么、那么；这样、那样；这么样、那么样"，主要用来指代动作行为的方式、状态，有时也表示事物。例如：

（94）早晓得你像丁写时，偃该唔请你呃早知道你像这样写的话，我该不请你了。[方式]

（95）咁个大细，供大来也有用那样的小孩，养大了也没用。[状态]

（96）肚里唔快活时食丁食咁也有肉着心里不快活的话吃这吃那也不长肉。[事物]

指代方式、状态时，丁、咁可用合成式"丁哩、咁哩"替换。指代事物时，可用"丁个、咁个""个"字结构替换。从使用频率上看，表事物的少用，并且多用在两两对举的并列结构中。试比较：

（97）丁写咁写→丁哩写咁哩写。（方式）／＊丁个写咁个写。

（98）写丁写咁→写丁个写咁个。(事物) / *写丁哩写咁哩。

有的句子中的丁、咁既可转换成"丁/咁哩"，又可转换成"丁/咁个"，既可表方式，也可表事物，义有两歧。一般而言，这种歧义可由语境来消除。例如：

（99）你话要丁（丁哩/个），渠就话要咁（咁哩/个）你说要这（这样/这个），他就说要那（那样/那个）。

2. 丁、咁的语法功能

A. 可充当主语、谓语、定语、状语、宾语。例如：

（100）丁又做唔得，咁又做唔得，你话要样时吧这样又不行，那样又不行，你说要怎么样吧？[主语]

（101）啲个事就丁/咁这件事就这样/那样。[谓语]

（102）丁/咁个事都要问大人啊这样/那样的事都要问父母啊？[定语]

（103）渠坐张话坏你，你还帮渠做丁做咁他时常说你坏话，你还帮他干这样那样。[宾语]

（104）正月辰头唔敢丁/咁话正月的时候不能这么/那么说。[状语]

作谓语时前头常用副词，作定语必须带"个"，作谓语可带体标记"住""呃"等。

B. 常用在形容词前表程度范围。例如：

（105）丁/咁硬个雪豆嘚，冇斯哩咬得进这么/那么硬的豌豆，没谁咬得动。

（106）啲条绳嘚丁/咁□maŋ[453]这条绳子这么长。

（107）丁大正做得这么大才行。

（108）嘎种苹果咁红靓斯哩都欢喜那种苹果那么红艳谁都喜欢。

丁/咁修饰形容词，还可带形容词语缀"哩"，构成"哩"字结构，充当各种句子成分。例如：

（109）丁红哩可可好这么红的样子正好。[主语]

（110）渠个本事夜丁/咁大哩他的本事就这么/那么大。[谓语]

（111）丁/咁标致哩个奻客总有个把吧这么/那么漂亮的女孩总有一两个吧？[定语]

（112）你丁/咁快哩行你这么/那么快的样子走。[状语]

（113）你行丁/咁快哩你走这么/那么快的样子。[补语]

4.2.3 合成指代词

合成指代词大都由单纯指代词与表时间、处所、方式、状态、程度等含义的实语素组合而成。"啲"系列的实语素必须带语缀"嘚";"丁"系列的可带形容词性语缀"哩"。两个系列虽然都带语缀,但内部结构不一样,其层次关系如下:啲|多嘚;丁样|哩。

"多嘚、阵嘚、迹嘚"等可用"哪 X 嘚"提问,但不是成词语素,它们必须与"啲""嘎"结合才成为一个完整的单位。"哩"是形容性语缀,相当于"……的样子"。其黏着于"丁/咁样"后,构成一个完整的单位,提问方式是"样时道哩怎么样"。

4.2.3.1 "啲、嘎"系列的合成指代词

1. 啲阵嘚、嘎阵嘚

用来指代时间,相当于普通话"这时、那时","这时候、那时候"。在句子中可充当主语、谓语、介词宾语、定语等成分。例如:

(114)啲阵嘚十分热,唔敢出门这时候很热,不能出门。[定语]

(115)你啲阵嘚,渠嘎阵嘚,舞来俚冇一下闲你这时候,他那时候,搞得我没一刻闲。[谓语]

(116)大华嘚过啲阵嘚来龙岗,係蛮冇时大华子在这时候来龙岗,真不走运。[介宾]

(117)啲阵嘚个热头头一大这时的太阳最热。[定语]

这一对指代词充当谓语多受限制,一般为对举的句式,如例(115)。充当定语必须带"个",例(117)去掉结构助词"个",句子成为时间词充当大主语的主谓谓语句。

2. 啲样、嘎样

龙岗话"啲样、嘎样"指代事物,是体词性代词。普通话的"这样、那样"与之形同实异。"这样、那样"用来指示性状、程度和方式,也可用来代替某种动作或情况,属谓词性代词,龙岗话与之相当的是"丁、咁"系列的代词。试比较:

[普]这样的事情经常发生→丁哩个事坐张都出。(*啲样个事坐张都出)

[普]就这样处理→就丁哩处理。(*就啲样处理)

［普］这样不好→丁哩唔好。（*啲样唔好）

龙岗话的"啲样唔好"也能成句，但它的句义相当于普通话"这个不好"。

龙岗话的"啲样、嘎样"在句中主要充当主语和宾语，也可充当定语。例如：

（118）啲样唔好，换过样_{这件不好，换过件}。［主语］

（119）啲样坐你，嘎样留等你老弟_{这件归你，那件留给你弟弟}。［主语］

（120）唔食啲样唔食嘎样，你到底要食什么死人脑盖吧_{不吃这样不吃那样，你到底要吃什么鬼东西嘛}？［宾语］

（121）你拿啲样，佢拿嘎样_{你拿这件，我拿那件}。［宾语］

做定语时复指性定语不能带"个"，领属性定语必须带"个"。例如：

（122）啲样颜色蛮柴人_{这颜色很难看}。

（123）啲样个颜色蛮柴人_{这样子的颜色很难看}。

"啲样""啲""嘎"有时也可用作谓语，多是两两对举。例如：你啲样，渠嘎样。

3. 啲/嘎多嘚、啲/嘎迹嘚、啲/嘎在嘚、啲/嘎块嘚

这四套指代词都是指代处所的，属同义系列，在句子中可以互相替换，其语义相当于普通话"这里、那里"，它们的语法功能主要有：

A. 充当主语、宾语、定语、状语。例如：（举一套以赅其他）

（124）啲/嘎多嘚堆来一堆□lei 泥_{这/那儿堆了一大堆泥}。［主语］

（125）你扶紧啲/嘎多嘚_{你扶住这/那儿}。［宾语］

（126）啲/嘎多嘚个东西唔晓几贵_{这/那儿的东西非常贵}。［定语］

（127）你啲/嘎多嘚歇住_{你这/那儿先歇着}。［状语］

做定语时必须带"个"，如例（126）。

B. 可直接放在人称代词后，表处所。例如：

（128）佢 啲多嘚冇一分钱_{我这儿没一分钱}。

（129）背脊嘎多嘚打死痛_{背部那地方十分痛}。

4.2.3.2 "丁、咁"系列合成指代词

1. 丁阵嘚（哩）、咁阵嘚（哩）

用来指代时间，"啲/嘎阵嘚"语义上相当于普通话"这时、那

时"，"丁/咁阵嘢"则相当于"这么个时候、那么个时候"。

"丁/咁阵嘢"可充当状语、主语、宾语。例如：

（130）渠昨日丁阵嘢转屋下来个他昨天这个时候回家来的。［状语］

（131）丁/咁阵嘢热头都落岭呃这/那个时候太阳都下山了。［状语］

（132）丁/咁阵嘢晏掉这么/那么个时候晚了。［主语］

（133）丁/咁阵嘢都断夜暗呃这/那么个时候都黄昏了。［主语］

（134）过掉丁阵嘢时你想要都要唔到过了这么个时候你想要都要不到。［宾语］

"丁/咁阵嘢"后可接形容性语缀"哩"。接"哩"后语义由确指变约指，只能指过去或未来的时间，而不能指眼前的时间。

2. 丁样、咁样，丁样式、咁样式

这两组指代词主要用作形容词修饰语，表示程度，以之构成状中式形容词短语，在句中充当主语、谓语、宾语、状语、补语、定语。充当定语时必须带"个"。例如：

（135）丁/咁样恶柴得人怕这么/那么凶狠叫人害怕。［主语］

（136）热头丁样好，拿被席出来晒太阳这么好，拿被席出来晒。［谓语］

（137）渠本来就係咁样木他本来就是那么笨。［宾语］

（138）丁/咁样久还冇转来这/那么久还没回来。［状语］

（139）12岁个俫嘢就生来丁/咁样高大12岁的小男孩就长得这/那么高大。［补语］

（140）丁/咁样大个人还要人家坐张话紧啊这么/那么大的人还要人家时常说呀？［定语］

也可用在某些表示心理活动的动词或述宾短语前充当程度状语。例如：

（141）你样时丁/咁样怕去街上咧你怎么这么怕上街呢？

（142）你个仔丁样有规矩真係人见人爱你的儿子这么有礼貌真是人见人爱。

这两套合成指代词充当修饰语表示程度时与单纯指代词"丁、咁"是等值的，三套指代词互相替换意思不变，以上例（135）—（142）中的"丁/咁样"均可换成"丁/咁"或"丁/咁样式"。"丁/咁样"与"丁/咁样式"的区别是前者可替代事物，后者不能。例如：

（143）有丁多灰造玩耍个东西呃，还话要买丁样咁样有这么多玩的东西了，还说要买这样那样！

(144) 今朝话要食丁样，天光就话要食咁样，俚时变咁多人脑盖唔出来哦今天说要吃这样，明天说要吃那样，我可变不出那么多鬼东西来哦。

这两个例句中的"丁样、咁样"不能换成"丁样式、咁样式"。

3. 丁样哩、咁样哩，丁哩、咁哩，丁络哩、咁络哩

这三组合成词主要用来指代动作行为的方式，以修饰动词为主，一般不能用在形容词前。有时也可用来替代事物或动作的某种状态，三套指代词在表方式和状态的语法意义上是等值的，句中可互相替换。例如：

(145) 丁/咁样哩行，行到几时正行得到像这/那样走，走到什么时候才走得到。(表方式)

(146) 啲扇壁就丁样哩呃这扇墙就这样了。(表状态)

其语法功能主要有以下几点：

A. 用在动词前，表动作行为的方式，充当状语。例如：

(147) 箸只要丁样哩□xai⁵³ 筷子要这么拿。

(148) 丁样哩倒转来贴这么倒过来贴。

B. 替代事物或动作行为的某种方式、状态，可充当主语、谓语、宾语、定语、补语等。做谓语可带体标记。例如：

(149) 丁/咁样哩做唔得这/那样不行。[主语]

(150) 你先丁样哩住你先就这么着。[谓语]

(151) 一个好好哩个后生啡，唔晓几时变做咁哩呃一个好好的年轻人不知什么时候变成那样了。[宾语]

(152) 你迢迢远喊渠来，就舞多啡丁样哩个东西等渠食啊你大老远叫他来，就弄点这样子的东西给他吃啊？[定语]

(153) 脚踭烂来咁样哩渠还栖背书包去学书哦脚跟烂成那样他还在背书包去上学呢。[补语]

"丁/咁哩"以及"丁/咁络哩"不能直接修饰形容词但可修饰带"哩"的形容词 ABB、AA 重叠式以及 ABB 主谓式，此时用指代词带有演示或摹状意味。例如：

(154) 咁哩青光光哩摘下来保证唔好食那么青青地摘下来肯定不好吃。

(155) 丁哩轻轻哩放这样子轻轻地放。

(156) 丁眼□k·ia²⁴□k·ia²⁴哩望紧渠这么眼睁睁地看着他。

以上三例都不能用"丁/咁样哩"替换。"丁/咁哩"和"丁/咁络哩"的差别主要表现在语气上，后者语气较前者舒缓。

普通话"这么不好"义有两歧。"这么"可表程度，也可理解为对某种动作行为方式的替代，龙岗话分别以两类指代词配之，不相混淆。试比较：

$$
这么不好\begin{cases}[这么]\underline{不好}\begin{cases}丁唔好\\丁样唔好\\丁样式唔好\end{cases}\\\underline{这么不好}\begin{cases}丁哩唔好\\丁络哩唔好\\丁样哩唔好\end{cases}\end{cases}
$$

由此可看出上述第2、3两类指代词的差别。

4.2.4　习用指代短语

从表4-2"龙岗话指代形式"中可以看出，指代短语体词性和谓词性的两类对应很整齐。它们的差别主要体现为"啲/嘎"和"丁/咁"两套单纯指代词的差别，前者是指别性的，后者有比况的强调意味。用普通话类推，"啲个场中"相当于"这个时候"；"丁个场中"相当于"这么个时候"。从语法性质上看虽然体词性的"啲/嘎"起着限定作用，而"丁/咁"起修饰作用，但两类构成偏正短语同属时间短语或处所短语，因而在句子中可以起相同的语法作用，所以在语法功能上两类指代短语可互相替换，都可充当主语、谓语、宾语、状语（作定语时必须带"个"）。例如：

(157) 丁/咁个场中头一烧这样/那样的时候最热。［主语］

(158) 你丁个当在，渠咁个当在，两个人唔要争你这么个地方，他那么个地方，两个人不要争。［谓语］

(159) 等到丁个场间两个人正去赶圩等到这个时候两人才去赶集。［宾语］

(160) 丁个场中渠栖青水塘割禾这样的时候他在青水塘割稻子。［状语］

(161) 丁个场中个鸭嘚还栖换毛这么个时候的鸭子还在换毛。［定语］

以上各例均可换成相应的"啲、嘎"系列。

4.3 疑问代词

4.3.1 疑问代词的形式

龙岗话疑问代词主要有以下几组：

第一，斯哩、什么；

第二，哪、哪里、哪多嘚、哪迹嘚、哪块嘚、哪在嘚、哪阵嘚；

第三，几、几多、几时、几久哩；

第四，样时、样时道哩。

以上4组疑问代词，第4组是谓词性的，其他是体词性的。体词性的主要充当主语、宾语、定语，有的可充当谓语或状语，但都有条件限制。谓词性的可充当谓语、状语并带标记，"样时道哩"还可充当补语，谓词性代词也可作主语、宾语、定语。

4.3.2 疑问代词的意义和语法功能

4.3.2.1 斯哩、什么

1. 斯哩

斯哩，音 [sɿ^{453}li^{21}]，相当于普通话的"谁"。

"斯哩"是问人的疑问代词，可以问单数，也可问复数。例如：

（162）你係斯哩 你是谁？[单数]

（163）你郎係斯哩 你们是谁？[复数]

"斯哩"也可附加多数标记"多个""多人""多个人"。例如：

（164）斯哩多个舞坏掉电视机嘚 哪些人搞坏了电视机？

（165）斯哩多人去沿江赶圩 哪些人去沿江赶集？

（166）斯哩多个人还有交学费 哪些人还没交学费？

北方话的"谁"有时也可带多数词尾"们"，但少用，龙岗话"斯哩"带复数标记则是惯常用法。

与普通话的"谁"一样，龙岗话的"斯哩"也有无范围任指、有范围任指、照应性任指、对待性任指、虚指、反问、语境确指等多种意义。例如：

（167）管渠斯哩个狗，摧倒再话 管他谁的狗，打倒了再说。[无范围任指]

（168）个个人眼□pak⁴□pak⁴哩等，斯哩都唔敢先行大家眼睁睁地等，谁都不敢先走。［有范围任指］

（169）斯哩个鸡鸭□ɲiɔ³¹来禾田，斯哩去赔礼谁的鸡鸭糟蹋了稻田，谁去赔礼。［照应性任指］

（170）两个讲来一餐，过背斯哩见来斯哩都唔开嘴两个吵了一回，过后谁见了谁都不开口。［对待性任指］

（171）今朝话斯哩斯哩偷人家个东西，天光又话斯哩斯哩络来人今天说谁谁谁偷人家的东西，明天又说谁谁谁偷了汉子。［虚指］

（172）斯哩屋下蛮係有大有细谁家里不是有大有小？［反问］

（173）你唔要吓人，斯哩会怕你咪你不要吓人，谁会怕你吗？［语境确指］

"斯哩"在句子中可充当主语，如例（168）；充当宾语，如例（162）（163）；充当定语，如例（172）。作定语时一般要带"个"，用在亲属称谓前带与不带"个"两可，以带"个"为常。

"斯哩"还可用于判断句充当谓语，与介词构成介宾短语充当状语。例如：

（174）辫嘚打死□maŋ⁴⁵³嘎个伋客斯哩哟辫子很长的那个姑娘谁呀？［谓语］

（175）你郎斯哩你们谁呀？［谓语］

（176）三秀癫婆又栖赢斯哩讲口呃哦三秀癫婆又在跟谁吵架了呀？［介宾状语］

2. 什么

什么，音［sən⁴⁵³mə²¹］。客家话亦名"麻介话"，即由指事物的疑问代词"麻介"（相当于普通话"什么"）而得名，如梅县 mak˨kɛi˧、翁源 mak˨kai˧、连南 mak˨kai、清溪 mak˨kai、揭西 mak˨kai˧。赣南有叫"麻介"的，如三都 mak˨ki˧，也有用"什么"的，如赣县 sən˧moʔ、大余 ˧sə˧mo、石城读 sən⁴⁵³mə²¹，与之毗邻的闽西宁化话为 ˧sɯŋɣ˧。

龙岗话"什么"的用法与普通话基本一致，单用时指事物，不指人，做定语时既可修饰指物的名词也可修饰指人的名词，如"什么东西、什么衫、什么人"等。

"斯哩"和"什么人"都问人，但两者有差别，前者问的是"哪一个"，后者则问"干什么的人"。

龙岗话相当于"为什么"的习用短语是"做什么",用来问原因,它既可放在谓语前,也可放在宾语后或主语前。例如:

(177) 你做什么又惹渠吧你为什么又惹他嘛?

(178) 你惹渠做什么吧你惹他干什么嘛?

(179) 做什么你又惹渠吧干吗你又惹他?

普通话"什么的"放在联合结构后表示"等等"的意思,龙岗话没有类似的用法。

"什么"在句子中可充当主语、宾语、定语。例如:

(180) 什么都拿来等你什么都拿了给你。[主语]

(181) 你总要食多嘚什么吧你总得吃点什么吧?[宾语]

(182) 什么人骨头冇食过吧什么鬼东西没吃过?[定语]

(183) 什么个味道丁难听什么的味道这么难闻?[定语]

做定语时带不带"个"意思不一样,不带"个"的问性质或种类,带"个"的问领属。

4.3.2.2 哪、哪里、哪多嘚、哪迹嘚、哪块嘚、哪在嘚、哪阵嘚

1. 哪

哪,音[na⁴⁵³]。单用主要指处所,以作宾语为常,也可充当主语。例如:

(184) 你真係只齐尾狗,别络人去哪你就齐到哪你真是只跟尾狗,别人去哪儿你就跟到哪儿。[宾语]

(185) 你嘚几工住来栖哪咧你这几天住在哪里呢?[宾语]

(186) 嗲时偲哪都唔悯去呃这样的话我哪儿都不想去了。[主语]

(187) 你嘚桌丁哩摆,哪係上,哪係前偲都分唔出来呃你这桌子这么放,哪是上,哪是前我都分不出来了。[主语]

"哪"经常用在"数量(+名)"前,表示要求在同类事物中加以确指,数词为"一"时省略。例如:

(188) 哪两只鸡係你买个哪两只鸡是你买的?

(189) 哪个人个水笔跌来栖桌肚下谁的钢笔掉在桌子底下?

2. 哪里、哪多嘚、哪迹嘚、哪块嘚、哪在嘚

这5个疑问代词都是问处所的,使用频率上"哪里""哪多嘚"最高,"哪迹嘚"次之,"哪块嘚"较少用。用于任指和虚指时"哪里"

较常用。此外,"哪里"还可用于反问,意在否定,没有处所意义,其含义相当于"样时"。其他几个处所疑问代词没有这种用法。例如:

（190）啲乘单车哪里骑得下3个人这辆单车哪里载得了3个人?

（191）渠高中都冇毕业,哪里还学过大学他高中都没毕业,哪里还上过大学?

以上两例中的"哪里"均不能用其他处所疑问代词替换。

"哪里"等5个疑问代词都可充当主语、宾语、定语、状语,与介词构成介宾短语作补语、状语。例如:

（192）哪多嘚有豆腐精嘚卖哪儿有腐竹卖?〔主语〕

（193）你爹去哪多嘚呃你爸爸去哪儿了?〔宾语〕

（194）哪多嘚个粉干头一韧着哪里的粉干最韧?〔定语〕

（195）你哪多嘚买油你哪儿买油?〔状语〕

（196）大细嘚个衫放栖哪多嘚小孩子的衣服放在哪儿?〔介宾作补语〕

（197）金柱嘚栖哪多嘚学书金柱子在哪儿上学?〔介宾作状语〕

以上各例的"哪多嘚"都可用其余4个替换。

3. 哪阵嘚

"哪阵嘚"用来代时间,要求确认时点,也可用于虚指,表示不确定的某一时间。例如:

（198）大由班车哪阵嘚上城里大由班车什么时间上城里去?〔问时点〕

（199）哪阵嘚有人工时帮我车正嘎条裤嘚来哪会儿有时间的话帮我把那条裤子缝好。〔虚指〕

"哪阵嘚"在句中可充当主语、宾语、定语、状语。例如:

（200）哪阵嘚都做得什么时候都行。〔主语〕

（201）大华嘚等班车等到哪阵嘚大华子等班车等到什么时候?〔宾语〕

（202）你买来哪阵嘚个票你买了什么时候的票?〔定语〕

（203）你哪阵嘚去过家你什么时候去做客?〔状语〕

4.3.2.3 几、几多、几时

1. 几

几,音〔ki³¹〕。龙岗话"几"的意义和用法与普通话相似,主要用来问数目。可单用,也经常与序数语缀量词结合着用。例如:

（204）2加2得到几2加2等于几?

（205）你话几就几你说多少就多少？

（206）华平嘚考到第几华平考到第几？

（207）你伯嘚屋下几个人食饭你伯父家几个人吃饭？

（208）还撞到几坵田冇耘还剩几坵田没耘？

"几"一般不能直接用在名词前问数量，有些"几+名"结构问的是序数。例如：

（209）你几组你第几组？

（210）大华嘚分栖几队大华子分在第几队？

"几组，几队"相当于"第几组""第几队"。

龙岗话的"几"还经常用在形容词前，后加"哩"构成"几A哩"结构，用来问程度。例如：几□maŋ⁴⁵³哩、几久哩、几大哩、几早哩、几红哩、几高哩、几远哩、几深哩、几宽哩。"几A哩"是个能产的疑问结构，相当于普通话"多A"疑问式，在句中可充当主、谓、宾、定、状、补等成分。例如：

（211）几久哩正做得多久才行？［主语］

（212）旧年买个猪条几大哩呃去年买的仔猪多大了？［谓语］

（213）鞋底要打几厚哩鞋底要纳多厚？［宾语］

（214）几□maŋ⁴⁵³哩个头发正扎得□tiau²⁴□tiau²⁴笔多长的头发才能扎羊角辫？［定语］

（215）啲箱油行得几远哩这箱油走得到多远？［补语］

（216）你几久哩转屋下你多长时间回一趟家？［状语］

"几A"和"几A哩"意义有差别，"几A"中的"几"相当于"多么"，言其程度高，不表疑问。"几A哩"也可表达"多么A"的含义，但A必须读强调重音，要表达疑问语气则必须带"哩"。试比较：

（217）你看啲蒐树生来几高呃吧你看这株树长得多高了呀！

（218）你看啲蒐树生来几高哩你看这株树长得多高！

（219）你看啲蒐树生来几高哩你看这株树长多高了？

2. 几多

"几多"用于问数量，相当于"几"，使用频率比"几"高。例如：

（220）落花生油卖几多（块）钱一斤花生油卖几块钱一斤？

（221）爱请几多就几多咪爱请多少就多少吗？

（222）去来几多次城里_{去了多少次城里？}

"几多"与"几"不同之处是，"几"不能直接加在名词前问数目，"几多"则可带可不带量词，如不说"几人""几钱"，可以说"几多人""几多钱"。但表示动量时"几多"必须带量词，如例（222），动量词"次"不能省略。正因为"几多"可直接修饰名词，因而可用于不可数名词问数量。例如：

（223）焖饭要放几多水_{煮饭要放多少水？}

（224）□suŋ⁴⁵³墙还要几多泥_{筑墙还要多少泥？}

以上两例换成"几"必须带由容器名词转化成的量词。如"几碗水""几车泥"。

"几多"也可用于陈述或感叹句表示程度，言其数量多。例如：

（225）街上唔晓得几多人_{街上不知道多少人。}

（226）你看井湖里几多鱼吧_{你看井里多少鱼呀！}

"几多"后也可附加"哩""几多哩"可直接修饰可数或不可数名词，如添加量词，只能加在"哩"前而不能加在"哩"后。例如：

　　正：几多碗哩水　　　　　误：*几多哩碗水

3. 几时

"几时"用于代时点。例如：

（227）你几时转屋下过年_{你什么时候回家过年？}［确指问］

（228）几时有人工时来<u>暗</u>偓_{几时有时间来我家做客。}［任指］

4.3.2.4　样时、样时道哩

"样时"相当于普通话"怎么"，"样时道哩"相当于"怎么样"。主要用来代方式、状态。代方式、状态时两者可互换。例如：

（229）随你样时（道哩）话，渠就唔开嘴_{随你怎么说，他就是不开口。}［方式］

（230）偓唔晓样时摇长途电话_{我不知道怎么打长途电话。}［方式］

（231）旧年栽个树样时（道哩）呃_{去年种的树怎么样了？}［状态］

（232）你觉得样时（道哩）_{你觉得怎么样？}［状态］

"样时"和"样时道哩"都是谓词性代词，两者都可充当谓语，可带体标记，都可被活用作动词。例如：

（233）先试几工样时（道哩）_{先试几天怎么样？}［谓语］

（234）样时道哩住□tsaŋ³¹做得先怎么着才行？〔"住"为短暂持续体标记〕

（235）渠样时（道哩）来你他怎样了你？〔动用，"来"为完成体标记〕

此外，它们还可充当主语、宾语、定语。例如：

（236）样时（道哩）都做得怎样做都行。〔主语〕

（237）后生人爱样时（道哩）就留渠样时（道哩）年轻人爱怎样就让他怎样。〔宾语〕

（238）世上样时（道哩）个人都有世上啥样的人都有。〔定语〕

做定语时必须带"个"。

"样时"和"样时道哩"的区别是："样时"可问原因；"样时道哩"不能。例如：

（239）你样时又赢渠讲口咧你怎么又跟他吵口呢？

（240）样时你又敢去走汀州咧怎么你又敢去汀州啊？

"样时道哩"可用作补语；"样时"不能。例如：

（241）头回做个ka²⁴身衫着来样时道哩上次做的那身衣服穿得怎么样？

（242）唔晓过几年会变来样时道哩不知过几年会变得怎么样。

第 5 章 动词的体

龙岗话有起始、接续、进行、持续、完成、经历、已然等 7 个体范畴。

5.1 起始体

起始体表示动作或事态变化的开始。龙岗话用"起来""动""开/开来"接在动词或形容词后表示。

5.1.1 起来

"起来"文读 $xi^{31}lei^{24}$，白读 $xɔŋ^{31}lei^{24}$。与普通话一样，"起来"在句子中既可作主要动词充当谓语，也可作动趋式的第二部分，表示动作的趋向，充当补语。体标记的"起来"由动趋式补语虚化而来，但虚化得还不彻底，保留着"趋向"的附加词汇义，只是由原先空间上的趋向引申为时间上的趋向，即反映动作或状态变化内部过程上的趋势。它与动词的结合也没有纯粹的表体助词如"呃"或普通话"着、了、过"自由度高。动趋式"V+起来"与起始体"V+起来"形式一样，两者的差别是动趋式在语义上隐含施事或受事的位移，起始体主要表示动作或事态变化的开始。两者的变换形式也有差别。试比较：

a. 大细哩徛起来哩_{小孩儿站起来了}。→大细哩徛，大细哩起来哩。
b. 大细哩走起来哩_{小孩儿跑起来了}。→ * 大细哩走，大细哩起来哩。

a 式变换成立，是动趋势；b 式不成立，是起始体。

5.1.1.1 V+起来

"V+起来"，表动作和事态的开始。例如：

（1）你行起来，个个人就会齐到来_{你走起来，大家就会跟着}。

（2）食起来，唔要等_{吃起来，不要等}。

"V+起来"通常用于祈使句，陈述句一般要在句尾加上表已然的"哩"或"哩呃"，否则不能足句。列如：

（3）渠郎人打起来哩，你去救一下_{他们打起来了，你去劝解一下}。

（4）客食起来哩呃_{客人吃起来了}。

加上"哩"或"哩呃"表示该动作已开始，句尾的"哩/哩呃"是对起始态的认可。

"V+起来"的否定式有"唔要V起来"和"冇V起来"两种，前者用于祈使句，后者用于陈述句。例如：

（5）你唔要先行起来_{你不要先走起来}！

（6）渠还冇行起来_{他还没开始走}。

"V起来"的可能式是在V与起来之间插入"得"或"唔"。例如：

（7）一个人讲唔起来，两个人正讲得起来_{一个人吵不起来，两个人才吵得起来}。

"起来"用于某些形容词之后，表示状态变化的开始。例如：

（8）天一热起来就要挽蚊帐_{天一开始热就要挂蚊帐}。

（9）好起来就唔晓几好，nəu³¹凶起来就唔晓几nəu³¹_{好起来就不知道多好，凶起来就不知道有多凶}。

"V起来"除了在陈述句中可与已然体共现外，还可与进行体标记"tɕ·i⁴⁵³"共现，句尾加表已然的"呃"，形成"tɕ·i⁴⁵³ V起来呃"的表达式。例如：

（10）渠郎人 tɕ·i⁴⁵³ 行起来呃_{他们在开始走了}。

（11）桃嘚 tɕ·i⁴⁵³ 红起来呃_{桃子在开始红了}。

5.1.1.2　V+起+O+来

起始体"V起来"后不能带宾语，V的宾语有时间可插在V与"起来"之间，或者将宾语改作受事主语。例如：

（12）打铳嘚起来_{放起鞭炮来}！

（13）铳嘚打起来_{鞭炮放起来}！

例（12）的表达方式不常用，且适应性小；例（13）宾语改作受事主语改变了基本句型，且语义上带有强烈的修辞意味。龙岗话更常用

的一种句型是将宾语嵌入"起来"中,构成"V+起+O+来"的格式。例如:

(14) 打起眼话来半昼都唔转来胡聊起来半天都不回来。
(15) 伯公你带起大家来食酒伯公你带起大家来喝酒。

离合动词,尤其是双音节动宾式离合动词,一般不能接"起来"表起始,但可将宾语(或末音节)嵌入"起来"中,构成"V起O来"式起始体。试比较:

(16) 发起醒来小孩生气,耍赖　　＊发醒起来
(17) 讲起口来吵口　　　　　　＊讲口起来
(18) 相起打来　　　　　　　　＊相打起来
(19) 咳起嗽来　　　　　　　　＊咳嗽起来

5.1.2　V+动

"动"音 t'uŋ⁴⁵³。龙岗话"动"可在句子中充当谓语,也可用在动结式中作结果补语。例如:

(20) 渠老伯冇动渠他哥哥没动他。
(21) 翻动下衫来,唔要烁掉翻动一下衣服,不要灼坏了。

"动"附着于某些动词后,可表示动作的起始。例如:

(22) 行动再话醒你开始走了再告诉你。
(23) 筛动酒来,唔要紧等动手倒酒吧,不要老等。

1. 体标记的"动"由动结式中的结果补语虚化而来,但虚化得不彻底,情况类似"起来",除了表达起始体意义之外,还附有明显的词汇意义。它与动词结合的自由度也受到一定限制,主要用于某些具有明显延续、推移过程的动作动词,而不能与状态动词和瞬间动词结合。如可以说"行动"(开始走)"食动"(开始食),但不能说"歇动""坐动""到动"。

2. 起始体"V动"与动结式"V动"的差别是:首先,在语义上,起始体的"动"指向 V,相当于用词汇手段表达的"开始+V",是"动手做某事"的意思,动结式中的"动"带有"活动""移动"等很实在的词汇意义。若"V动"后带有宾语,宾语也有位移或状态的改变,语义指向宾语。其次,在"V+动+O"格式中,宾语 O 倘若不具

备行为能力，两者变换的结果不一样。试比较：

　　a. 风吹动树叶→风吹树叶，树叶动。

　　b. 外婆洗动镬盖→*外婆洗镬盖，镬盖动。

3. 起始体"V+动"用于陈述句，"动"变调 24 可兼表完成义，表示"已经开始 V"的语法意义，即实现了动作 V 的开始阶段。例如：

（24）打动锣鼓，戏就来开始呃锣鼓打了起来，戏就要开始了。

（25）伯唔筛动酒伯伯开始倒酒了。

4. 起始体"V动"的祈使句是在"动"后加"来"，或在"动来"中嵌入宾语。例如：

（26）你郎先行动来你们先走起来。

（27）犁动田来先，田塍打背来着先犁起地来，田塍随后泥。

祈使句"V 起来"或"V 动 O 来"表达起始的体意义更为明显，同时，这种句式往往含有"先做起某事来，随后做某事"的对举意义，加上后续句，语气较完整，如例（27）。

5. "V+动"的否定式是在 V 前加"冇"或"唔要"，前者被用于否定陈述，后者被用于否定祈使。例如：

（28）伯唔冇筛动酒伯伯没开始倒酒。

（29）伯唔唔要筛动酒来伯伯不要动手倒酒。

6. "V+动"与"V+起来"比较，"V+动"的使用范围较窄，"V+动"可用"V+起来"替换，但有些"V+起来"句子不能用"V+动"表起始。例如：

（30）你郎先行动来→你郎先行起来。

（31）伯唔带动大家来食→伯唔带起大家来食。

（32）渠郎吹起牛皮来哩→*渠郎吹动牛皮来哩。

（33）大细唔枵起来哩→*大细唔枵动来哩。

"动"不能加在形容词后表起始，而"起来"可以。如例（8）（9）都不能用"动"替换"起来"。

"起来"可与离合动词相嵌，表起始，"动"不能用于离合动词，如前例（16）（19）都不能嵌入"动"。

"V+起来"有可能式，"V+动"一般没有。试比较：

（34）一个人唱起来哩→一个人唱得/唔起来。

(35) 一个人行动来哩→＊一个人行得/唔动。

"行得/唔得""食得/唔得"在龙岗话中也可以说，但这种可能式是动结式，而不是起始体了。它们分别相当于普通话的"走得/不动""吃得/不动"，其中的"动"是补语。

5.1.3 V ＋ 开 ＋ O

"开"，龙岗话读 k'uai^{453}，与普通话一样，有动词、动趋式第二成分、体标记 3 种用法。例如：开门/开开门/打开锣鼓。

1. 普通话"V＋开"表示动作开始并继续，可用于及物、不及物动词，且后边常常要加"了"才能足句。例如：

哭：小孩哭开了　　　　　聊：他们聊开了
叫：他尖着嗓子叫开了　　喝：他又喝开了
数：他又数开钱了　　　　怨：他怨开我了

（以上例句见李临定 1990）

在龙岗话中，类似普通话"不及物动词＋开"的形式实质是动趋式，其中的"开"是补语成分，且不加"了"也能站得住。例如：大细嘟㭎开/婆婆笑开/天晴开。

这三例中的"开"虽有"开始"义，但着重点在"展开"。普通话中"哭开了""嚷开了"着重在表示动作开始，并兼有"放开无约束"义，动词和"开"之间不能加"得、不"（吕叔湘 1984），而以上三例龙岗话也可插入"得""唔"表可能。

2. 龙岗话体标记的"开"一般用于及物动词，构成"V＋开＋O"的格式，例如：

(36) 割开禾时冇人工去暗人 _{割起稻子来了没时间去做客}。

(37) 做开莲嘚生意挂顾唔到田里 _{做起了莲子生意，＜就＞顾不了田里了}。

某些离合动词也可嵌入"开"表起始。例如：

相开打　　　　　　发开醒 _{小孩哭闹}
谈开天　　　　　　灰开造 _{玩耍}
翻开天 _{嬉闹}　　　　讲开口 _{吵口}

3. "V＋开来"基本功能与"V＋开"同，如例（36）（37）均可换成"开来"，意义相差不大。"V＋开＋O＋来"则多是祈使句。

例如：

（38）犁开田来先，田塍打背来着_{先犁起田来，田埂随后泥}。
（39）舞开龙灯来_{舞起龙灯来}！

"V开/开来"的否定式与"起来"相同，无可能式。

5.2 接续体

接续体表示动作或状态开始后的延续，普通话用"V+下去"表示。龙岗话有"V+下去""V+落去"等表达方式。

5.2.1 V+下去

"下去"龙岗话读 xa⁴⁵³xə³¹，体标记中"下"变读 xa²¹。"V+下去"也是一个由趋向动词演化来的准表体助词，虚化得不彻底。"V+下去"表示动作开始后的继续。例如：

（40）留渠话下去，唔要接嘴_{让他说下去，不要接声}。
（41）你再 tin⁴⁵³ 哩做下去，渠天光就走_{你再这样做下去，他明天就走人}。

1. 普通话"V+下去"带宾语时，宾语一般要放在"V+下去"的前边，而不放在"下去"之间（李临定1990）。例如：

（42）故事接着讲下去→*接着讲下故事去

龙岗话的用法也是如此。例如：

（43）铜锣打下去总会有人围过来。
（44）生意做下去总赚得到点把钱。

此外，龙岗话也常用一种"V+O+V+下去"的叠用式。例如：

（45）做生意做下去总赚得到点把钱。

2. "V+下去"的否定式是在V前加否定词"冇"。例如：

（46）生意冇做下去_{生意没做下去}。
（47）冇桠下去_{没哭下去}。

3. 接续体"V+下去"有可能式。例如：

（48）生意做得/唔下去。
（49）住得下去就住，住唔下去就走人。

5.2.2　V + 落去

"落去"音 lɔk⁴xə³¹，用在动词后可表达接续的体意义，这是一个由趋向动词演化而来的准表体助词。除了表示体意义外，多附加有"安心做某事"的意思。例如：

（50）住得落去就住，住唔落去就行过家 住得下去就住，住不下去就重走一家。

（51）齐渠个尾齐落去，总有出头个场中 跟他跟下去，总会有出头的时候。

"V+落去"的用法基本上与"V+下去"一样，但比"V+下去"少用，偶尔出现于老一辈口中。

5.3　进行体

进行体表示动作行为或事态变化正在进行中。龙岗话没有相应的表体助词，而是用副词 tɕ·i⁴⁵³ 加在动词前表示，或由 tɕ·i⁴⁵³ 加方所词置于动词前，与动词构成状中式表示。

tɕ·i⁴⁵³ 相当于普通话"在"，可作动词、介词、副词。例如：

（52）渠今朝夜晡 tɕ·i⁴⁵³ 屋下，冇去哪里 他今天晚上在家，没去哪里。［动词］

（53）渠今朝夜晡 tɕ·i⁴⁵³ 屋下看书，冇去看电影 他今天晚上在家看书，没去看电影。［介词］

（54）渠 tɕ·i⁴⁵³ 看书，冇话事 他在看书，没讲话。［副词］

5.3.1　tɕ·i⁴⁵³ + V

"tɕ·i⁴⁵³ + V"中的"tɕ·i⁴⁵³"是副词，相当于普通话的"正在"，"tɕ·i⁴⁵³ + V"是龙岗话表进行体最常用的方式。例如：

（55）偓 tɕ·i⁴⁵³ 食饭，渠 tɕ·i⁴⁵³ 洗手。

（56）偓转来个场间，渠 tɕ·i⁴⁵³ 歇。

（57）外向 tɕ·i⁴⁵³ 落雨，冇份出去 外面在下雨，没办法出去。

"tɕ·i⁴⁵³ + V"的否定式是前加否定词"冇"或"蛮係"，"蛮"是"未曾"的合音。例如：

（58）偓冇 tɕ·i⁴⁵³ 食饭 我没在吃饭。

（59）偓蛮係 tɕ·i⁴⁵³ 食饭我不是在吃饭。

这两种否定式的差别是，前者是对行为是否在进行中的否定回答，"冇"否定"tɕ·i⁴⁵³"；后者带有否定判断性质，"蛮係"否定"tɕ·i⁴⁵³ V"，并且句子本身往往不自足，常有对举的后续肯定句，或有言外之意补充。例如：

（60）偓蛮係 tɕ·i⁴⁵³ 食饭，（tɕ·i⁴⁵³ 洗手）

5.3.2　tɕ·i⁴⁵³N ＋ V

介词 tɕ·i⁴⁵³ 与方所词构成介宾结构置于动词前，这种状中式常附带"正在进行"的意味。例如：

（61）姆妈 tɕ·i⁴⁵³ 门前联衫，姊姊 tɕ·i⁴⁵³ 灶前做饭娘在门口缝衣服，姐姐在厨房煮饭。

（62）偓转来个场间，叔喋 tɕ·i⁴⁵³ 间里歇我回来的时候，叔叔在房间睡觉。

（63）伯喋下晡 tɕ·i⁴⁵³ 秧田里打虫伯父下午在秧田里杀虫。

进行体的这种表达方式，"体"意义的体现往往有一些语境因素在起作用，隐含着对"某时某人在干什么"的解答。试比较：

（64）叔喋 tɕ·i⁴⁵³ 间里歇，你喊渠做什么叔叔在房间睡觉，你叫他干嘛？

（65）叔喋 tɕ·i⁴⁵³ 间里歇，厅下里食饭叔叔在房间睡觉，在厅堂吃饭。

例（64）"歇"的行为正在进行中；例（65）"歇"是一种惯常行为，上下两句对举，主语相同，是介绍起居场所的安排，前者是进行体，后者是一般体。

"tɕ·i⁴⁵³ ＋ N ＋ V"的进行体与一般体在否定形式上有差别，前者只能在介宾前加否定词"冇"，后者一般用"蛮係"否定，对举时才可用"冇"。例如：

（66）渠冇 tɕ·i⁴⁵³ 间里歇他没有在房间里睡。

（67）渠蛮係 tɕ·i⁴⁵³ 间里歇他不是在房间睡。

（68）渠蛮係/冇 tɕ·i⁴⁵³ 间里歇，渠 tɕ·i⁴⁵³ 厅下里歇他不是/没在房间里睡觉，在厅堂睡。

5.4　持续体

持续体表示动作状态在持续中，普通话用表体助词"着"表示，有时也用动词零形式。龙岗话持续体标记有"紧""稳""住""到"等。

5.4.1 紧

"紧"在龙岗话中有动词、形容词、体标记三种用法。例如：

（69）紧下螺丝。［动词］

（70）ti^{24}双鞋太紧掉，会逼脚。［形容词］

（71）渠食紧饭。［体标记］

1. "紧"用作持续体标记时附于动词后，变调作 kin$^{31/24}$，表示动作在持续进行中。变调可被视为虚化转性的标志。例如：

（72）大细嘚枴紧，渠行唔开小孩在哭，她走不开。

（73）春华嘚犁紧田春华在犁田。

（74）洗紧汤正在洗澡。

（75）外婆供紧鸡，冇人工外婆正在喂鸡，没时间。

"紧"位于动词后宾语前，甚至可插入动宾复合动词中，如"洗紧汤正洗着澡""发紧醒正发着脾气""做紧月在做着月子""嚼紧蛆贬义，正在胡说八道"，等等。"紧"不见于动补结构。

2. "紧"可以置于动词前，构成"紧 V"式，表示动作的持续进行；"紧 V 紧 V"表示动作持续、反复进行；"紧 kan$^{453/24}$V"相当于普通话"老么 V"，表示动作长时间持续进行。动词前的这一类体标记"紧"实际上已转化为副词。

（76）留渠紧食，看渠食得几多哩掉让他老吃老吃，看他吃得了多少。

（77）你紧话紧话，渠样斯唔会发结吧你老说老说，他怎么不发恼吧？

（78）渠紧 kan$^{453/24}$做，也唔怕做死他老么忙，也不怕累死。

3. "紧"可与进行体"tɕ·i^{453} V"、状中式连用，表示动作正在持续进行中。例如：

（79）外向 tɕ·i^{453} 落紧雨，要带雨盖外面正下着雨，要带雨伞。

（80）渠 tɕ·i^{453} 膨紧气，唔要惹渠他正生气，不要惹他。

5.4.2 稳

"稳"有形容词和"体"标记两种用法。持续体标记"稳"读

"vən$^{31/24}$",其语法意义相当于普通话表体助词"着"。例如:

(81) 涨稳大水,过桥要好千_{涨着大水,过桥要小心}。

(82) 你坐稳,𠊎出去下_{你坐着,我出去一会儿}。

(83) 渠歇稳,唔要吵人_{他正在睡觉,不要吵闹}。

(84) 水缸装稳水,冇份泱鱼_{水缸装着水,没办法养鱼}。

一般而言,"V稳"都可用"V紧"代换,表示持续做某事的意味,两者的区别是,"V紧"更强调行为的"正在进行",而"V稳"更着重状态的持续。对译成普通话,"V紧"作"正V着"更贴切,而"V稳"可译为"V着"。例如:

(85) 河里涨紧水_{河里正涨着水}。

(86) 河里涨稳水_{河里涨着水}。

例(85)带不断上涨的意味,而例(86)更强调"涨满"的状态持续着。

5.4.3 住

音 tsʻu^{53}。"住"附着于动词后,表示短时的持续。例如:

(87) 𠊎行开一下,看住东西_{我走开一会儿,看着东西}。

(88) 你先行住,𠊎打背来_{你先走着,我随后就来}。

(89) 𠊎撑住门,你被哩帕拉去喊人_{我顶着门,你赶紧去叫人}。

普通话"V住"表示动作行为完成、实现,龙岗话体标记"住"主要表持续,只有作动词实语素时,兼有"完成""实现"的意味。持续体"住"是半虚化的表体助词,也带有"短时貌"的语法意义。

5.4.4 到

"到"在龙岗话中既可用作实义动词也可用作体标记。体标记"到"随附着的动词类别不同,有不同的"体"意义。一般而言,动作感较强的动词后的"到"带有完成体意义,而状态动词后的"到"则表达持续体意义,即某种静止状态的持续。在语音形式上,体标记"到"读 tau$^{453/24}$。例如:

(90) 角箩漏个,洒到一坪个谷_{箩筐漏了,洒了一坪的谷子}。

(91) 倚到一坪个人炙热头_{站着一坪的人晒太阳}。

例（90）表完成体，例（91）表持续体。

持续体"到"相当于普通话状态助词"着"。例如：

（92）小明勾到脑盖唔声<small>小明低着头不出声。</small>

（93）戴到帽嘚寻帽嘚<small>戴着帽子找帽子。</small>

（94）渠欢喜徛到食<small>他喜欢站着吃。</small>

（95）渠郎人手牵到手，唔会跌掉<small>他们手拉着手，不会走丢。</small>

（96）坐到一车个人<small>坐着一车的人。</small>

"到"与持续体标记"紧"在动作动词后可以连用，表"持续进行"。例如：

（97）渠做紧到事，冇人工着棋<small>他正干着活，没时间下棋。</small>

（98）食紧到饭，唔敢话事<small>吃着饭不能说话。</small>

（99）偓 tsaŋ³¹ 话紧到，就唔记得呃啊<small>我刚刚还说着，就忘了？</small>

"紧到"还可与"tɕ·i⁴⁵³ + V"或"tɕ·i⁴⁵³ + N + V"共现，表"正在持续进行"。例如：

（100）秀嘚 tɕ·i⁴⁵³ 打紧到肉丸，唔闲得煎煎豆<small>秀子正打着肉丸，没时间煎煎豆腐。</small>

（101）长生嘚 tɕ·i⁴⁵³ 山上斫紧到柴<small>长生仔在山上正砍着柴。</small>

5.4.5 状态持续的实现

有些普通话持续体句子，龙岗话可改用完成体表达。这里的"完成"实际上是"状态持续"的实现。例如：

（102）渠手里拿来/呃只茶杯<small>他手里拿着一只茶杯。</small>

（103）渠着来/呃一身新衫<small>他穿着一身新衣服。</small>

（104）偓带来/呃雨衣，唔怕落雨<small>我带着雨衣，不怕下雨。</small>

（105）门头徛来/呃三个人<small>门口站着三个人。</small>

普通话这些句子往往既可用持续体，又可用完成体来表达，意义相差不大，龙岗话大抵如此。

5.5 完成体

完成体表示动作或事态变化的实现，龙岗话用"呃""来""到"

等附着于动词或形容词后表示。

5.5.1 呃

龙岗话中的表体助词"呃",大致相当于普通话中的"了₁"和"了₂",读 ə²⁴。相当于"了₁"的"呃"附着于动词或形容词之后,表示动作的完成或状态变化的实现。相当于"了₂"的"呃"用在句末,主要肯定事态变化的实现,属已然体(参见5.7.1)。"呃"表达"了₁"的语法意义,例如:

(106) 春华㗂买呃3件新衫_{春华仔买了3件新衣服}。

(107) 汝辉叔请呃一个木匠来打水桶_{汝辉叔请了一个木匠来做水桶}。

(108) 梨㗂熟呃要情拈下树_{梨子熟了要赶紧采摘}。

(109) 面红呃_{脸红了}。

1. 普通话"V+了"(或再带单个名词宾语)表示动作行为完成时,如不再附加修饰成分,则不能独立成句。例如:

(110) 做了作业(再去)。

(111) 买了梨(再买杏)。

(112) 昨天下了雨(还下了雪)。

这三个例句不加上括弧里列的便站不住(李临定1990)。龙岗话这一类"动+呃"可以足句。

2. 普通话"V+了₁+O"的结构,其中的宾语为动词时,前面的动词不能加"了₁"(吕叔湘1984),例如:

(113) *他答应了比赛(他答应比赛了)

(114) *他决定了明天动身(他决定明天动身了)

龙岗话"V+呃"则可以带动词宾语。例如:

(115) 渠答应呃比赛。

(116) 渠定呃天光动身。

3. 普通话有些动词后面的"了₁"表示动作有了结果,跟动词后的"掉"很相似。这类动词有"忘、丢、关、喝、擦"等。例如:

(117) 擦了脸上的汗。

(118) 关了收音机。

龙岗话这类动词加"呃",只表示做过这一动作,是动作本身的实现，并不明确表示有结果。例如：

（119）倨擦呃面上的汗（冇擦净）

（120）姆妈关呃收音机（冇关紧）

这两个例句中的"擦呃""关呃"只表示完成了这一动作，至于动作的结果如何，要由后续句来补充说明。普通话这一类有结果的"了₁"，龙岗话要改用"V + 掉"或"动结式 + 呃"表示（参见5.5.3）。

普通话这一意义的"了₁"可用于命令句和"把"字句（吕叔湘1984）。如"你放了他吧！""你把它扔了！"龙岗话的"呃"不能用于命令句和"把"字句。

4. 完成体"呃"的否定式是在动词或形容词前加否定词"冇"，去掉"呃"。例如：倨冇写信、倨冇看电影、面还冇红。

倘若宾语是数量名的复数结构，这一否定式只能表示部分否定，且数词应读强调重音。例如：

（121）春华嘚冇买三件衫，夜（只）买呃两件。

表达全部否定有两种方式，一是将名词前的数量词删去，二是转换成单数否定。例如：

（122）过年冇放猪宰猪。

（123）过年冇放一只猪。

例（123）的量词读强调重音。口语中也常将数量名词语提到动词前，表全部否定。例如：

（124）过年一只猪都冇放。

5. 完成体"呃"的疑问式是在句末加疑问词"么"或用肯定否定式"呃啊冇"。"么"可以看作"啊冇"的合音。例如：

（125）过年放呃猪么？／过年放呃猪啊冇？

（126）猪放呃么？／猪放呃啊冇？

5.5.2 来

"来"在龙岗话中可作实义动词，也可用作完成体标记。动词"来"的词汇意义相当于普通话"来"。"来"作完成体标记其用法则与"呃"大致相当。例如：

（127）渠食来饭他吃了饭。

（128）你 tsaŋ³¹ 食来药，唔敢食茶你刚喝了药，不能喝茶。

（129）渠拿来 3 斤柑啰等偃，偃情拈就拿来钱等渠他拿了3斤桔子给我，我马上就拿了钱给他。

（130）偃恸来一下，还是决定唔去我想了一会，还是决定不去。

（131）渠话来半工人工还有话清他讲了半天还没说清楚。

以上例句中的"来"都表示行为过程的实现，在表达普通话"了₁"的意义上，与"呃"没有多大区别，两者可以互换。

1. "呃"的虚化程度比"来"要高。从使用频率上看，在"来""呃"可以互换的情况下，"来"较"呃"常用。在动结式中一般用"呃"，有的句子也可用"来"。例如：

（132）啮烂呃舌头有份食饭咬破了舌头没办法吃饭。

（133）话鹅磨损、秃、钝呃喙管渠还唔听说破了嘴巴他还不听。

（134）渠食醉呃酒他喝醉了酒。

例（134）的"呃"也可用"来"替换。

2. 完成体与已然体共现时，一般用"来"，不用"呃"，这主要是为了避免重复后的含混。例如：

（135）渠食来半年药呃他吃了半年药了。

（136）村里人做来昼饭呃村里人做了中午饭了。

（137）禾耘来呃禾耘了。

5.5.3 掉

"掉"附着于动词后，其词汇意义大致相当于普通话作动结式第二成分的"掉"，表示动作有结果，含有"去除"（及物动词后）、"离去""消失"（不及物动词后）的意思（吕叔湘1984）。"掉"的这一用法具有表体意味，可以被看作"准表体助词"（李临定1990）。在龙岗话中，其虚化程度更高。这表现在以下三个方面：一是读音的弱化。"掉"单念时读 tʻiau⁵³，附着于动词后弱化为 tʻəu²⁴（祈使句或句末降调位常念 21 调，即 tʻəu²¹）。二是词汇意义有淡化的趋势，如例（142）（143）（144）。三是在语法意义上明显附加有普通话"了₁"的意义，龙岗话的"V 掉"相当于普通话的"V 掉 + 了₁"。例如：

（138）张三杀掉渠屋下 ka²⁴ 只鸡张三杀了他家那只鸡。

（139）渠头日夜晡走掉他头天晚上走了。

（140）长生㗎一年着烂掉 3 双鞋长生子一年穿破了3双鞋。

（141）舞瞎掉渠一只眼睛弄瞎了他一只眼睛。

（142）东华㗎歇掉 3 个钟头还冇醒东华仔睡了3个小时还没醒。

（143）俚话掉 3 遍，渠还冇记到我说了3遍，他还没记住。

（144）俚唔记得掉 ka²⁴ 个事我忘了那件事。

1. "掉"和"呃"都可以用于动结式，表示动作行为或状态变化有了某种结果，两者的细微差别是：A. "呃"对动词及其结果补语的选择性宽，而"掉"主要用于表减损、去除、消失、离去一类的动作动词；动结式中的补语，也多是表事态变化状况的形容词。B. "掉"和"呃"在与动词、结果补语结合的紧密程度上有差别。"掉"与结果补语可构成直接成分，"呃"只是动结式的整体黏着，语义指向动词。例如：

着烂掉　　　　　着烂呃

从其语义指向的疏密关系上，也可看出"呃"的虚化程度高于"掉"。"动结式＋呃"和"动结式＋掉"位于句尾，都可表示动作完成并且事态已有改变，相当于"动结＋了$_{1+2}$"，不过后者的结果是不如人意的，超过了补语所期望的"度"。例如：

（145）蛋蒸熟呃。

（146）蛋蒸熟掉。

例（145）是"蒸"的行为已经完成并实现了"熟"的状态。例（146）是"蒸"过了头，蛋太过熟了。

2. "V 掉"的否定式是在 V 前加"冇"。例如：

（147）渠老弟冇食掉 ka²⁴ 碗饭他弟弟没吃完那碗饭。

（148）粥冇潽过热溢出掉。

"冇 V 掉"是对事物是否有结果的否定，若省去"掉"就成了对是否有过"V"这一行为的否定，转化成了"V＋呃"的否定式。试比较其相应的普通话说法：

a. 他弟弟没吃掉那碗饭。

b. 他弟弟没吃那碗饭。

"动结式+掉"的否定也是在动词前加否定词"冇",但"掉"可省可不省,以省为常。带"掉"兼有一定的强调意味。例如:

(149) 小芳嘚话错掉渠,冇面见渠呃_{小芳说错了他,没脸见他了}。

a. 小芳子冇话错渠。

b. 小芳子冇话错掉渠。(渠就係 ka^{24} 种人)

3. "V 掉"的祈使句是在句末加"来","掉"不变调,韵母以弱式发音 əu 为常。例如:

(150) 换掉 ka^{24} 件衫来_{把那件衣服换了}。

"V 呃"则没有相应的祈使句式。

"动结式+掉"和"动结式+呃"的祈使句都是除去体标记,句末加"来"。例如:

(151) 撕烂掉 ka^{24} 本书
(152) 撕烂呃 ka^{24} 本书。 } → 撕烂 ka^{24} 本书来。

4. "掉"还可用于某些形容词之后,使形容词动词化,表示性状由非 a 向 a 的转化,兼有完成体意义。例如:

(153) 晏掉,要做昼饭呃_{太晚了,要做中饭了}。

(154) 酒酸掉,留来做醋_{酒酸了,留着制醋}。

(155) 禾穗下白掉,割唔到几多谷_{稻穗全白了,打不了多少谷子}。

这种转化的 a 状态,也多是非期望的、有违人们意愿的结果,且往往带有"太过 a"的比较意味。

5.5.4 到

"到"附着于动作动词后,也可表达完成的意味(详见 5.4.4)例如:

(156) 渠考到大学_{他考上了大学}。

(157) 灰造玩耍个丢到一地_{玩具扔了一地}。

5.5.5 补语变调

在以动补式为中心的句子中,通过补语末一音节变读阳平调表达行为或状态变化实现也是龙岗话完成体的一种常用形式。例如:

（158）供正（tsaŋ³¹ʼ²⁴）鸡 tsaŋ³¹ 出门喂好了鸡才出门。
（159）煮烂（lan⁵³ʼ²⁴）芋啯再放青菜下去煮烂了芋头再放青菜下去。
（160）舞死（çi³¹ʼ²⁴）一只人弄死了一个人。
（161）变涴糟（tsau⁴⁵³ʼ²⁴）手弄脏了手。

这一用法与"动结式＋呃"无异，应是"呃"代入补语末音节，吸纳了"呃"的调，而脱落"呃"的声韵的结果。

5.6　经历体

5.6.1　过

经历体表示动作或事态变化曾经发生，普通话用"过"表示。龙岗话的"过"单念 ko³¹，用作经历体标记变读 ko²⁴，用在动补式后受动补式末音节变调在先（变 24 调）影响，调值变 33。"过"用在动词或形容词后表示事件曾经发生。例如：

（162）插队上山下乡个场中渠郎人笑也笑过，桴也桴过插队的时候他们笑也笑过，哭也哭过。
（163）ti²⁴ 种鞋渠郎人往先做过几双这种鞋他们以前做过几双。
（164）渠去过蛮多地方，就夜冇去过北京他去过很多地方，就只没去过北京。
（165）大人寻过渠几次都冇寻到大人找过他几次都没找到。
（166）秋香嘚食醉过酒秋香子喝醉过酒。
（167）去过几次城里。
（168）天上跌过床被下来你信么天上掉过床被子下来你信吗？
（169）天上跌下来过床被天上掉下来过一床被子。
（170）前几天冷过，今朝又热起来哩前几天冷过，今天又热起来了。
（171）从来冇赢邻舍红过面从来没跟邻居红过脸。

在动补式中，补语为结果补语时，"过"在补语后，如例（166）；动量补语"过"在动词和补语之间，如例（167）；趋向补语"过"在补语前也可在后，如例（168）（169）。

5.6.2　经历体的否定式

经历体的否定式是在动词前加否定词"冇"。例如：

（172）叔嘚冇当过公社干部。

（173）渠冇食醉过酒。

5.6.3 经历体的疑问式

经历体的疑问式有以下几种：①"V 过（O）么?"②"V 过（O）咪?"③"V 过（O）啊冇?"④"V 过啊冇 V 过（O）?"⑤"V 过（O）啊冇 V 过（O）?"例如：

（174）叔嘚当过公社干部么？

（175）叔嘚当过公社干部咪？

（176）叔嘚当过公社干部啊冇？

（177）叔嘚当过啊冇当过公社干部？

（178）叔嘚当过公社干部啊冇当过公社干部？

④⑤两式也可看作③式的扩展式。

5.6.4 经历体与其他体共现

经历体常可与完成体、已然体共现，也可与持续体、起始体某些格式共现，例略。

5.6.5 "过"表"重行"貌

"过"除了表经历体外，还可表"重行"，即"重新做过某事"，两者的区别是经历体标记"过"变读 24 或 33 调，表重行的"过"读本调 31。如"渠嫁过人"，"过"读 ko^{24} 是经历体，表示曾经嫁过人；"过"读 ko^{31} 则是终结前次婚姻再嫁人的意思。

5.7 已然体

已然体指的是相当于普通话"了$_2$"的体范畴。"了$_2$"肯定事态出现了变化或即将出现变化，有成句的作用（吕叔湘 1984）。龙岗话有"呃"和"哩/来哩"两个标记。

5.7.1 呃

它既可用如普通话"了$_1$"表完成体，也可用在句末表已然体。已然体"呃"其实并不是附着于某个词之后,而是依附于整个句子,对全句表达的事实加以肯定,因而差不多可以和其他所有的体形式共现。

1. "呃"用在句末肯定事态发生了变化。例如:

(179) 翻风呃 起风了。

(180) 火 tɕ·i⁴⁵³ 乌掉来呃 火在熄灭了。

(181) 渠去哩一个月呃 他去了一个月了。

(182) 渠食紧到饭呃 他在吃饭了。

(183) 球滚去洞窿里呃 球滚到洞中去了。

(184) 镬盖洗起来哩呃 锅盖开始洗了。

(185) 官司打得下去呃 官司打得下去了。

(186) 歇着呃 睡着了。

(187) 外婆供紧鸡呃,唔理睬你呃 外婆在喂鸡了,不搭理你了。

已然体"呃"的否定式是在动词前加"(还)冇"。例如:

(188) (还)冇食 tsaŋ³¹ 饭。

(189) 球冇滚去洞窿里。

已然体"呃"的疑问式有两种:A. 句末加疑问词"么"或"咪","呃"可有可无;B. 句末加"啊冇","呃"可省可不省。例如:

(190) 食 tsaŋ³¹′²⁴ 饭(呃)么/咪?

(191) 食 tasŋ³¹′²⁴ 饭(呃)啊冇?

2. "呃"用在句末也可表事态将要变化,也就是肯定事态变化的条件已然具备,前面常用"会来"等副词,这与"了₂"的用法也是对等的。例如:

(192) 会来放假呃 快放假了。

(193) 会来转来呃 快回来了。

(194) 你要去归呃 你该回去了。

(195) 起床呃 起床了。

5.7.2 哩/来哩

"哩/来哩"也是已然体标记。"哩"音 li⁴⁵³,它附着于趋向动词或动趋式之后,"哩"的调值由单念时的 453 变读轻声,"哩"前一音节不论本调如何均变读 453,如"来哩"lei²⁴′⁴⁵³ li⁴⁵³′²¹、"去哩"xə³¹′⁴⁵³

li$^{453/21}$。"来哩"作为一个独立的体标记相当于近代汉语句末助词"来"（参见5.8.4）。"哩/来哩"的语法意义相当于了₂。例如：

（196） 医生去哩 医生去了。

（197） 大细嘚桍开来哩 小孩儿哭了。

（198） 饭好来哩 饭好了。

"哩"的否定式是在动词前加"冇"，去掉体标记。"来哩"亦然。例如：

（199） 医生来哩→医生冇来。

（200） 扛过来哩→冇扛过来。

（201） 食饱来哩→冇食饱。

（202） 饭好来哩→饭冇好。

"哩"不能用于动结式，"来哩"可以，如例（201）不能说"食饱哩"。"哩""来哩"都不能用于"动结式＋宾语"后，但可将宾语改作受事主语，句末加"来哩"。例如：

（203） ＊食饱饭哩/来哩

（204） 饭食饱来哩

"哩""来哩"可与"呃"连用，以上例句中的"哩"或"来哩"后都可加上"呃"。

5.8　体标记讨论

5.8.1　体标记类型

体标记有分析型和综合型两大类，龙岗话体标记以分析型为主，但已出现综合型，即狭义形态标记。具体表现为三种表体手段：①用特定的句法结构表达体意义。如"tɕ·i^{453}＋方所词＋V"句法结构大都有进行体意味。②词汇手段，如进行体动词前的 tɕ·i^{453}，完成体的体助词"呃、来"。③语义和语音变化结合的手段。如完成体标记"掉 t·əu$^{31/24}$、到 tau$^{31/24}$"含有的"动作有了结果"的附加词汇义，为其虚化为完成体标记提供了语义的可能性，变为 24 调则提供了形式上的标志，两相结合而成完成体标记。到一般动补式用末音节变调 24 的方式表完成体就带有很明显的狭义形态性质了。再如持续体标记"紧、稳、到"在义类上都有"行为被控制"的含义，这是持续体的语义基础，而变调 24 则是语音标志。

5.8.2 表体手段的内在联系

三种表体语法手段有着内在联系，其演化过程是：表体结构→词汇手段→语义·音变手段。孕育体标记的两种句法结构是："tɕ·i⁴⁵³ + N + V"状中式、动补式（包括动结式、动趋式）。表进行体的副词 tɕ·i⁴⁵³ 是由状中式"tɕ·i⁴⁵³ + N + V"演化来的，完成体助词是由动补式中的补语演化来的。以进行体两种形式"tɕ·i⁴⁵³（在）+ N + V"与"tɕ·i⁴⁵³（在）+ V"为例，前者"tɕ·i⁴⁵³（在）"是介词，后者 tɕ·i⁴⁵³ 是副词，其体意义一是由整个结构体现，一是由词汇手段体现，两式又有内在联系。试比较以下 3 例：

a. 渠 tɕ·i⁴⁵³ 树底下 ka²⁴ 看书 他在树底下那儿看书。
b. 渠 tɕ·i⁴⁵³ ka²⁴ 看书 他在那儿看书。
c. 渠 tɕ·i⁴⁵³ 看书 他在看书。

此 3 例都有进行体意味。a 例动词有明确的处所，ka²⁴（那儿）复指处所（树底下）。b 例 ka²⁴（那儿）既可以是确指也可以是虚指，虚指的 ka²⁴ 变读轻声，指代义由空间向时间延伸，甚至仅仅是个衬音；进一步省略就成 c 例，tɕ·i⁴⁵³ 成了表体的副词。"tɕ·i⁴⁵³ + V"式正是由"tɕ·i⁴⁵³ + 处所 + V"脱胎来的。B. Comrie 说："不少语言的进行式都是通过表示动作行为发生处所的状语虚化而来的。"（胡明扬 1996）龙岗话进行体两种格式的关系正是如此。

5.8.3 体助词的虚化程度

表体助词虚化程度不一。"呃、来"最虚，"掉、紧、稳、到"等是半虚化的准表体助词。"起来、落去"词义较实。由实到虚往往伴有语音的弱化，如"掉"作实词读"t·iau⁵³"，作准表体助词则弱化为"t·əu²⁴"。

5.8.4 "来""来哩"探源

龙岗话表体助词"来""来哩"继承了近代汉语"来"的用法。

"来"在近代汉语中是一个很常用的助词。龙岗话表完成体的"来"与近代汉语表完成的助词"来"一脉相承。试比较：

　　[近]如此而论，读来一百遍，不如亲见颜色，随问而对之易了。（韩愈：与大颠书，全唐文，卷五五回）

　　[龙] ti^{24}篇课文念来五六遍呃还有背到这篇课文读了五六遍了还没背下来。

　　已然体助词"来哩"，则继承了近代汉语句末助词"来"的用法。据曹广顺（1995）研究，"来"用于句末表示事件曾经发生并完成，可能始自初唐前后。晚唐五代用例已相当普遍，如《洞山良价禅师语录》中的用法："师一日问雪峰：'作甚么来？'雪峰云：'斫槽来。'"其中的句末助词"来"即表事态已然。[①] 到了元代，句末的"来"除单用外，与其他助词连用的情况明显增多，[②] 龙岗话的"来哩"在语法意义和形式上都与这种句末助词"来"十分接近。曹广顺指出，助词"来"在现代汉语普通话中只保留了"来着"，且语义上受到很大限制，而方言中"来"的使用时间要长，如上例中的洞山良价禅师系唐代禅宗曹洞宗创始人之一，在他主要活动并圆寂的江西宜丰县，"来"至今仍在使用。[③] 龙岗话中"来"也还是一个相当活跃的助词。

---

　　① 曹广顺：《近代汉语助词》，语文出版社1995年版，第95—100页。
　　② 曹广顺：《近代汉语助词》，语文出版社1995年版，第102—103页。
　　③ 曹广顺：《近代汉语助词》，语文出版社1995年版，第105页。

第 6 章　形容词

本章集中描写、讨论龙岗话形容词富有特色的三个问题：第一，形容词附缀形式的多样性；第二，形容词的级范畴；第三，由动词生成形容词。

6.1　形容词附缀形式的多样性

6.1.1　形容词的附缀形式

6.1.1.1　单音节形容词附缀基本式

龙岗话单音形容词附缀形式多种多样，基本形式有：aA、aaA、Aaa（哩）、Abcc、Acc（哩），其中大写 A 为词根，小写字母为附缀。cc 为双声或叠韵附缀。以单音形容词软、硬、乌、白、红为例，其附缀形式为：

	aA	aaA	Aaa（哩）	Abcc	Acc（哩）
软：	po^{53}软	po^{53}po^{53}软	软 po^{53}po^{53}哩	软古 pi^{53}po^{53}	软 pi^{53}po^{53}哩
硬：	paŋ^{24}硬	paŋ^{24}paŋ^{24}硬	硬 paŋ^{24}paŋ^{24}哩	硬古 piŋ^{24}paŋ^{24}	硬 piŋ^{24}paŋ^{24}哩
乌：	tei^{24}乌	tei^{24}tei^{24}乌	乌 tei^{24}tei^{24}哩	乌 mia^{31}ti^{24}tei^{24}	乌 ti^{24}tei^{24}哩
白	ɕia^{53}白	ɕia^{53}ɕia^{53}白	白 ɕia^{53}ɕia^{53}哩		白 ɕi^{53}ɕia^{53}哩
红：	xiɛ^{453}红	xiɛ^{453}xiɛ^{453}红	红 xiɛ^{453}xiɛ^{453}哩		红 xi^{453}xiɛ^{453}哩

6.1.1.2　单音节形容词的附缀变体

每一式附缀又可变换多种音节，构成类似音位变体一样的附缀变体，举单音形容词"软""硬""烂""湿""燥"为例：

软：

aA	aaA	Aaa（哩）	Abcc	Acc（哩）
习软	习习软	软习习哩	软古 ɕit⁴sɔk⁴	软 ɕit⁴sɔk⁴哩
po⁵³软	po⁵³po⁵³软	软 po⁵³po⁵³哩	软古 pi⁵³po⁵³	软 pi⁵³po⁵³哩
po²⁴软	po²⁴po²⁴软	软 po²⁴po²⁴哩	软古 pi²⁴po²⁴	软 pi²⁴po²⁴哩
pa⁵³软	pa⁵³pa⁵³软	软 pa⁵³pa⁵³哩	软古 pi⁵³pa⁵³	软 pi⁵³pa⁵³哩
pa²⁴软	pa²⁴pa²⁴软	软 pa²⁴pa²⁴哩	软古 pi²⁴pa²⁴	软 pi²⁴pa²⁴哩
piɛ⁵³软	piɛ⁵³piɛ⁵³软	软 piɛ⁵³piɛ⁵³哩	软古 pi⁵³piɛ⁵³	软 pi⁵³piɛ⁵³哩
piɛ²⁴软	piɛ²⁴piɛ²⁴软	软 piɛ²⁴piɛ²⁴哩	软古 pi²⁴piɛ²⁴	软 pi²⁴piɛ²⁴哩
tɔk⁴软	tɔk⁴tɔk⁴软	软 tɔk⁴tɔk⁴哩	软古 tit⁴tɔk⁴	软 tit⁴tɔk⁴哩
tat⁴软	tat⁴tat⁴软	软 tat⁴tat⁴哩	软古 tit⁴tat⁴	软 tit⁴tat⁴哩

硬：

aA	aaA	Aaa（哩）	Abcc	Acc（哩）
paŋ⁵³硬	paŋ⁵³paŋ⁵³硬	硬 paŋ⁵³paŋ⁵³哩	硬古 piŋ⁵³paŋ⁵³	硬 piŋ⁵³paŋ⁵³哩
paŋ²⁴硬	paŋ²⁴paŋ²⁴硬	硬 paŋ²⁴paŋ²⁴哩	硬古 piŋ²⁴paŋ²⁴	硬 piŋ²⁴paŋ²⁴哩
kʰiau⁵³硬	kʰiau⁵³kʰiau⁵³硬	硬 kʰiau⁵³kʰiau⁵³哩	硬古 kʰi⁵³kʰiau⁵³	硬 kʰi⁵³kʰiau⁵³哩
kʰiau²⁴硬	kʰiau²⁴kʰiau²⁴硬	硬 kʰiau²⁴kʰiau²⁴哩	硬古 kʰi²⁴kʰiau²⁴	硬 kʰi²⁴kʰiau²⁴哩
tɔk⁴硬	tɔk⁴tɔk⁴硬	硬 tɔk⁴tɔk⁴哩	硬古 tit⁴tɔk⁴	硬 tit⁴tɔk⁴哩
sai²⁴硬	sai²⁴sai²⁴硬	硬 sai²⁴sai²⁴哩	硬古 ɕi²⁴sai²⁴	硬 ɕi²⁴sai²⁴哩

烂：

aA	aaA	Aaa（哩）	Abcc	Acc（哩）
pa⁵³烂	pa⁵³pa⁵³烂	烂 pa⁵³pa⁵³哩	烂古 pi⁵³pa⁵³	烂 pi⁵³pa⁵³哩
pa²⁴烂	pa²⁴pa²⁴烂	烂 pa²⁴pa²⁴哩	烂古 pi²⁴pa²⁴	烂 pi²⁴pa²⁴哩
ma⁵³烂	ma⁵³ma⁵³烂	烂 ma⁵³ma⁵³哩	烂古 mi⁵³ma⁵³	烂 mi⁵³ma⁵³哩
ma²⁴烂	ma²⁴ma²⁴烂	烂 ma²⁴ma²⁴哩	烂古 mi²⁴ma²⁴	烂 mi²⁴ma²⁴哩
piɛ⁵³烂	piɛ⁵³piɛ⁵³烂	烂 piɛ⁵³piɛ⁵³哩	烂古 pi⁵³piɛ⁵³	烂 pi⁵³piɛ⁵³哩
piɛ²⁴烂	piɛ²⁴piɛ²⁴烂	烂 piɛ²⁴piɛ²⁴哩	烂古 pi²⁴piɛ²⁴	烂 pi²⁴piɛ²⁴哩
tɕiak⁴烂	tɕiak⁴tɕiak⁴烂	烂 tɕiak⁴tɕiak⁴哩	烂古 tɕi⁵³tɕiak⁴	烂 tɕi⁵³tɕiak⁴哩
taŋ⁵³烂	taŋ⁵³taŋ⁵³烂	烂 taŋ⁵³taŋ⁵³哩	烂古 tiŋ⁵³taŋ⁵³	烂 tiŋ⁵³taŋ⁵³哩
taŋ²⁴烂	taŋ²⁴taŋ²⁴烂	烂 taŋ²⁴taŋ²⁴哩	烂古 tiŋ²⁴taŋ²⁴	烂 tiŋ²⁴taŋ²⁴哩

湿：

aA	aaA	Aaa（哩）	Abcc	Acc（哩）
tɕia⁵³湿	tɕia⁵³tɕia⁵³湿	湿 tɕia⁵³tɕia⁵³哩	湿古 tɕi⁵³tɕia⁵³	湿 tɕi⁵³tɕia⁵³哩
tɕia²⁴湿	tɕia²⁴tɕia²⁴湿	湿 tɕia²⁴tɕia²⁴哩	湿古 tɕi²⁴tɕia²⁴	湿 tɕi²⁴tɕia²⁴哩
tɕiɔ⁵³湿	tɕiɔ⁵³tɕiɔ⁵³湿	湿 tɕiɔ⁵³tɕiɔ⁵³哩	湿古 tɕi⁵³tɕiɔ⁵³	湿 tɕi⁵³tɕiɔ⁵³哩
tɕiɔ²⁴湿	tɕiɔ²⁴tɕiɔ²⁴湿	湿 tɕiɔ²⁴tɕiɔ²⁴哩	湿古 tɕi²⁴tɕiɔ²⁴	湿 tɕi²⁴tɕiɔ²⁴哩
tei⁵³湿	tei⁵³tei⁵³湿	湿 tei⁵³tei⁵³哩	湿古 ti⁵³tei⁵³	湿 ti⁵³tei⁵³哩
tei²⁴湿	tei²⁴tei²⁴湿	湿 tei²⁴tei²⁴哩	湿古 ti²⁴tei²⁴	湿 ti²⁴tei²⁴哩

	ma⁵³湿	ma⁵³ma⁵³湿	湿 ma⁵³ma⁵³哩	湿古 mi⁵³ma⁵³	湿 mi⁵³ma⁵³哩
	ma²⁴湿	ma²⁴ma²⁴湿	湿 ma²⁴ma²⁴哩	湿古 mi²⁴ma²⁴	湿 mi²⁴ma²⁴哩
	tat⁴湿	tat⁴tat⁴湿	湿 tat⁴tat⁴哩	湿古 tit⁴tat⁴	湿 tit⁴tat⁴哩

燥：

	aA	aaA	Aaa（哩）	Abcc	Acc（哩）
	kʻɔk⁴燥	kʻɔk⁴kʻɔk⁴燥	燥 kʻɔk⁴kʻɔk⁴哩	燥脑 kʻit⁴kʻɔk⁴	燥 kʻik⁴kʻɔk⁴哩
	ŋɔk⁴燥	ŋɔk⁴ŋɔk⁴燥	燥 ŋɔk⁴ŋɔk⁴哩	燥脑 ŋit⁴ŋɔk⁴	燥 ŋit⁴ŋɔk⁴哩
	liɔ⁴⁵³燥	liɔ⁴⁵³liɔ⁴⁵³燥	燥 liɔ⁴⁵³liɔ⁴⁵³哩	燥脑 li²⁴liɔ⁴⁵³	燥 li²⁴liɔ⁴⁵³哩
	tɕʻiɔ²⁴燥	tɕʻiɔ²⁴tɕʻiɔ²⁴燥	燥 tɕʻiɔ²⁴tɕʻiɔ²⁴哩	燥脑 tɕʻiɔ²⁴tɕʻiɔ²⁴	燥 tɕʻiɔ²⁴tɕʻiɔ²⁴哩

再如红、白、乌、黑的 aA、aaA、Aaa 哩，也有多个变体。例如：

	aA	aaA	Aaa（哩）
红：	xiɛ⁴⁵³红	xiɛ⁴⁵³xiɛ⁴⁵³红	红 xiɛ⁴⁵³xiɛ⁴⁵³哩
	fia³¹红	fia³¹fia³¹红	红 fia³¹fia³¹哩
	faŋ³¹红	faŋ³¹faŋ³¹红	红 faŋ³¹faŋ³¹哩
	kʻuŋ⁵³红	kʻuŋ⁵³kʻuŋ⁵³红	红 kʻuŋ⁵³kʻuŋ⁵³哩
白：	ɕia⁵³白	ɕia⁵³ɕia⁵³白	白 ɕia⁵³ɕia⁵³哩
	ɕit⁴白	ɕit⁴ɕit⁴白	白 ɕit⁴ɕit⁴哩
	sat⁴白	sat⁴sat⁴白	白 sat⁴sat⁴哩
	ŋai³¹白	ŋai³¹ŋai³¹白	白 ŋai³¹ŋai³¹哩
	tɕiau⁴⁵³白	tɕiau⁴⁵³tɕiau⁴⁵³白	白 tɕiau⁴⁵³tɕiau⁴⁵³哩
乌：	tei²⁴乌	tei²⁴tei²⁴乌	乌 tei²⁴tei²⁴哩
	mia⁴⁵³乌	mia⁴⁵³mia⁴⁵³乌	乌 mia⁴⁵³mia⁴⁵³哩
	tɕʻiɔ²⁴乌	tɕʻiɔ²⁴tɕʻiɔ²⁴乌	乌 tɕʻiɔ²⁴tɕʻiɔ²⁴哩
	tat⁴乌	tat⁴tat⁴乌	乌 tat⁴tat⁴哩
黑：	tu³¹黑	tu³¹tu³¹黑	黑 tu³¹tu³¹哩
	mia³¹黑	mia³¹mia³¹黑	黑 mia³¹mia³¹哩
	tɕʻiɔ²⁴黑	tɕʻiɔ²⁴tɕʻiɔ²⁴黑	黑 tɕʻiɔ²⁴tɕʻiɔ²⁴哩
	tɕʻi⁴⁵³黑	tɕʻi⁴⁵³tɕʻi⁴⁵³黑	黑 tɕʻi⁴⁵³tɕʻi⁴⁵³哩

6.1.2 附缀式与单音式语法功能比较

单音形容词及其附缀形式的语法功能比较如表 6-1 所示。

表 6-1　　　　　　　　形容词单音与附缀形式的语法功能

	谓语	状语	定语±带"个"	补语	受程度副词修饰	"个"字短语
单音	√	±	√±	×	√	√
附缀	√	√	√+	√	×	√

从表 6-1 可看出：

1. 单音和附缀形式都可充当谓语，其谓词性质未变。

2. 单音形容词充当状语缺少周遍性，即有些可充当状语，有些不能。例如：

　　a. 滚食　　冷食　　重罚　　轻放　　燥卖　　生放
　　b. *红涂　　*白煮　　*软食　　*高放　　*naŋ²⁴剪 短剪

b 类"A + V"不成立并非因为词汇意义不搭配，换成附缀式则可构成状中关系：

　　c. 红 fia³¹ fia³¹ 哩涂、谢谢白煮、po²⁴ po²⁴ 软食、kʻia⁵³kʻia⁵³高放、tei²⁴tei²⁴naŋ²⁴ 短短地剪。

一般来说附缀形式在词汇意义允许搭配的情况下都可充当状语。

3. 单音形容词充当定语带结构助词"个"与否两可，例如：红衫/红个衫、酸酒/酸个酒、湿柴/湿个柴、乌牙嘚/乌个牙嘚、贵东西/贵个东西。附缀形式作定语则必须带"个"，例如：fia³¹ fia³¹ 红个衫、lo⁴⁵³ lo⁴⁵³贵个东西、liəu⁴⁵³liəu⁴⁵³酸个酒、软古 piʻpo²⁴个柿嘚、硬 piŋ²⁴paŋ²⁴哩个梨嘚。

4. 单音形容词作补语，必须与程度副词构成状中短语，否则不能出现在补语位置上，而附缀式一般都可充当补语。例如：

　　a. *食来饱～食来蛮饱；*放来高～放来蛮高；*（头发）剃来 naŋ²⁴ 短～（头发）剃来蛮 naŋ²⁴；*饭煮来烂～饭煮来唔晓几烂。
　　b. 食来 tei²⁴tei²⁴饱；放来 kʻia³¹kʻia³¹高；剃来 tɔk⁴tɔk⁴naŋ²⁴；煮来 ma⁵³ma⁵³烂。

5. 单音形容词可以受程度副词修饰。例如：十分贵、蛮贵、唔晓几甜；附缀式已含有程度意味，因而不能再受程度副词修饰。如，不能说"十分 lo²⁴lo²⁴贵""蛮 pʻuŋ⁴⁵³pʻuŋ⁴⁵³香""唔晓几 tɕi⁴⁵³tɕi⁴⁵³湿"。

6. 单音式和附缀式都可构成"个"字短语。

6.1.3 附缀变体的语法意义

1. 附缀前加式与后加式有一些程度上的差别，一般而言前加的不及后加的程度高，但这种级差是细微的，并不很典型。

2. 附缀的不同音节变体之间词汇意义和程度级差基本一致，用不同的音节有些是习惯问题，有些与被描摹对象的形象感有关系。如"软 po^{24}po^{24}哩"被用来描摹对有形物的触感，"软古 pi^{53}piɛ^{53}"主要描摹条状物不坚挺的视觉印象。

3. 附缀变体是形容词的生动形式，它可以丰富语言的表达手段，反映人们对客观事物生动的感知结果。其形象性的心理基础是通感，附缀的音节可引起听觉上的联想，从而将视觉、触觉与听觉接通。

6.2 形容词的级范畴

龙岗话形容词基本的级范畴是：低比较级→较低级→原级→高比较级→最高级。

例如：lau^{453}高哩→kʻia^{53}kʻia^{53}高→高→高 kʻia^{53}kʻia^{53}哩→高过高绝。加上词汇手段表示的不同程度，则级差更多。例如：liɛn^{453}软哩→po^{24}软→po^{24}po^{24}软→软→软 po^{24}po^{24}哩/软古 pi^{24}po^{24}/软 pi^{24}po^{24}哩→蛮软/十分软→不胜几软/唔晓几软→软呃来死呃/打死软→软过软绝/世下都冇 kan^{453}软。此程度链共 9 个级差，大部分单音形容词代入其中都能成立，可见该程度链具有复现性，能构成"级"的范畴。以"乌、肥、香、花"几个随机抽取的单音形容词代入其中，可见一斑：

乌：lu 乌哩→tei^{24}乌→tei^{24}tei^{24}乌→**乌**→乌 tei^{24}tei^{24}哩/乌 mia^{31}tit^{4}tak^{4}→蛮乌/十分乌→不胜几乌/唔晓几乌→乌呃来死呃/打死乌→乌过乌绝/世下都冇 kan^{453}乌。

肥：lei 肥哩→tɔk^{4}肥→tɔk^{4}tɔk^{4}肥→**肥**→肥 tɔk^{4}tɔk^{4}哩/肥古 tit^{4}tɔk^{4}→蛮肥/十分肥→不胜几肥/唔晓几肥→肥呃来死呃/打死肥→肥过肥绝/世下都冇 kan^{453}肥。

香：liɔŋ^{453}香哩→pʻuŋ^{453}香→pʻuŋ^{453}pʻuŋ^{453}香→**香**→香 pʻuŋ^{453}pʻuŋ^{453}哩/香古 pʻiŋ^{31}pʻuŋ^{31}→蛮香/十分香→不胜几香/唔晓几香→香呃来死呃/

打死香→香过香绝/世下都冇 kan⁴⁵³ 香。

花：la⁴⁵³ 花哩→nia³¹ 花→nia³¹ nia³¹ 花→**花**→花 nia³¹ nia³¹ 哩→花 nia³¹ liɛn³¹ kʻiɛn³¹→蛮花/十分花→不胜几花/唔晓几花→花呃来死呃/打死花→花过花绝/世下都冇 kan⁴⁵³ 花。

6.3 由动词生成的形容词

由单音动词生成形容词的格式是：V1 + V2→V1V2→V1V1V2V2。例如：

忍 + 缩→忍缩→忍忍缩缩（形容畏缩不前）

剔 + tʻiak⁴ 捆→剔 tʻiak⁴→剔剔 tʻiak⁴tʻiak⁴（形容顽皮、鬼点子多）

拈 + 啄→拈啄→拈拈啄啄（形容不安分、爱惹事）

nau²⁴ + ku⁵³（nau²⁴、ku⁵³ 都是发牢骚的言语行为）→nau²⁴ ku⁵³→nau²⁴nau²⁴ku⁵³ku⁵³（形容牢骚满腹）

这类格式中的 V1V2 属于同一义类，V1V2 可受程度副词修饰，V1V1V2V2 已附有程度意味，不能再带程度副词，由 V1 + V2 构成的形容词具有一般双音节形容词及其重叠式 AABB 的语法意义与功能。

V1V2 不能构成双音节动词 ABAB 重叠式，而有形容词 AABB 式重叠，说明它已失去动词性质。

第 7 章 实词衍音

龙岗话有着较为丰富的实词衍音，多见于名词、形容词、动词。其特点是：第一，只见于单音实词。第二，定声叠韵，即衍音与该实词叠韵，声母固定为 l。第三，衍音位置有规律：名词居后，为 AB 式，衍音 B 类似后缀；形容词居前，成"BA 哩"式，"B"类似前缀；动词居后，呈四音节化，构成 ABAB 式，"B"类似中缀。第四，衍音具有一定的构词、构形功能；是名词、动词、形容词的一种生动形式；语音修辞上具有衬音作用，叠韵的衍音形式一定程度上构成言语的音乐美效果。

7.1 名词衍音

7.1.1 单音名词衍音

单音名词衍音后，构成 AB 式双音名词，为"定声叠韵后加式"。即衍音 B 的声母固定为 l，与 A 叠韵。同一衍音名词，衍音 B 的声调有宽用式和窄用式两读。宽用式符合龙岗话二字组变调的一般规则，即阳平相叠后音节变读 33，例如：芽 ŋa^{24}la$^{24/33}$。"阴平＋阴平""上声＋上声""去声＋去声""入声＋入声"，后音节变读 21，例如：疤 pa^{453}la^{21}，锯 kə^{31}lə$^{31/21}$，角 kɔk^{4}lɔk$^{4/21}$。窄用式不论阴平、上、去、入声，衍音 B 均读 24（A 为阳平无窄用式）。例如：疤 pa^{453}la^{24}，锯 kə^{31}lə$^{31/24}$，帽 mau^{53}lau$^{53/24}$，角 kɔk^{4}lɔk$^{4/24}$。B 的两种声调读法，以宽用式为常，两者的细微差别是，窄用式在语感上略带有强调意味，如"米放去（缸）kɔŋ^{24}lɔŋ^{24}里"，言下之意不是放在别的什么容器里，是对"缸"的强调。衍音 lɔŋ 若用宽用式声调则没有这一言外之意。

龙岗话衍音名词分兼用型和专用型两种。兼用型指单音和衍音形式并用，都可被用来指称事物；专用型只用衍音。

7.1.1.1 兼用型衍音名词

常见的兼用型衍音名词如下（衍音 B 的声调略）：

疤 pa⁴⁵³ la	把 pa³¹ la	坝 pa³¹ la
耙 pʻa²⁴ la	渣 tsa⁴⁵³ la	杈 tsʻa⁴⁵³ la
芽 ŋa²⁴ la	瓦 ŋa³¹ la	窝 vo⁴⁵³ lo
锯 kə³¹ lə	排 pʻai²⁴ lai	寨 tsʻai³¹ lai
筛 sai⁴⁵³ lai	尾 mei⁴⁵³ lei	堆 tei⁴⁵³ lei
包 pau⁴⁵³ lau	泡 pʻau⁴⁵³ lau	脑 nau³¹ lau
坳 au⁴⁵³ lau	窖 kau³¹ lau	兜 təu⁴⁵³ ləu
斗 təu³¹ ləu	头 tʻəu²⁴ ləu	皱 tsəu³¹ ləu
皱 tsəu⁵³ ləu	钩 kəu⁴⁵³ ləu	斑 pan⁴⁵³ lan
板 pan³¹ lan	绊 pʻan³¹ lan	弯 van⁴⁵³ lan
胆 tan³¹ lan	潭 tʻan²⁴ lan	岩 ŋan²⁴ lan
眼 ŋan³¹ lan	岸 ŋan⁵³ lan	盆 pʻən²⁴ lən
粉 fən³¹ lən	墩 tən⁴⁵³ lən	□tən³¹ lən 木桩
楞 lən³¹ lən	甑 tsən³¹ lən	层 tsʻən²⁴ lən
升 sən⁴⁵³ lən 米升	根 kən⁴⁵³ lən	痕 xən²⁴ lən
棚 pʻaŋ²⁴ laŋ	鬆 pʻaŋ³¹ laŋ	冇 pʻaŋ⁵³ laŋ 烂泥坑
梗 kaŋ³¹ laŋ	坑 kʻaŋ⁴⁵³ laŋ	汤 tʻɔŋ⁴⁵³ lɔŋ
瓢 nɔŋ⁴⁵³ lɔŋ	缸 kɔŋ⁴⁵³ lɔŋ	糠 kʻɔŋ⁴⁵³ lɔŋ
陂 pi⁴⁵³ li	箅 pi³¹ li	耳 ni³¹ li
喙 tɕi³¹ li	□kiɔi⁴⁵³ lɔi 扎成束的东西	□niɔi⁴⁵³ liɔi 同前
靴 xiɛ⁴⁵³ liɛ	肺 fiɛ³¹ liɛ	底 tiɛ³¹ liɛ
溪 kʻiɛ⁴⁵³ liɛ	泡 pʻau³¹ lau 烫伤后起的水泡	球 kʻiəu²⁴ liəu
面 miɛn³¹ liɛn	肩 kiɛn⁴⁵³ liɛn	沿 xiɛn²⁴ liɛn
痕 fin⁴⁵³ lin	凳 tin³¹ lin	藤 tʻin²⁴ lin
柄 piaŋ³¹ liaŋ	坪 pʻiaŋ²⁴ liaŋ	檠 tɕiaŋ⁴⁵³ liaŋ
埕 tɕʻiaŋ³¹ liaŋ	星 ɕiaŋ⁴⁵³ liaŋ	颈 kiaŋ³¹ liaŋ
枋 piɔŋ⁴⁵³ liɔŋ	礁 piɔŋ⁴⁵³ liɔŋ	浆 tɕiɔŋ⁴⁵³ liɔŋ
枪 tɕʻiɔŋ⁴⁵³ liɔŋ	箱 ɕiɔŋ⁴⁵³ liɔŋ	框 kʻiɔŋ⁴⁵³ liɔŋ
弓 kiuŋ⁴⁵³ liuŋ	拱 kiuŋ³¹ liuŋ	湖 fu²⁴ lu 烂泥坑
壶 fu²⁴ lu	肚 tu³¹ lu 动物肚子	肚 tʻu⁴⁵³ lu 腹部

胎 tʻuai⁴⁵³ luai	袋 tʻuai ⁵³ luai	腿 tʻuai³¹ luai
嘴 tsuai³¹ luai	柜 kʻuei ⁵³ luei	盘 pʻuan²⁴ luan
墩 tuan³¹ luan 台阶	墩 tʻuan ⁵³ luan 面积较大的平坦的地区	砖 tsuan⁴⁵³ luan
秆 kuan³¹ luan	碡 kʻuan³¹ luan	蓬 pʻuŋ²⁴ luŋ
缝 pʻuŋ ⁵³ luŋ	瓮 uŋ⁴⁵³ luŋ	崠 tuŋ³¹ luŋ
桶 tʻuŋ³¹ luŋ	洞 tʻuŋ ⁵³ luŋ	空 kʻuŋ⁴⁵³ luŋ
笪 tat⁴ lat	坼 tsʻak⁴ lak 裂缝	石 sak⁴ lak 小碎粒
膜 mɔk⁴ lɔk	角 kɔk⁴ lɔk	壳 kʻɔk⁴ lɔk
杓 sɔk⁴ lɔk	桌 tsɔk⁴ lɔk	篾 miɛt⁴ liɛt
节 tɕiɛt⁴ liɛt	屑 ɕiɛt⁴ liɛt	缺 kʻiɛt⁴ liɛt
壁 piak⁴ liak	额 niat⁴ liat	迹 tɕiak⁴ liak
叶 iak⁴ liak	腋 xiak⁴ liak	脚 kiɔk⁴ liɔk 渣滓；脚
骨 kuət⁴ luət	笃 tuk⁴ luk	瘪 pʻuk⁴ luk
镬 vɔk⁴ lɔk	嗝 kət⁴ lət	

7.1.1.2 专用型衍音名词

专用型的"A"与"AB"两式中，只能用衍音AB式指称事物，A不能单用，但可与别的语素结合成具体名词或与别的词组合成名词性短语。例如：带嘚、棍嘚、钵头、藠头；柴柿、饭团；开水瓶、纸壳盒等，这类衍音名词主要有：

帕 pʻa³¹ la	波 po⁴⁵³ lo	簸 po³¹ lo
锅 ko⁴⁵³ lo	朵 to³¹ lo	籽 tsə³¹ lə
牌 pʻai²⁴ lai	带 tai³¹ lai	杯 pei⁴⁵³ lei
蕊 nei³¹ lei	锤 tsʻei²⁴ lei	凹 au⁴⁵³ lau
□pʻau³¹ lau 凸起物	藻 pʻiau³¹ liau	湾 van⁴⁵³ lan
帽 mau ⁵³ lau	铲 tsʻan³¹ lan	杠 kɔŋ³¹ lɔŋ
胯 kʻia³¹ lia	柿 pʻiɛ³¹ liɛ	藠 kʻiau⁴⁵³ liau
袖 tɕʻiəu ⁵³ liəu	丸 viɛn²⁴ liɛn	瓶 pʻin²⁴ lin
钳 kʻiaŋ²⁴ liaŋ	珠 tsu⁴⁵³ lu	葵 kʻuei²⁴ luei
块 kʻuei³¹ luei	团 tʻuan²⁴ luan	罐 kuan³¹ luan
管 kuan³¹ luan	棍 kuən³¹ luən	筒 tʻuŋ²⁴ luŋ

盒 xuat⁴luat　　　钵 puat⁴luat　　　末 muat⁴luat
穴 viet⁴liɛt　　　窟 kʻuət⁴luət

7.1.2　增量衍音

名词的衍音形式大多可与个位数词（以"一"为常）组合，组合后衍音名词具有量词性质，构成数量结构，可修饰名词，如"一帽 lau²¹泥""两甑 lən²¹饭"，其中的名词"帽""甑"已转化为量词。衍音与非衍音的数量结构在表义上有细微差别，前者带有"多""量大"的附加意义，后者则单纯表数量。如"一堆 lei²¹"相当于普通话"一大堆"，而"一堆"只是单纯的数量。不具有量词性质的衍音名词组成的"数+名₁+名₂"结构附带有"名₁上都是名₂"的存在意义。如"一梗 laŋ²¹泥"意为"整个梗上都是泥"，"一腋 liak²¹汗"意为"整个腋下都是汗"。

7.1.3　动词衍音名物化

衍音名词有少数由单音动词转化而来。例如：撮→撮 tsʻuat⁴luat²¹撮斗、提→提 tʻia²⁴lia³³→提把、提手，捆→捆 kʻuən³¹luən²¹成捆的东西，塞→塞 sət⁴lət²¹塞子，刷→刷 suat⁴luat²¹刷子，扣→扣 kʻəu³¹ləu²¹扣子，夹→夹 kiak⁴liak²¹夹子，碎→碎 sei³¹lei²¹碎末。

7.1.4　衍音名词义类

衍音名词多是日常生活中的常用词，但并非所有的单音常用词都有衍音形式，一般物质名词如"金、木、水、火、土、银、铜、铁"等，动物名词如"猪、狗、牛、马、兔、鸡、鸭、鹅"等，一部分表地理事物的基本词如"山、河、天、地"等，都没有相应的衍音形式。

7.1.5　名词衍音的功能

衍音形式与单音形式的核心词汇义相同，加上衍音 B 后，增加了表多、表大、表满的程度附加义，B 具有一定的构形作用。由动词转化来的衍音名词，相当于在词汇系统中生成新词，这些名词中的 B 具有构词功能。衍音名词还具有一定的强调意味。B又是名词双音化的一种手段，双音化后更上口，便于称说。

7.2 形容词衍音

7.2.1 形容词的衍音形式

单音形容词的衍音形式是"BA哩"式，B的声母是l，韵母与A同，只有A为阴平时，为避免两个阴平高升降调相连拗口，B变读33，其他与A同调。因此单音形容词的衍音形式可概括为"定声叠韵叠调"，"哩"是表状态的后缀，读轻声，其调值为21，单音形容词衍音后只有加上"哩"才能成词。例如：

软→liεn$^{453/33}$niεn^{453}哩，瘸→lia^{24}k·ia^{24}哩，假→la^{31}ka^{31}哩，硬→laŋ$^{\underline{53}}$ŋaŋ$^{\underline{53}}$哩。

7.2.2 常用衍音形容词

龙岗话常用的衍音形容词罗列如下：

la$^{453/33}$p·a^{453}（□撒开貌）哩　　la^{33}fa^{453}（花）哩

la$^{453/33}$ts·a^{453}（叉）哩　　　　la^{31}ka^{31}（假）哩

la$^{\underline{53}}$ka$^{\underline{53}}$（□烂熟貌）哩　　　la^{33}ŋa^{453}（□张开貌）哩

la^{33}sa^{453}（沙）哩　　　　　　la$^{\underline{53}}$sa$^{\underline{53}}$（射）哩

lo$^{453/33}$vo^{453}（窝）哩　　　　lo$^{\underline{53}}$t·o$^{\underline{53}}$（堕）哩

lo^{31}ts·o^{31}（错）哩　　　　　lai^{24}pai^{24}（跛）哩

lai$^{453/33}$vai^{453}（歪）哩　　　lai$^{\underline{53}}$tai$^{\underline{53}}$（蔫）哩

lai$^{453/33}$tsai^{453}（栽）哩倾倒貌　lai^{31}ai^{31}（矮）哩

lai^{31}kai^{31}（怪）哩　　　　　lai^{31}k·ai^{31}（快）哩

lai^{31}xai^{31}（懈）哩　　　　　lei^{24}p·ei^{24}（肥）哩

lei^{24}mei^{24}（霉）哩　　　　　lei$^{453/33}$tei^{453}（堆）哩

lei^{31}ts·ei^{31}（脆）哩　　　　lau$^{453/33}$pau^{453}（包）哩

lau^{31}pau^{31}（饱）哩　　　　　lau^{31}p·au^{31}（炮）哩凸起貌

lau$^{453/33}$tsau^{453}（燥）哩　　lau^{31}tsau^{31}（早）哩

lau^{24}ts·au^{24}（潮）哩　　　　lau^{31}ts·au^{31}（糙）哩

lau$^{453/33}$kau^{453}（高）哩　　 lau^{24}ŋau^{24}（警）哩

lau⁴⁵³/³³ au⁴⁵³（凹）哩　　　　　ləu²⁴ fəu²⁴（浮）哩

ləu⁴⁵³/³³ tsəu⁴⁵³（皱）哩　　　　ləu³¹ səu³¹（瘦）哩

ləu⁵³ səu⁵³（□狠琐貌）哩　　　ləu⁴⁵³/³³ kəu⁴⁵³（勾）哩

ləu⁴⁵³/³³ kəu⁴⁵³（佝）哩　　　　ləu⁵³ kʻəu⁵³（旧）哩

ləu⁴⁵³/³³ xəu⁴⁵³（厚）哩　　　　lan²⁴ man²⁴（蛮）哩形容固执

lan⁴⁵³/³³ fan⁴⁵³（翻）哩形容唱对台戏　　lan⁴⁵³/³³ van⁴⁵³（弯）哩

lan³¹ tʻan³¹（坦）哩　　　　　　lan²⁴ nan²⁴（难）哩

lan⁴⁵³/³³ san⁴⁵³（山）哩　　　　lan³¹ san³¹（散）哩

lan²⁴ xan²⁴（闲）哩无精打采　　lan³¹ an³¹（晏）哩

lən³¹ pən³¹（笨）哩　　　　　　lən⁵³ mən⁵³（闷）哩

lən³¹ vən³¹（稳）哩　　　　　　lən³¹ tən³¹（桩）哩形容不灵活，像木桩一样

lən⁴⁵³ tʻən⁴⁵³（吞）哩形容动作迟缓　lən³¹ tʻən³¹（挺）哩

lən⁵³ tʻən⁵³（钝）哩　　　　　　lən⁵³ nən⁵³（嫩）哩

lən³¹ tsʻən³¹（蠢）哩　　　　　　lən⁴⁵³/³³ sən⁴⁵³（申）哩状申诉貌

lən⁴⁵³/³³ sən⁴⁵³（孙）哩驯顺貌　lən⁵³ sən⁵³（顺）哩

lən⁴⁵³/³³ kʻən⁴⁵³（近）哩　　　　laŋ³¹ pʻaŋ³¹（冇）哩不结实

laŋ²⁴ pʻaŋ²⁴（膨）哩　　　　　　laŋ²⁴ vaŋ²⁴（横）哩

laŋ⁵³ naŋ⁵³（硬）哩　　　　　　laŋ⁴⁵³/³³ maŋ⁴⁵³（□长）哩

laŋ²⁴ naŋ²⁴（短）哩　　　　　　lɔŋ²⁴ tsʻɔŋ²⁴（长）哩

lɔŋ³¹ pʻɔŋ³¹（胖）哩　　　　　　lɔŋ²⁴ vɔŋ²⁴（黄）哩

lɔŋ⁵³ tʻɔŋ⁵³（荡）哩　　　　　　lɔŋ³¹ tsɔŋ³¹（壮）哩

lɔŋ³¹ sɔŋ³¹（爽）哩　　　　　　lia²⁴ tia²⁴（嗲）哩

lia²⁴ tɕia²⁴（斜）哩　　　　　　lia²⁴ kia²⁴（跏缩手缩脚的样子）哩

lia²⁴ kʻia²⁴（瘸）哩　　　　　　lia³¹ kʻia³¹（碕）哩形容双脚张开

liɛ³¹ xiɛ³¹（罅）哩　　　　　　liɛ⁴⁵³/³³ xiɛ⁴⁵³（嘻）哩

liau³¹ tiau³¹（吊）哩　　　　　　liau²⁴ tiau²⁴（踣起）哩形容高而细/瘦长

liau²⁴ tʻiau²⁴（条）哩　　　　　liau⁴⁵³/³³ tɕiau⁴⁵³（焦）哩

liau²⁴ kʻiau²⁴（翘）哩　　　　　liəu²⁴ kʻiəu²⁴（球）哩

liəu²⁴ iəu²⁴（油）哩　　　　　　liɛn⁴⁵³/³³ piɛn⁴⁵³（边）哩

liɛn³¹ piɛn³¹（扁）哩　　　　　liɛn²⁴ pʻiɛn²⁴（蹁）哩

liɛn²⁴ viɛn²⁴（圆）哩　　　　　liɛn³¹ viɛn³¹（远）哩

liɛn³¹ tʻiɛn³¹（腆）哩　　　　　liɛn⁴⁵³/³³ niɛn⁴⁵³（软）哩

liɛn³¹tɕiɛn³¹（剪）哩　　　　　　liɛn²⁴tɕ·iɛn²⁴（前）哩

liɛn³¹tɕ·iɛn³¹（浅）哩　　　　　　liɛn⁵³tɕiɛn⁵³（贱）哩

liɛn⁴⁵³ɕiɛn⁴⁵³（先）哩　　　　　　liɛn³¹kiɛn³¹（跮）哩

lin³¹kin³¹（紧）哩　　　　　　　lin⁴⁵³/³³k·in⁴⁵³（倾）哩

liaŋ⁵³p·iaŋ⁵³（病）哩　　　　　　liaŋ²⁴t·iaŋ²⁴（甜）哩

liaŋ⁴⁵³/³³tɕiaŋ⁴⁵³（挤）哩　　　　　liaŋ⁵³tɕiaŋ⁵³（净）哩

liaŋ³¹tɕ·iaŋ³¹（□涩味）哩　　　　liaŋ⁴⁵³/³³k·iaŋ⁴⁵³（轻）哩

liɔŋ³¹kiɔŋ³¹（犟）哩　　　　　　liɔŋ²⁴k·iɔŋ²⁴（强）哩

liuŋ⁴⁵³/³³kiuŋ⁴⁵³（弓）哩　　　　　liuŋ³¹kiuŋ³¹（拱）哩

liuŋ²⁴xiuŋ²⁴（雄）哩　　　　　　lu³¹ku³¹（鼓）哩

lu⁴⁵³/³³k·u⁴⁵³（枯）哩　　　　　　luei²⁴k·uei²⁴（葵）哩

luan⁴⁵³/³³suan⁴⁵³（酸）哩　　　　luan⁴⁵³/³³xuan⁴⁵³（旱）哩

luan²⁴xuan²⁴（寒）哩　　　　　　luŋ²⁴fuŋ²⁴（红）哩

luŋ⁴⁵³/³³p·uŋ⁴⁵³（蓬）哩　　　　　luŋ²⁴muŋ²⁴（朦）哩

luŋ³¹tuŋ³¹（崠）哩 高出貌　　　　luŋ³¹t·uŋ³¹（痛）哩

luŋ²⁴t·uŋ²⁴（筒）哩　　　　　　luŋ³¹tsuŋ³¹（肿）哩

luŋ⁴⁵³/³³suŋ⁴⁵³（松）哩　　　　　luŋ⁴⁵³/³³k·uŋ⁴⁵³（空）哩

lat⁴tsat⁴（褶）哩　　　　　　　lat⁴ts·at⁴（杂）哩

lat⁴ŋat⁴（喫）哩 像齿轮齿合貌　　lət⁴t·ət⁴（凸）哩

lət⁴sət⁴（湿）哩　　　　　　　lak⁴p·ak⁴（白）哩

liɛt⁴p·iɛt⁴（撇）哩　　　　　　　liɛt⁴k·iɛt⁴（缺）哩

liak⁴p·iak⁴（劈）哩　　　　　　luat⁴k·uat⁴（阔）哩

luat⁴ts·uat⁴（嘬）哩　　　　　　liuk⁴k·iuk⁴（曲）哩

luk⁴muk⁴（木）哩　　　　　　luk⁴tuk⁴（笃）哩

luk⁴t·uk⁴（独）哩　　　　　　luk⁴suk⁴（缩）哩

7.2.3 衍音形容词的摹状性

衍音形容词有少数由单音动词或名词转化而来。例如：喫→lat⁴ŋat⁴（喫）哩，摁→lən⁴⁵³/³³ən⁴⁵³（摁）哩，撑→laŋ³¹ts·aŋ³¹（撑）哩；包→lau⁴⁵³/³³pau⁴⁵³（包）哩，岩→lan²⁴ŋan²⁴（岩）哩，口→ləu³¹xəu³¹（口）哩，棚→laŋ²⁴p·aŋ²⁴（棚）哩，梗→laŋ³¹kaŋ³¹（梗）哩，缝→luŋ⁵³p·uŋ⁵³（缝）哩等。这些衍音形容词相当于将动作"定格"后状其貌或状事物之形，语义上相当于"像 V 着的样子""像 N 的形状一样",如"laŋ³¹ts·aŋ³¹(撑)哩"意为"撑着的样子","lan²⁴ŋan²⁴(岩)哩",意为"像山岩一样"。例如:

（1）渠一只脚 laŋ³¹ts·aŋ³¹（撑）哩,冇个冇相_{他一只脚斜斜地撑着,站没个站相}。

（2）列宁个额照生呃 lan²⁴ŋan²⁴（岩）哩,蛮特别_{列宁的额头长得山岩一般,很特别}。

7.2.4 衍音形容词的功能

"BA 哩"是形容词的一种生动形式,衍音 B 具有"定声叠韵叠调"的语音形式,也可看作单音形容词的一种"准重叠"形式,大致相当于普通话单音形容词"AA 的"重叠式。

"BA 哩"式可以充当谓语、定语、状语、补语,作谓语、定语、补语的多带有强调意味,表示程度的加深,有的也表示程度的减弱。作状语时表示一种轻微的程度,带有"稍稍"的意味,单说时则程度较单音式低。例如:

（3）面 luŋ²⁴fuŋ²⁴（红）哩,十分冇意思_{脸红红的,很不好意思}。

（4）买呃一块 luŋ²⁴fuŋ²⁴（红）哩个布,冇几多作用_{买了一块红红的布,没多少用处}。

（5）面食呃 luŋ²⁴fuŋ²⁴（红）哩,样斯有意思上街吧_{脸喝得红红的,怎么好意思上街嘛}?

（6）药要 lau⁴⁵³/³³kau⁴⁵³哩放,大细嘚 tsaŋ³¹拿唔到_{药要高些放,小孩才拿不到}。

普通话单音形容词重叠修饰动词时表示程度的加强,如"高高地挂""近近地看";修饰名词时,表示程度的轻微,如"短短的头发""大大的眼睛",龙岗话的衍音形容词语义正好相反,例如:"lau⁴⁵³/³³kau⁴⁵³（高）哩挂""lən⁴⁵³/³³k·ən⁴⁵³（近）哩看"是"稍高一些挂""稍近一些看"的意思。而"laŋ²⁴naŋ²⁴（短）哩个头发""lai⁵³t·ai⁵³（大）哩个眼睛"是"很短的头发""很大的眼睛"的意思。

7.2.5 衍音形容词的体范畴义

龙岗话某些形容词具有"体"的语法范畴,衍音形容词作谓语,

"BA哩"的各式具有进行体意味，表示主语正带有某些性质，或处于某状态中。如"面 $luŋ^{24}fuŋ^{24}$（哩）"带有"脸红着"的意思。

衍音形容词谓语还有已然体范畴，即在"BA哩"式后可附加相当于普通话"了$_2$"的"呃"，表状态的实现或某性质的已然具备。如"面 $luŋ^{24}fuŋ^{24}$（哩）呃"相当于"脸红红的了"。

7.3 动词衍音

7.3.1 动词的衍音形式

单音动词的衍音形式是ABAB式，B的声母是l，韵母与A同。衍音B的声调也有宽用式和窄用式两读。宽用式与名词B的变调规律一致，即A为阳平B变读33，其他均变读21。窄用式只适用于上、去、入声，前一个B变读阳平24，后一个B变读33，例如：挺→tʻən³¹ lən³¹ᐟ²⁴ tʻən³¹ lən³¹ᐟ³³，遁→tʻən⁵³ lʻən²⁴ tʻən⁵³ lən³³，扑→puk⁴ luk²⁴ pʻuk⁴ luk³³。

7.3.2 常用的衍音动词

常用的衍音动词举例如下（B的声调略）：

耙 pʻa²⁴ la pʻa²⁴ la		爬 pʻa²⁴ la pʻa²⁴ la	
划 fa²⁴ la fa²⁴ la		哇 va⁴⁵³ la va⁴⁵³ la	
抓 tsa⁴⁵³ la tsa⁴⁵³ la		叉 tsʻa⁴⁵³ la tsʻa⁴⁵³ la	
簸 po³¹ lo po³¹ lo		摸 mo⁴⁵³ lo mo⁴⁵³ lo	
拖 tʻo⁴⁵³ lo tʻo⁴⁵³ lo		踩 tsʻai³¹ lai tsʻai³¹ lai	
跛 pai²⁴ lai pai²⁴ lai		歪 vai⁴⁵³ lai vai⁴⁵³ lai	
栽 tsai⁴⁵³ lai tsai⁴⁵³ lai		筛 sai⁴⁵³ lai sai⁴⁵³ lai	
挨 ai⁴⁵³ lai ai⁴⁵³ lai		锯 kə³¹ lə kə³¹ lə	
枵 vau³¹ lau vau³¹ lau		绊 pʻan³¹ lan pʻan³¹ lan	
吞 tʻən⁴⁵³ lən tʻən⁴⁵³ lən		挺 tʻən³¹ lən tʻən³¹ lən	
遁 tʻən⁵³ lən tʻən⁵³ lən		顺 sən⁵³ lən sən⁵³ lən	
撑 tsʻaŋ³¹ laŋ tsʻaŋ³¹ laŋ		煋 tsʻaŋ²⁴ laŋ tsʻaŋ²⁴ laŋ	
□死吃 tsʻaŋ⁵³ laŋ tsʻaŋ⁵³ laŋ		撞 tsʻɔŋ⁵³ lɔŋ tsʻɔŋ⁵³ lɔŋ	
挤文 tɕi⁴⁵³ li tɕi⁴⁵³ li		徛 kʻi⁴⁵³ li kʻi⁴⁵³ li	

提 tʻia²⁴ lia tʻia²⁴ lia   斜 tɕʻia²⁴ lia tɕʻia²⁴ lia
斜 ɕia²⁴ lia ɕia²⁴ lia   瘸 kʻia²⁴ lia kʻia²⁴ lia
踦 kʻia⁵³ lia kʻia⁵³ lia   瘸 kʻiɔ²⁴ liɔ kʻiɔ²⁴ liɔ
飙跳跃 pʻiau⁴⁵³ liau pʻiau⁴⁵³ liau 跳 tʻiau³¹ liau tʻiau³¹ liau
调 tʻiau⁵³ liau tʻiau⁵³ liau   翘 kʻiau³¹ liau kʻiau³¹ liau
橇 kʻiau⁵³ liau kʻiau⁵³ liau   摇 iau²⁴ liau iau²⁴ liau
扭 niəu³¹ liəu niəu³¹ liən   蹳 kiɛn²⁴ liɛn kiɛn²⁴ liɛn
挤白 tɕiaŋ⁴⁵³ liaŋ tɕiaŋ⁴⁵³ liaŋ   □近视 tɕʻin⁴⁵³ lin tɕʻin⁴⁵³ lin
弓 kiuŋ⁴⁵³ liuŋ kiuŋ⁴⁵³ liuŋ   趰蹌 pu⁴⁵³ lu pu⁴⁵³ lu
舞 vu³¹ lu vu³¹ lu   团 tʻuan²⁴ luan tʻuan²⁴ luan
穿 tsʻuan⁴⁵³ luan tsʻuan⁴⁵³ luan 窜 tsʻuan³¹ luan tsʻuan³¹ luan
滚 kuən³¹ luən kuən³¹ luən   昂 ŋɔŋ²⁴ lɔŋ ŋɔŋ²⁴ lɔŋ
蓬 pʻuŋ⁴⁵³ luŋ pʻuŋ⁴⁵³ luŋ   耸 suŋ³¹ luŋ suŋ³¹ luŋ
扑 pʻuk⁴ luk pʻuk⁴ luk   榷 kʻɔk⁴ lɔk kʻɔk⁴ lɔk
搭 kʻat⁴ lat kʻat⁴ lat   笃 tuk⁴ luk tuk⁴ luk
割 kuat⁴ luat kuat⁴ luat

7.3.3 动词衍音形式的功能

1. 动词的衍音形式不能带宾语，单音及物动词衍音后变成不及物动词。

2. 动词的衍音形式具有进行体意义。衍音后除做谓语外，还可充当状语，作状语必须带结构助词"个"，并且可以构成"个"字短语。例如：

（7）一只手 tɕʻi⁴⁵³ 水面上抓 la 抓 la，赢 ka²⁴ 想抓到什么东西来样 一只手在水面抓来抓去，好像想抓住什么东西一样。[谓语]

（8）一只蛤蟆飙 liau 飙 liau 走过来哩 一只青蛙一跳一跳跑了过来。[状语]

（9）一只摇篮挽来摇 liau 摇 liau 一只摇篮挂得摇来晃去。[补语]

（10）跳 liau 跳 liau 个后生啀做得什么事 成上蹿下跳的后生仔办得成什么事？[定语]

（11）ka²⁴ 边窜 luan 窜 luan 个係什么东西 那边窜来窜去的是什么东西？["个"字短语]

表示该动作正在进行，同时又具有"貌"的语法意义，表示该动作反复进行。

3. 动词衍音形式除了表示动作意义之外，还具有描摹意味，绘形绘色，形象鲜明，是动词的一种生动形式。它带有明显的贬义色彩，体现了叙述者对对方行为的鄙视，修辞效果较为明显。

7.3.4 动词衍音的相似性

单音动词的这种衍音重叠式亦见于闽方言和苗、壮、傣、藏诸语言（李如龙1996）。它们有着相似的四音节衍音结构，表达相似的语法意义，如表示动作的反复，令人生厌等，试比较：

龙岗话：AbAb　　　　　　　跳→t'iau^{31} liau^{24} t'iau^{31} liau^{24}（一跳一跳）
闽方言：axaA　　　　　　　沙→si^{22} bu^{24} si^{22} sua^{24}（沙沙作响）
苗　语：aAax　　　　　　　骂→t'u^{44} t'a^{44} t'u^{44} ta^{44}（胡乱骂）
壮　语：AbAa　　　　　　　去→pai^{24} pa^{24} pai^{24} paɯ^{35}（快快走吧）
傣　语：AAaa①　　　　　　洗→sak^{33} sak^{33} sik^{33} sik^{33}（随便洗一下）
藏　语：axAx　　　　　　　摇→c'am^{55} me$^{13/54}$ c'om^{55} me$^{13/54}$（晃晃荡荡）

这种地域相似性属同源还是借用，需要作跨方言和跨语种的比较研究。就已有材料来看，解释为借用似不太合理。一是衍音重叠式具有类推性，与语词的个别借用性质不同。二是各语种"大同"中有"小异"，与个别语法规则的原原本本或十分近似的借用不同。三是这种现象并非个别语言间的偶合或雷同，而是多语种间大同小异的现象，所以其性质判定当倾向于同源而非借用。②

---

① 此为西双版纳傣语，德宏傣语为 suk^{53} suk^{53} sak^{53} sak^{53}。
② 参见李如龙《闽方言和苗、壮、傣、藏诸语言的动词特式重叠》，《民族语文》1984年第1期。

第 8 章　介词

8.1　介词概说

　　介词是起介引作用的一类虚词，它通常将名词或名词性短语介引给充当谓语的动词或形容词，表示与动作行为、事物性状有关的时间、处所、施受、关涉、原因、目的等关系。在句法上，它与名词或名词性短语构成介宾短语。相对谓词而言，介宾短语有前加的，也有后附的。前加的主要充当状语，后附的充当补语。普通话有的介宾短语可充当定语修饰体词性成分，如"我对他的看法始终没变"，龙岗话对译的说法"对渠个看法"也通，但口语中很少用，显然此类用例是套用普通话的一种十分"文"的说法。

　　介词可以从介引对象的意义和介宾短语在句中的相对位置两个角度进行分类。按意义可分时间处所介词、施事受事介词、与事关涉介词、工具方式介词、原因目的介词。按介宾短语的相对位置，可分句首修饰的，前加于谓词作状语的，后附于谓词作补语的，以及作定语修饰体词成分的 4 种。对某一具体的介词而言，它可能又是兼类的，表达多种意义，位置可前加亦可后附等。方言的介词是一个相对独立的系统，既有该方言特有的介词亦有与普通话共用的介词，有的介词则是普通话用而方言付之阙如的，方普共用的介词各自在使用频率上亦有差别。

8.2　介词系统

　　龙岗话介词按意义可分 5 大类 17 小类。就方普比较的角度，区分四种情况：A. 龙岗话特有介词。B. 龙岗话、普通话共用介词。C. 龙岗话较"文"的介词。它是普通话介词由书面语进入龙岗话的，一般在朗读时使用，口语中多见于文化人的表达。D. 普通话用龙岗话不用的介词。

按意义、方普比较、分布，龙岗话介词可归纳如下表：

表8－1　　　　　　　　龙岗话、普通话介词比较

义类		A	B	C	D	分布		
大类	小类	方言特有	方普共用	"文"的	普有方无	句首	前置	后置
时间处所	所在	tɕʰi⁴⁵³、打、过	到、当		在	√	√	"当"除外
	起点		打、自、自从	从		√	√	×
	经由	齐、乍	打、顺、沿	从		√	√	×
	方向	当	向、朝、照、对、望		往、奔、冲	"当"除外	"当"除外	当
	终点		到			√	√	√
施受	施事	等	拿		被、叫、给、让	×	√	×
	受事		拿	把、将		×	√	×
原因目的	原因		为	因为	由于、由	√	√	×
	目的		为			√	√	×
工具	工具		用、拿			√	√	×
与事	关联	齐、赢		跟	和、与	×	√	×
	替代	帮	替			×	√	×
	依据	赶	从、照、依	按、按照、通过	依照、根据	√	√	×
	除外		除、除开			√	√	×
	共同	赢	同		和、与、跟	×	√	×
	比较	赢	齐、比			×	√	×
	对象	乍、替、帮	向、朝、对、拿			替、帮、拿除外	√	×

8.3 主要介词的用法

8.3.1 tɕ·i⁴⁵³

tɕ·i⁴⁵³在龙岗话有动词、副词、体标记、介词等多种用法。介词tɕ·i⁴⁵³相当于普通话"在",它可以与表时间、处所、方位的体词性词语组合成介宾短语修饰谓词。由tɕ·i⁴⁵³构成的介宾短语可在谓词前作状语,也可在谓词后作补语,亦可位于句首,充当全句修饰语。

8.3.1.1 介引时间

tɕ·i⁴⁵³介引时间。例如:

(1) 渠 tɕ·i⁴⁵³天光边哩走掉他在天亮时分走了。
(2) 赤伢哥 tɕ·i⁴⁵³朝辰出世个婴孩在早上出生的。
(3) 行嫁个日哥定呃 tɕ·i⁴⁵³正月初五出嫁的日子定在正月初五。
(4) 墟日改 tɕ·i⁴⁵³逢"一""三""五"墟日改在逢"一""三""五"。

作状语的介宾短语省去 tɕ·i⁴⁵³意义不变,时间词依然充当状语,如例(1)(2)。作补语的"tɕ·i⁴⁵³ + 时间词"可使谓词带上完成体意味,省去 tɕ·i⁴⁵³后,完成体意味消失。

8.3.1.2 介引处所

tɕ·i⁴⁵³介引处所。例如:

(5) 塅上姓伊个人家往先都 tɕ·i⁴⁵³山里住塅上姓伊的人家以前都在山里住。
(6) 渠 tɕ·i⁴⁵³宁都打来个电话转来他在宁都打了个电话回来。
(7) 镬锄放 tɕ·i⁴⁵³门角背锄头放在门后背。
(8) 禾割 tɕ·i⁴⁵³田里稻子割在田里。
(9) tɕ·i⁴⁵³井湖边洗汤在水井边洗澡。

表处所的介宾短语加在谓词前可获得进行体意味,但有条件限制,首先谓词不能带非进行体标记,再则介词宾语和谓词的相对重音必须落在动词上而非介词宾语上。试比较:

a. 渠 tɕ·i⁴⁵³田里烧秆他在田里烧稻草。
b. 渠 tɕ·i⁴⁵³田里烧来秆他在田里烧了稻草。

a式"田里"不强调重读则为进行式;b式谓词带完成体标记

"来"，介词短语纯粹表处所，句子为完成式。

后附的"tɕ·i⁴⁵³ + 处所词"充当补语也可使谓词附加上"体"的语法意义，其情形可分两种：当主语为施事主语时，不及物动词后附 tɕ·i⁴⁵³ 介引的处所补语，可附加持续体意味；当主语为受事主语时，及物动词后附 tɕ·i⁴⁵³ 引导的处所补语，可带上完成体意味。例如：

(10) 大华嘚坐 tɕ·i⁴⁵³ 门头_{大华子坐在门口}。
(11) 渠住 tɕ·i⁴⁵³ 渠娭 ka²⁴ 屋下_{他住在他母亲家}。
(12) 字写 tɕ·i⁴⁵³ 黑板上_{字写在黑板上}。
(13) 镬锄放 tɕ·i⁴⁵³ 门角背_{锄头放在门后背}。

例（10）（11）为"施事主语 + 不及物动词 + tɕ·i⁴⁵³ + 处所词"的格式，属持续体。例（12）（13）为"受事主语 + 及物动词 + tɕ·i⁴⁵³ + 处所词"格式，属完成体，其深层结构是："写字，字 tɕ·i⁴⁵³ 黑板上""放镬锄，镬锄 tɕ·i⁴⁵³ 门角背"。

当主语为施事，谓词为及物动词并带有宾语时，后附 tɕ·i⁴⁵³ 字介宾短语作补语，谓词必须带完成体标记。例如：

(14) 渠放来镬锄 tɕ·i⁴⁵³ 门角背。
(15) ＊渠放镬锄 tɕ·i⁴⁵³ 门角背。

当及物动词后不出现宾语时，其表层结构与不及物动词作谓语的情形相同，即都是"N + V + 介宾短语"的结构，但补语的性质不同，试比较：

a. 渠坐 tɕ·i⁴⁵³ 门头→渠坐，渠 tɕ·i⁴⁵³ 门头。
b. 渠写 tɕ·i⁴⁵³ 黑板上→渠写，(字) tɕ·i⁴⁵³ 黑板上。

表处所的状中和动补式有的可转换，转换后基本意义不变，具有这种关系的动词多带有安置的意味。例如：tɕ·i⁴⁵³ 山里住→住 tɕ·i⁴⁵³ 山里；有的转换后意义发生了变化。例如：水 tɕ·i⁴⁵³ 井湖里氽→水氽 tɕ·i⁴⁵³ 井湖里；有的不能转换。例如：tɕ·i⁴⁵³ 井湖边洗汤→＊洗汤 tɕ·i⁴⁵³ 井湖边。不能转换的多为不含有安置意味的及物动词。

8.3.2 到

"到"，音 tau³¹。"到"在龙岗话中有动词、体标记、介词几种用法。介词"到"由动词虚化而来。由于虚化得不彻底，它在词汇意义上保留比较明显的"到达"的含义，表现在形式上有时还可以带上完成体标记"呃"。例如："勇嘚到呃大年日夜晡正转来过年"。受残留的动词义的限制，"到"作介词用，其基本功能是将与动作行为或事物性状相关的时间、处所、程度界限介引给动词或形容词，从所介引的起点类型看，其用法有以下几种：

8.3.2.1 介引时间

"到"介引时间。例如：

（16）到天光边哩你喊起偎来到快天亮时你叫起我来。

（17）龙岗到6、7月哩 tsaŋ³¹ 有新莲嘚上市龙岗大概到6、7月才有新莲子上市。

（18）渠娭一日做到夜冇一下闲他妈一天做到晚没一会儿闲。

（19）渠两个谈天谈到半夜三更他两个聊天聊到半夜三更。

8.3.2.2 介引处所

"到"介引处所。例如：

（20）铳嘚唔敢到厅下打，要打时到吊楼上打鞭炮不能在厅堂放，要放的话在吊楼上放。

（21）到水缸板上割菜，砧棚留等偎斩排骨到水缸板上切菜，砧板让给我斩排骨。

（22）追到五里排 tsaŋ³¹ 追到渠追到五里排才追上他。

（23）手指伸到鸡屎窟眼里搜来一下，搜到只蛋手指伸到鸡屁股眼里搜了一下，搜到了一只鸡蛋。

例（22）（23）中后一个"到"是动词完成体标记，区别标志在后者变调24。

8.3.2.3 介引程度

"到"介引程度。此时"到"的宾语多为表状态的谓词或谓词性短语，状态本身即体现了程度的意味。这一类"到 + 宾"短语都是后附的。例如：

（24）食到眼眫眫哩还 tɕʰi⁴⁵³食吃到眼翻白眼还在吃。

（25）㧱到声音都哑个呃哭到声音都哑了。

（26）笑到唔会动笑到动弹不得。

8.3.3 打

"打",音 ta³¹。龙岗话"打"的用法有四:第一,动词,如"打人""打酱油";第二,量词,如"一打火药""一打 la³¹ 牙刷嘚";第三,量词重叠式中缀,如"斤打斤""条打条";第四,介词,如"扇嘚放打床脑上"。

8.3.3.1 介词"打"的用法

1. "打"与表处所的体词性成分结合成"打 N"短语,用于动词前表示动作行为经由的方所。"打"相当于普通话的"从""沿""由"等。"打 N"修饰的动作多为表位移的行进动词。例如:

(27) 你要打渠屋檐下过,就要喫渠个亏 你要从他屋檐下过,就要吃他的亏。

(28) 偓打 ti²⁴ 边寻过去,你打 ka²⁴ 边寻过来,看下嘚寻得到冇 我从这边找过去,你从那边找过来,看看能不能找到。

(29) 打溪坑边 kaŋ⁴⁵³ 过去,总撞得只把蛤蟆到 沿小溪岸边拨弄过去,总能碰上个青蛙。

(30) 打水路下日东更近 沿水路下日东更近。

2. "打"与表起点的方所词语组合成"打 N"短语修饰动词,表动作行为的所自。"打 N"所修饰的动词已不限于表行进、经由的位移类动词。"打"相当于普通话"自""从"。例如:

(31) 霉豆腐汤打罂罐屎下流出来哩 乳豆腐汤从罐子底下流了出来。

(32) 打屋脑上望过去望得只树尾尾嘚到 从屋顶上看过去看得到一点儿树梢。

(33) 打下向剥当上 自下面往上剥。

(34) 打你割人家个韭菜 ka²⁴ 件事话起 从你割人家韭菜那件事说起。

例 (31) — (33)"打"介引的都是方所词。例 (34) 介引的对象指事件,也表示动作起点。

3. "打"介引动作、状态发生的时间、起点。例如:

(35) 打去外头学书起,渠就冇再去过沿岗 自从去外地求学起,他就再没去过沿岗。

(36) 东华嘚打开春到至今冇下过一回田 东华子从开春到现在没下过一

次地。

4. "打"介引处所词，用于动词前表示动作发生的处所；用于动词后，表示相关对象（多为受事对象，也有施事对象）被安置的处所。前者的"打NV"相当于普通话"在NV"，后者相当于"V到N去"或"V在N"。例如：

（37）打厅下里食饭在厅里吃饭→*饭食打厅下里→*食饭打厅下里

（38）打檐阶上洗汤在屋檐下洗澡→*洗汤打檐阶上→*汤洗打檐阶上

（39）打老虎脑盖上kʻia⁴⁵³痒在老虎头上抓痒→*kʻia⁴⁵³痒打老虎脑盖上→*痒kʻia⁴⁵³打老虎脑盖上

（40）打坪里剖柴在坪上劈柴→剖柴打坪里→柴剖打坪里

（41）打竹篙上晒被在竹竿上晒被子→晒被打竹篙上→被晒打竹篙上

（42）打巴掌上写字在巴掌上写字→写字打巴掌上→字写打巴掌上

（43）打后龙山栽竹在后山种竹→栽竹打后龙山上→竹栽打后龙山上

（44）伢伢啯打前向蹲女孩在前面蹲→伢伢啯蹲打前向

（45）伯啯打背头徛伯父在后面站→伯啯徛打背头

（46）丢打马路沿上扔在马路边上→*打马路沿上丢

（47）棉夹啯着打底下棉夹衣穿在底下→*棉夹啯打底下着

（48）画啯贴打壁上画儿贴在墙上→*画啯打壁上贴

以上例（37）—（39）"打N"是前加的，不能转换为后附的。例（40）—（45）"打N"可以是前加的，也可以是后附的，其中例（40）—（43）转换后意思发生了变化。例（44）（45）转换后意思变化不大。例（46）—（48）是后附的，不能转换为前加式。

5. "打"可与时间词组合成"打N"短语用在动词前或后，表示动作发生的时间，"打NV"相当于普通话"在NV"。例如：

（49）新衫啯留打过年个场间着新衣服留在过年的时候穿。

（50）外国人打清晨八朝洗汤外国人在大清早洗澡。

（51）打热头落岭个场间喊惊tsaŋ³¹喊得魂灵转来在太阳下山的时候招魂才招得灵魂回来。

（52）你打前行，俚打背来你前面走，我随后来。

例（52）"打前""打背"近于词化，既可表时间，也可表处所。

8.3.3.2 龙岗话介词"打"的历史层次

"打"是近代汉语里新兴的介词,据冯春田(1991),元代以前"打N"主要用于动词前,表示动作行为经由的处所,"打N"所修饰的动词多是表"行走""经由"义类的词,N是动作行为所经由的处所。例如:①

(53) 我打这背巷里去,也略避些风雪。(元曲《杀狗劝夫》二)
(54) 兀的谁家大官人打这屋檐下过?(《金瓶梅》)
(55) 还使小厮打窗户内跳进去,割断脚带,解御下来……(《金瓶梅》)

龙岗话介词"打"的第一类用例继承了这种用法,如例(27)—(30)中的"打渠屋檐下过""打ti²⁴边寻过去"等。大约到明代,介词"打"出现新的用法,"打N"用在动词前,表示动作行为的所自,相关动词已不限于表"行走"的义类。打N中的N是动作行为所自或发生的处所,如《金瓶梅》用例:②

(56) 这个是你的物件儿,如何打小厮身底下捏出来?
(57) 金莲玉楼两个打门缝儿往里张觑。
(58) 白赉光躲在西厢房内,打帘里望外张看。

龙岗话介词"打"的第二类用法,属介引动作行为的所自。如例(31)—(33)中的"打罂罐垛下流出来""打屋脑上望过去"等。与近代汉语用例相比,龙岗话"打N"中的N有所扩展,其义类已不限于处所类,如例(34)中的N属事件短语。此外,龙岗话"打"的介引对象除处所外,介引时间的用例也不少,如例(49)—(52)。这是"打"继承近代汉语用法后的新发展。

在现代汉语普通话中,"打"用作介词相当于"从",《现代汉语八百词》说它"用于口语",并带有北方方言色彩,普通话一般用"从"。③ 介词"打"表"经由"及"起自"的两类用例都有,介引的

---

① 冯春田:《近代汉语语法问题研究》,山东教育出版社1991年版,第86、88页。例(53)—(55)转引自第86页。
② 冯春田:《近代汉语语法问题研究》,山东教育出版社1991年版,第87—88页。例(56)—(58)转引自第87页。
③ 吕叔湘:《现代汉语八百词·增订本》,商务印书馆2005年版,第138—139页。

对象亦不限于处所，包括时间、范围。就此点而言，上文龙岗话介词"打"的前三种用法与普通话中"带北方方言色彩"的介词"打"的用例是平行的。龙岗话介词"打"的第四种用法，相当于"在""到"等。其用例分布甚广，使用频率远远高于前三类，它既不见于近代汉语，亦无普通话"打"的平行用例，显然它是龙岗话介词"打"后起的用法，反映了介词"打"在方言中的新发展。

8.3.4 过

"过"，音 ko^{31}，龙岗话中其用法有四：第一，动词，如"过河""过横江镇"；第二，体助词，如"去过城里""做过泥水"；第三，表重行的副词，如"买过只水桶""请过个木匠"；第四，介词，如"写过上向""过十五做酒"。

介词"过"的用法如下：

1. "过N"修饰动词，前加作状语，表动作进行的处所；后附作补语，表动作结果所在地。"过N"中的"N"由方所词语、表处所的指代词、疑问代词构成，V多为动作动词。例如：

（59）猪食过前镬暖猪食在前面锅里热。

（60）秀哷赢舅婆过间里歇，偃赢表兄哥哥过楼棚上打地铺秀子和舅妈在房间里睡，我跟表哥在楼板上打地铺。

（61）过城里做过幢屋在城里重做一所房子。

（62）过井湖沿上洗菜，污糟水下流打井湖里呃到井沿上洗菜，脏水全流到井湖里去了！

（63）放来学唔要紧过路上灰，早多哷转来帮手做事放了学不要老在路上玩，早点回来帮忙干活！

（64）太晏 təu^{24} 时过瑞金住一夜再话太晚了的话在瑞金住一晚再说。

（65）你呀，过床上捡被真係诱人笑你呀，到床上捡被子真是让人笑话。

（66）牛栏粪挍过曾姑山田里牛栏粪挑在曾姑山田里。

（67）泱几只正月食个鲩哷过水缸里养几只正月吃的鲩鱼在水缸里。

（68）秆扫放过 ti^{24}，畲箕放过 ka^{24} 扫帚放在这，畲箕放在那。

（69）ti^{24} 两块花边偋过箱脚下，唔要等人偷走这两块银元藏到箱底去，别让人偷走了。

以上例（59）—（64）的"过 N"都是前加的，"过 N"相当于普通话"在 N"或"到 N 去"。如"过间里歇"即为"在房间睡"，或"到房间去睡"。例（59）—（62）"过 N"都可移位至动词或宾语后，只不过后附的"过 N"，表示动作结束后宾语被安置的处所。例（63）"过路上灰"不能转换为"灰过路上"，因为"灰"在此例中意为"玩耍"，是不及物动词，并无关涉对象在动作完成后的安置问题。例（64）"过瑞金住"可转换为"住过瑞金"，但转换后不能再带动量补语。例（66）—（69）"过 N"都是后附的，补充说明动作完成后，宾语被安置的处所。在"V（O）过 N"结构中，V 必须是及物动词，V 若带有宾语，"过"必须在宾语 O 后，如例（67）；若 V 不带宾语，则 V 前的主语为受事主语，如例（66）（68）（69）。例（66）—（69）中的"过 N"都可转换为前加的，但转换后"过 N"表示动作发生的处所。

2. "过 N"表时间

（70）过朝辰念英语更记得到 在早上念英语更记得住。

（71）外国人过清辰八朝洗汤 外国人在大清早洗澡。

（72）过冬下腊香肠 tsaŋ³¹ 唔会坏掉 在冬季腊香肠才不会变质。

（73）日子定过大年日 日子定在大年三十。

（74）你伯嘚个事安排过天光 你伯父的事安排在明天。

"过 N"中的 N 为时间词，"过 N"主要出现在动词前，如例（70）—（72），后置的"过 N"所依附的动词有一定的限制，一般为表安排、确定的动词，如例（73）（74）。

8.3.5　赶

"赶"，音 kuan³¹。"赶"在龙岗话中有动词和介词两用。作动词如"赶墟""赶阵"等。介词"赶"的作用相当于普通话介词"趁"，表示利用条件或机会。"赶"可以用在名词、动词、形容词及名词性、动词性、形容词性短语前，构成介宾短语修饰动词或充当全句修饰语。

8.3.5.1　"赶 + 名"

"赶 + 名词"。例如：

（75）赶礼拜日俚人洗掉 ti²⁴ 多被来 趁礼拜天我们洗掉这些被子去。

（76）赶落雨天割多嘚番薯苗去插趁下雨天割点儿番薯苗去种。

8.3.5.2 "赶+形"

"赶+形容词"。例如：

（77）赶早动身，热头大来会烧趁早动身，太阳大了会热。

（78）赶滚食掉来，冷掉会腥趁热吃了它，冷了会腥。

8.3.5.3 "赶+动词短语"

"赶+动词短语"。例如：

（79）赶有人工挨 t'əu²¹ 肥来趁有时间挑掉〈这些〉大粪去。

（80）赶还有下班买几斤面转来趁还没下班，买几斤面条回来。

8.3.5.4 "赶+小句"

"赶+小句"。例如：

（81）赶渠还有转来，你被哩帕拉走趁他还没回来，你赶紧走。

（82）赶自己还后生做起栋屋来趁自己还年轻建起一所房子来。

8.3.6 从、自从

从，音 tɕʻiuŋ²⁴。其用法与普通话基本一致。

8.3.6.1 表示处所起点

表示处所起点，例如：

（83）有只小包车嘚从佛嘚坳开过来哩有一辆小轿车从佛子坳开过来了。

8.3.6.2 表示来源

表示来源，例如：

（84）老班人话手心手背都係肉，哪个仔蛮係从自家肚里跌出来个老辈人说手心手背都是肉，哪个小孩不是从自己肚子里掉出来的？

（85）从高中毕业 ka²⁴ 年起，年年补习，年年都考唔到从高中毕业那年起，年年补习，年年都考不上。

8.3.6.3 表示范围起点

表范围起点，例如：

（86）从你买雷管炸鱼 ka²⁴ 个事话起从你买雷管炸鱼那件事说起。

（87）从头到脚冇一个当在燥个从头到脚没一个地方干的。

8.3.6.4 表示路径、处所

表经过的路径、处所。例如：

（88） 从火堆上飙过去从火堆上跳过去。

8.3.6.5 表推断的依据

表推断的依据。例如：

（89） 从手指脑上看，你係个老烟客从手指头上看，你是一个老烟鬼。

（90） 从行路个样嘚看，你往先当过兵从走路的样子看，你过去当过兵。

"自从"的使用范围比"从"窄，只用来表示时间起点，并且"从"可以表示过去、现在、将来的时间起点，而"自从"只能用于过去。例如：

（91） 自从老大人过世以后，渠再冇转去过老家自从老人去世之后，他再没有回过老家。

（92） 自从渠细个仔出来世，渠两公婆再也冇去看过电影自从他小儿子出生后，他两口子再也没去看过电影。

8.3.7 向

"向"，文读 ɕiɔŋ³¹，白读 xiɔŋ³¹，有动词、介词两用。如"面向里壁""面向里壁歇"前者为动词，后者为介词。

8.3.7.1 介词"向"的用法

介词"向"与名词性词语构成"向 N"短语可用在动词前作状语，也可用在动词后充当补语。

1. "向 N"用在动词前作状语

A. 表示动作行为指向的对象，N 一般为指人的名词性成分。例如：

（93） 有什么事要向大人话，唔要偋去肚里有什么事要对大人说，不要藏到肚子里去。

（94） ti²⁴个事你要向个个人讲明来这件事你要对大家讲清楚。

（95） 你向渠 ka²⁴种人赊票嘚时坐死个你向他那种人借钱的话死定了。

例（93）（94）动词都是言语行为类动词。例（95）主语"你"是借方，"向"带有"从"的意思，但不能以"从"替换。

B. 表示动作行为的方向或处所。例如：

（96） 向镬头里洒多嘚水往锅里洒多点儿水。

（97） 向禾田里引水往稻田里引水。

（98） 向天上打铳往天上放铳。

（99）向大由坪去哩往大由坪去了。

（100）冇声冇气向渠脑盖上打来一棍 lun²¹ 不声不响往他头上打了一棍子。

（101）婆婆向观音菩萨请来几个丫婆婆朝观音菩萨作了几个揖。

（102）大门向马路 ti²⁴ 边开大门朝马路这边开。

（103）向毛主席个像敬来个礼朝毛主席的画像敬了个礼。

例（96）—（103）可分两类：a. 例（96）—（100）"向 N"相当于普通话"往 N"，N 为处所词，处所 N 是动作行为的目的地。b. 例（101）—（103）"向 N"相当于"朝 N"，表示动作行为朝向的人或事物。

2. "向 N"用在动词后作补语。例如：

（104）斜向右手边呃斜向右手边了。

（105）龙灯舞向石陂角呃龙灯往石陂角方向舞去了。

（106）飞向鸡公崠 ka²⁴ 边呃飞往鸡公崠那边了。

（107）污糟水要浇向圳坑里脏水要浇到水沟里去。

（108）大细嘚徛向背高去小孩站到后面去。

（109）拳头打向渠脑盖上去渠就会记骨拳头往他头上打去他就记得牢了。

（110）猪嘚走向屋背岭去哩小猪朝后山走了。

以上例（104）—（110）可分两类：a 类例（104）—（107）为"V 向 N"结构。"向 N"表示动作行为的方向或处所。b 类例（108）—（110）为"V 向 N + 趋向动词"结构，"向 N"后出现趋向动词。

3. "向到"相当于普通话"向着"，表示动作行为的方向。例如：

（111）打哈 tɕ·iɛ³¹ 要背转身去，唔敢向到人来打打喷嚏要背过身子去，不能对着别人打。

（112）屙尿要向到尿盆嘚来屙拉尿要对着尿盆儿拉。

8.3.7.2 龙岗话介词"向"的历史层次

冯春田（1991）认为，"向"是上古汉语就有的一个介词。如"有一人独索然向隅而泣。"（《说苑·贵德》）其中的"向"为介词，有"朝着""向着"义，"向 N"用在动词前，表示动词行为所朝向的方位，也可说是动作行为的方式。①

"向 N"表示动作行为的对象，相当于"对 N"，这一新用法则出现于晋宋之际。② 例如：

（113）有人向张华说此事，张曰：王之学华，皆是形骸之外，去之所以更远。（世说新语·德行，转引自冯春田 1991，第 24 页）

唐五代以后，介词"向"的用法和意义又有新的变化，"向 N"可用在动词前，也可用在动词后，且前后用法又各有多种小类。"向 N"相当于"对 N"的用例唐代以后已很常见。③ 例如：

（114）过江了，向行者云："你好去！"（祖堂集卷二，第十三祖弘忍和尚，转引自冯春田 1991，第 24 页）

（115）师云："教我向阿谁道？"（祖堂集卷十一，保福和尚，转引自冯春田 1991，第 25 页）

龙岗话介词"向"用于动词前表示动作行为指向的对象的用例承传了介词"向"晋宋之际的用法。如例（93）中的"向大人话"、例（94）"向个个人讲"中的"向 N"相当于"对 N"。"向 N"相当于"往 N""朝（着）N"的用法也是唐五代时介词"向"普通的用法。例如：

（116）尊人相逐出，子莫向前行。（梵志诗，转引自冯春田 1991，第 27 页）

（117）师便咄云："出去，莫向这里痫！"（梵志诗，德山和尚，转引自冯春田 1991，第 27 页）

（118）窈窕如花向日开。（变文·维摩诘经讲经文，转引自冯春田 1991，第 28 页）

（119）行者向佛唾。（祖堂集卷十八，仰山和尚，转引自冯春田 1991，第 28 页）

例（116）（117）的"向"与"往"有可替换关系，例（118）（119）的"向"与"朝（着）"有可替换关系。龙岗话动词前"向 N"的第 2）类用法与此平行。如例（96）—（100）"向镬头里""向大由

---

① 冯春田：《近代汉语语法问题研究》，山东教育出版社 1991 年版，第 23—24 页。
② 冯春田：《近代汉语语法问题研究》，山东教育出版社 1991 年版，第 23—24 页。
③ 冯春田：《近代汉语语法问题研究》，山东教育出版社 1991 年版，第 24 页。

坪"等，其中的"向"相当于"往"。例（101）—（103）中"向N"的N表示动作行为所向的人或事物，其中"向观音菩萨"等例中的"向"也可由"朝（着）"替换。

龙岗话"向N"用于谓词后的两种用法在近代汉语中也有相当的用例。例如：

（120）师举手抛向后。（祖堂集卷十五，归宗和尚，转引自冯春田1991，第35页）

（121）达，只是透向上去。（朱子，转引自冯春田1991，第38页）

例（120）为"V向N"式，例（121）为"V向N + 趋向动词"格式。

近代汉语"向"与表示时间的"前"或"后"组成"向前""向后"，相当于"以前"或"从前""以后"，并且"向后"有作名词修饰语的用例。如"僧曰：'向后事如何？'"（祖堂集卷十一，中曹山和尚），① 龙岗话指称"前日"的前一天叫"向前日"，"向"的这一用法当是近代汉语的遗迹。

8.3.8 朝

朝，音 ts'au^{24}。有动词、介词两用。介词"朝"的语法意义是介引动作行为的方向或对象、路径。

8.3.8.1 介引方向

"朝"介引方向的，例如：

（122）发秀嘚朝青水塘 ka^{24}边去哩发秀子往青水塘那边去了。

（123）发大水个场间要朝高个地方走涨大水的时候要往高处走。

"朝"介引的宾语可以是有某个具体处所、事物作参照点的方向，也可以是无具体参照点的方位。

8.3.8.2 介引对象

"朝"介引动作行为的对象。例如：

（124）朝渠鼻公上打来一拳头牯朝他鼻子上打了一拳。

（125）小其嘚朝渠面咀上吐来口口澜小其子向他脸上吐了一口口水。

---

① 冯春田：《近代汉语语法问题研究》，山东教育出版社1991年版，第35页。

(126) 嘴管朝渠姼扁来一下，又有杍出声来<u>嘴巴朝他妈扁了一下，又没哭出声来。</u>

8.3.8.3　介引路径

"朝"介引动作行为的路径，相当于"沿"。例如：

(127) 朝马路走 t'əu²⁴<u>沿着公路走了。</u>

(128) 发大水个场中，东西下朝河坝<u>打</u>下秋口呃<u>发大水的时候东西沿着大河漂下秋口去了。</u>

(129) 朝大路行总行得到<u>顺着大路走总走得到。</u>

8.3.9　齐

齐，音 tɕ·i²⁴。有动词（如"有样齐样"）、形容词（如"客来齐呃"）、介词（如"齐岭脚行"）三用。

介词"齐"的用法如下。

8.3.9.1　介引对象

"齐"介引跟随的对象，相当于普通话"跟"。例如：

(130) 华平嘚齐渠伯嘚去广州学做生意呃<u>华平子跟他伯父去广州学做生意了。</u>

(131) 你时唔敢齐刘小平个样逃学喽<u>你呀可不能跟刘小平的样逃学啊。</u>

8.3.9.2　介引路径

"齐"介引动作行为的路径，相当于普通话"沿"。例如：

(132) 齐山脚行几里哩就到呃<u>沿山脚走几里的样子就到了。</u>

(133) 火烧山个场中要齐溪水下<u>发山火的时候要顺溪水下。</u>

8.3.9.3　介引参照

"齐"介引参照对象，有"平齐"的意思。例如：

(134) 金发嘚有渠爹齐肩高呃<u>金发仔到他爸肩膀那么高了。</u>

(135) 齐蔸蔸上斫下来<u>沿着蔸部砍下来。</u>

8.3.9.4　介引范围

"齐"介引动作行为的范围。"齐"的宾语多为量词或由名词转化来的临时量词，"齐 N"充当方式或范围状语。例如：

(136) 渠齐路杍，喉领都杍出血来哩<u>他一路哭，喉咙都哭出血来了。</u>

(137) 梨嘚要齐只食，唔敢割开来<u>梨儿要整个吃，不能切开。</u>

(138) 回回请渠叔喋食饭都係齐家哩来_{每次请他叔叔吃饭都是整家整家来}。

8.3.10 乍

乍，音 tsa^{31}，用作介词。

8.3.10.1 介引路径或参照物

"乍"介引动作行为路径或依凭的参照物。例如：

(139) 乍马路行5里路就到呃_{顺着公路走5公里就到了}。

(140) 乍墨线刨就刨得平_{顺着墨线刨就能刨平}。

8.3.10.2 介引对象

"乍"介引动作行为的对象。例如：

(141) 乍渠耳朵角背打来一拳_{对着他耳背打了一拳}。

(142) 你乍渠个样做就唔会错_{你照着他的样做就不会错}。

8.3.11 照

照，音 tsau^{31}。有动词、介词两用。例如：a. 用电筒照一下。b. 照渠话个去做。前者为动词，后者为介词。介词"照"的用法有：

8.3.11.1 介引依据

"照"介引动作行为的依据，相当于"按"。例如：

(143) 照佢话个去做保险你唔会错_{照我说的去做保证你不会错}。

(144) 照尺寸买_{按尺寸买}。

(145) 照原样做过一件_{按原样重做一件}。

8.3.11.2 介引目标、方向

"照"介引动作目标、方向，相当于"向""朝"。例如：

(146) 照7寸上一棍 luən^{21} 摧下去，一下就摧得死_{朝7寸上一棍子打下去，一下就打得死}。

(147) 照渠屎窟上踢来两脚_{对着他屁股上踢了两脚}。

(148) 照原路行总行得转去_{按原路走总走得回去}。

8.3.12 顺

顺，音 sən^{53}。有形容词、动词、介词三用。a. 形容词：如"ti^{24}回去广东十分顺。" b. 动词：如"拿 ka^{24} 只猪肚顺净来。" c. 介词：如

"顺原路转去。"

介词"顺"用法如下：

8.3.12.1 介引路径

"顺"引进动作行为的路径。例如：

（149）顺溪坑晹鸭沿着溪流放鸭群。

（150）顺檐壁架一排劈柴沿着墙壁架一排木柴。

8.3.12.2 介引方式

"顺"引进动作方式，表"顺便"义。例如：

（151）俚顺路斫来几斤猪肉转来我顺路买了几斤猪肉回来。

（152）你顺手捡啊起来你顺手捡起来。

8.3.13 对

对，文读 tuei^{31}，白读 tei^{31}，介词"对"又音 tuai^{31}。有动词、形容词、介词三用。a. 动词：如"对一下数。"b. 形容词：如"ti^{24}个事係你唔对。"c. 介词：如"对渠大人话"。

8.3.13.1 介词"对"的用法

1. 将动作行为的对象、目标介引给动词。例如：

（153）对秀嘚䀹来下眼睛对秀子眨了一下眼睛。

（154）对社公请来个丫对着社公作了个揖。

（155）对自家个顶头上司都敢抄天对自己的顶头上司都敢撒谎。

（156）华明嘚对天祝过誓，总有一日要报渠个仇华明子对天发过誓，总有一天要报他的仇。

（157）冇声冇气对俚背脊上打来一拳不声不响对他后背上打了一拳。

"对"介引的宾语由人称名词、代词或事物名词等充当，动词多为动作行为动词。

2. "对"介引的宾语为谓词的对待对象。介词宾语为某种主观意志或态度的承受者。例如：

（158）石城人对渠啲种人蛮讨厌石城人对他这种人很讨厌。

（159）刘师傅对大细嘚不胜几欢喜刘师傅对小孩十分喜欢。

（160）邓老师对写毛笔字头一在行邓老师对写毛笔字最在行。

（161）对买东西个人态度十分恶柴对买东西的人态度十分凶狠。

（162）杭生啀对偷西瓜个事死都唔承认_{杭生子对偷西瓜的事死都不承认。}

（163）陈乡长对自家屋下人唔讲半点面情_{陈乡长对自己家人不讲一点情面。}

普通话表对待关系的"对 N"可修饰名词或体词性中心语，构成"对 N"作定语的偏正短语，龙岗话可套用该结构，但听起来是一种"文"的说法。例如：

（164）ti^{24} 几年你一家人对倕个帮助唔晓几大_{这几年你一家人对我的帮助十分大。}

（165）对爹娭个态度十分唔好_{对父母的态度非常不好。}

这类结构当中心语为及物动词时，中心语与介词宾语往往可构成语义上的施受关系；中心语由体词充当时，定中之间有结构助词"个"，但介词宾语与中心语之间不存在领属关系。

3. "对"介引牵涉的对象或者看问题的角度。例如：

（166）你去啊好，唔去啊好，对倕都冇什么要紧_{你去也好，不去也好，对我都没什么要紧}！

（167）ti^{24} 几只哩钱对做屋起什么作用唔到_{这几个钱对建房子起不到什么作用。}

（168）茵陈草对肝炎有点把作用_{茵陈草对肝炎有一些作用。}

（169）大专文凭对渠来话要唔要都做得_{大专文凭对他来说要不要都行。}

（170）朝饭对渠来话食唔食都一样_{早餐对他来说吃不吃都一样。}

（171）你 ti^{24} 种老师对龙岗中学来话有冇都一样_{你这种老师对龙岗中学来说有没有都一样。}

例句（166）—（168）"对 N"后都可加上"来话""来讲"字眼，构成"对……来话/来讲"的固定格式。如果主语是受事主语，即句中谓语动词与主语之间隐含着动宾关系，则"对 N"后必须加上"来话/来讲"才能成立。如例（169）—（171），普通话受事主语"对 N"后加不加"来说/说来"两可。

4. "对"相当于"当（着）""对着"，引进动作行为施行时当对的人物或处所。

"对"多念 tuai^{31}。例如：

（172）舞到爹嬴娭对渠栝_{弄到父母为他哭。}

(173) 僱对你大人话，看你怕还唔怕我对你父母讲，看你还怕不怕。
(174) 渠唔听你话时对渠 t'iak⁴ 颈咪吧他不听你的话，难道为他上吊吗？
(175) 挍来水对你门头过都冇见到啊挑了水当着你们口过都没看见吗？
(176) 对你眼皮底下偷走东西都唔晓当着你眼皮底下偷走了东西都不知道。
(177) 日日都要对你膨气天天要为你生气。

此类"对"除有"当着"义外，有的还兼表原因，即含有 V 是因介词后的 N 而发的意思，如例（172）（174）（177）。

8.3.13.2 介词"对"源流

在近代汉语中，介词"对"就意义以及与相关介词的可替换关系看，主要有两类，一是引进动作行为当对的人物或处所的；二是引进动作行为对象的。① 例如：

(178) 感得王陵对天子面前，披发哭其慈母。（变文·汉将王陵变，转引自冯春田 1991，第 48 页）

(179) 斟酌光严能问得，吾今对众谴君行。（变文，维摩诘经讲经文，转引自冯春田 1991，第 48 页）

(180) 且如怒一人，对那人说话，能无怒色否？（二程，转引自冯春田 1991，第 50 页）

例（178）"对天子面前"即"当着天子面前"，例（179）"对众谴君（行）"即"当众谴君（行）"。此二例属第一类用法。例（180）"对"引进行为对象，属第二类用法。"对"相当于"当"或"对着"的用例在晋宋之际就出现了，唐代用例尤多。龙岗话介词"对"第四类用例与此相当。"对"引进对象，与"向""跟"有替换关系一类，唐代有相近的用例，宋代以后出现大量而典型的用例。② 现代汉语普通话较全面地沿袭了这一用法，龙岗话也不例外。

据傅雨贤等（1997）研究，普通话介词"对"有四类：对₁表方向，对₂表对象、目标，对₃表对待关系，对₄表涉及关系。③ 其中对₂、对₃、对₄龙岗话都有用例。

---

① 冯春田：《近代汉语语法问题研究》，山东教育出版社 1991 年版，第 48—51 页。
② 冯春田：《近代汉语语法问题研究》，山东教育出版社 1991 年版，第 51 页。
③ 傅雨贤、周小兵、李炜、范干良、江志如：《现代汉语介词研究》，中山大学出版社 1997 年版，第 177—194 页。

对₁表方向的一类，龙岗话要改用"对到N来V"的句式，试比较：

普通话　　　　　　　　　　　龙岗话
人对洞口呼喊（回声隆隆）　　人对到洞口来喊（回声隆天隆地）
两手掌对天空发功　　　　　　两只巴掌对到天上来发功

龙岗话"对"相当于"当着"的用例，如"对你门口/眼皮底下过"，普通话似乎不用。

8.3.14　赢 iaŋ²⁴

"赢"iaŋ²⁴，本字未明，"赢"是同音字。"赢"在龙岗话中有连词、介词两用。例如："手赢脚捆起来哩"，"赢渠冇什么话头"。前者是连词，后者是介词。在"N1 + 赢 + N2 + V"结构中，"赢"既可作连词也可作介词，区分办法一般用"换位"和"插入"法。例如：

a₁ 凳赢桌借个。　　　　　　b₁ 你赢渠打赌。
a₂ 桌赢凳借个。　　　　　　b₂ *渠赢你打赌。

a 组 a₁和 a₂意思没有发生变化，"赢"是连词。b 组 b₁和 b₂意思有变，"赢"是介词。a、b 两例中"赢"词性的辨析是通过 N₁N₂换位实现的。

"赢"词性的辨析还可通过插入法进行，即"赢"之前插入某个成分，句子能成立的是介词，否则是连词。例如：

a₁ 凳赢桌借个凳子和桌借的。→ *凳昨日赢桌借个。
b₁ 你赢渠打赌你和他打赌。→你昨日赢渠打赌。

8.3.14.1　介词"赢"的用法

1. 表示共同、协同。例如：

（181）春娣嘚赢德华嘚讲来口春娣子和德华子吵了口。

（182）春华嘚旧年赢渠老公离来婚春华子去年和她老公离了婚。

（183）汝平嘚赢做阵个去打平伙呃汝平子和他朋友去凑份子吃东西了。

（184）你赢渠大人先转去你跟他大人先回去。

（185）六香嘚赢一个做生意个走 tʻəu²⁴六香子跟一个做生意的跑了。

（186）赢你老伯去锄 tsaŋ³¹龙尾里个番薯草来跟你哥去把龙尾里的番薯草锄好。

例（181）—（183）表共同关系，"赢"介引出动作行为的另一参与方，例（184）—（186）N1N2 有主从之分，N2 是动作行为的主体，N1 是随从。

2. 表示"相关"。"赢"介引出相关的人或事物。例如：

（187）ti²⁴件事话唔定赢你有牵连这件事说不定和你有牵连。

（188）俚赢你头世有冤我和你上辈子有冤。

（189）渠个牙齿熬 lau³³ 裂缺赢细个场间食多 t·əu²⁴ 鹿茸有关系他的牙齿歪歪斜斜和小时候吃多了鹿茸有关。

（190）你赢学堂下有什么 piŋ⁴⁵³ paŋ⁴⁵³⁄²¹ 么吧你跟学校有什么纠葛没有？

3. 表示对象，"赢"介引动作行为的对象可分以下几种情形。

a. 相当于"对"，表示动作行为的指向。例如：

（191）有什么事要赢大人话有什么事要对大人说。

（192）高一〈1〉班赢高一〈2〉班比赛打篮球高一〈1〉班跟高一〈2〉班比赛打篮球！

b. 相当于"从……那儿"。介词宾语是 V 的对象，又是 V 支配的宾语的来源。例如：

（193）你赢汝生俵赊几斤莲嘚你向汝生借几斤莲子。

（194）你赢卖鱼个取［tɕ·iəu³¹］铜钱转来，唔要渠个鱼你跟卖鱼的把钱要回来，不要他的鱼。

c. 相当于"替""给"，"赢"介引替代或服务对象。例如：

（195）你赢渠借过乘单车你替他重借一辆单车。

（196）喊秀嘚先赢俚报个名，票嘚天光背来交叫秀子先跟我报个名，钱以后交。

（197）赢大细嘚脱 t·əu²¹ 衫裤来洗汤给小孩脱下衣服来洗澡。

（198）赢渠打个电话，话醒渠今朝夜辰俚唔转去食饭给他打个电话，告诉他今晚我不回去吃饭。

孤立地看 b、c 两类用法的句子互相义有两歧。如例（193）（195）：

你赢汝生俵赊几斤莲嘚 { (a) 你从汝生俵那儿赊几斤莲嘚。
                      (b) 你替汝生俵赊几斤莲嘚。

你赢渠借过乘单车 { (a) 你从他那儿重借一辆单车。
                    (b) 你替他重借一辆单车。

a 类转换为（a）式；b 类转换为（b）式意思不变。

4. 表示比较，"赢"将比较的对象介引给谓词。例如：

（199）赢旧年比今年个莲嘚十分冇价钱_{跟去年比今年的莲子很没价钱}。

（200）你赢你老伯十分几像_{你跟你哥很像}。

（201）俫俫嘚赢攸攸嘚冇比头_{男孩儿与女孩儿没什么好比}。

（202）龙岗赢沿岗一样逢一三五个墟_{龙岗同沿岗一样，逢一三五的集}。

8.3.14.2 "赢"的纵横比较

龙岗话"赢"的性质和用法基本上等同于普通话的"跟""和"。与"跟"相比，在表"共同、协同、相关、比较、对象"几类用法①中，"赢"与"跟"可互译，但普通话"跟"还可表处所，相当于"在"。② 例如：

（203）在八路军粮站呆了几个月，跟后勤指挥部呆了那么几个月……（陈建民《汉语口语》，转引自傅雨贤等1997，第162页）

龙岗话"赢"无此类用例。

"赢"与"和"比较，在表"共同、协同、相关、比较"以及表对象中的"对、从"几类用法中，两者可互译，龙岗话"赢"表对象相当于"给"的用法使用频率很高，普通话"和"没有对应的用例。

从历时角度看，"和"是近代汉语的一个新兴介词，其产生时代当在唐代，介词"和"表"与同"义是替代自上古而来的介词"与"，但是"和"出现以后，"与"也仍在使用。此外，介词"和"还可以表示"对""向"义，从"和""与"混用时代的文献看，"与"表示"向""对"义与介词"和"亦有可替换关系，《金瓶梅》中"和"还有现代汉语中所没有的表"给"的用例，并且与介词"与"有可替代关系。③ 龙岗话没有介词"和"，但近代汉语中与介词"与"具继承和可替换关系的"和"的用例，龙岗话都可用"赢"置换。这说明龙岗话没有参与汉语史中介词"和"对"与"的替换。

---

① 傅雨贤、周小兵、李炜、范干良、江志如：《现代汉语介词研究》，中山大学出版社1997年版，第157—161页。

② 傅雨贤、周小兵、李炜、范干良、江志如：《现代汉语介词研究》，中山大学出版社1997年版，第162页。

③ 冯春田：《近代汉语语法问题研究》，山东教育出版社1991年版，第2—11页。

8.3.15 替

替，音 t'iɛ³¹，有动词、介词两用。例如："小华嘚替春秀嘚，小平嘚替年秀嘚""替你食 t'əu²⁴"，前一例句为动词，后一例句为介词。龙岗话介词"替"主要与表人或事物的名词、代词或名词性短语构成"替 N"结构，用于谓语动词前表示动作行为为谁而发生，从意义的细微差别区分有以下几种用法：

1. 表替代义。例如：

(204) 春华嘚替渠大人去来几次屏山 春华子替他大人去了几次屏山。

(205) 你替渠坐班房么吧 你替他坐牢吗？

2. 表因为。例如：

(206) 大眼嘚唔学好，一家人都替渠膨气 大眼仔不学好，一家人都为他生气。

(207) 渠唔听你话时，你替渠去死咪吧 他要是不听你的话，你为他去死吗？

3. 表对象，相当于"给"。例如：

(208) 你做个人情，替偓报个名好么 你做个人情，为我报个名好吗？

(209) 夜辰要起来替大细嘚 tiak⁴ 抱尿 晚上要起来给小孩把尿。

"替"作介词在唐五代笔记小说、敦煌文献和禅宗著作中未见用例，据冯春田（1991）研究，它大约是宋代以后才出现的一个介词。① 例如：

(210) 你替我去街上，看甚人吹唱？（戒指儿记，转引自冯春田 1991，第 22 页）

(211) 明日你拿个样儿来，我替你做双好鞋儿穿。（金瓶梅，转引自冯春田 1991，第 22 页）

例（210）"替我去街上"即"代我去街上"，例（211）"替你做双好鞋儿穿"即"给你做双好鞋儿穿"。分别对应于龙岗话第一种、第三种的用法。

---

① 冯春田：《近代汉语语法问题研究》，山东教育出版社 1991 年版，第 21 页。

8.3.16 比

比，音 pi^{31}，龙岗话有动词、介词两用。例如："你两个比一下""佢比你高"。前一例句中"比"是动词，后一例句为介词。

介词"比"的用法与普通话"比"一致，用来比较性状和程度，按《现代汉语八百词》的归纳举例如下：①

1. 用于两种不同事物的比较。"比"的前、后可以是名词、动词、形容词、小句等。例如：

（212）妳比仔更听话_{女孩比男孩更听话}。

（213）两个人扛比一个人挼还更累人_{两个人扛比一个挑还累}。

（214）学书比斫柴还更累_{读书比砍柴还累}。

（215）快比慢总更好。

（216）栽莲嘚比栽烟叶更划算。

2. 同一事物前后不同时期比较。例如：

（217）渠今年赚个钱比旧年更多_{他今年赚的钱比去年更多}。

（218）华嘚细个场间比至今标致_{华子小的时候比现在漂亮}。

3. 谓语形容词前后可带表数量或程度的成分。例如：

（219）ti^{24} 种布比 ka^{24} 种布要贵几块钱。

（220）新屋比旧屋大蛮多。

4. 谓语如用动词，限于表示能力、愿望、爱好、增减的动词或"有、冇"等。例如：

（221）渠比佢更会学书_{读书}。

（222）金发嘚比斯哩都更愐去当兵_{金发子比谁都更想去当兵}。

（223）老妹比大姐更欢喜做生意。

（224）今年比旧年加来几十块钱。

（225）看电影比看电视更冇味道。

5. 一般行为动词作谓语，限于"得"字，"来"字句，"比"可在"得""来"前后，意思相同。例如：

（226）大细人比大人还食得多/大细人食得比大人还多。

---

① 吕叔湘主编：《现代汉语八百词》（增订本），商务印书馆 2005 年版，第 73—74 页。

（227）毛笔字比钢笔字写来更好/毛笔字写来比钢笔字更好。

6. "一+量+比+一+量"。积极性谓词表程度累进，消极性谓词表每况愈下。例如：

（228）红数个伢一个比一个标致 4个女儿一个比一个漂亮。

（229）身体一年比一年夜见更差呃 身体一年比一年只见更差了。

8.3.17 用

"用"，音 iuŋ⁵³，有动词、介词两用。"用"作介词表示动作行为凭借的工具或方式方法。

1. 介引工具。例如：

（230）大细人要学会来用箸只搛菜，唔敢用手 kʻia⁴⁵³ 小孩子要学会用筷子夹菜，不能用手抓。

（231）用茶枯水洗脑盖 用茶饼水洗头。

（232）用前镬煎煎豆，用里镬暖水 用近前的锅炸油豆腐，用里面的锅烧热水。

（233）用垇上个田栽禾，用坑里个田栽番薯 用平地的田种稻子，用山间的田种红薯。

例（230）（231）"用"介引的对象是较典型的工具宾语，"用 N"中的 N 在动作发生时处于动态使用中；例（232）（233）介词宾语 N 只是一种意念上的工具，它实际是动作行为所利用的处所或空间，N 在动作行为发生时处于静态的使用之中，因而可用"在"替换。当然"在"和"用"不是等价的，后者还兼有"使用"的意味，这种差别是由两者来自不同的动作，保留了不同的动词义决定的。

2. 介引方式方法。例如：

（234）你用正楷写一张，用草纸写一张随渠 tʻɔk⁴ 选择。

（235）用电汇寄 1 万块钱过上海来。

（236）用定期存 1000 块钱过营业所去。

3. "用 N"中的 N 一般由名词或名词性短语充当，动词充当"用"的宾语，句子谓语一般是该动词的拷贝。例如：

（237）雷管用咭咭唔断 雷管用咬（的办法）咬不断。

（238）ti²⁴ 桁树啎用扛扛转来个 这条圆木靠肩扛扛回来的。

（239）用驮驮来个用驮（的办法）驮来的。

"用"作介词引进工具，在古汉语中已有用例，例如：

（240）齐氏用戈击公孟。（左传·昭公二十年，转引自马贝加2002，第285页）

并且可用抽象名词作宾语，"用"表示凭赖。例如：

（241）卫青、霍去病亦以外戚贵幸，然颇能用才以自进。（史记·佞幸列传，转引自马贝加2002，第286页）

龙岗话介词"用"的基本用法与此无异。

8.3.18 拿

"拿"，音 na⁴⁵³，有动词、介词二用。例如：a."拿杆笔等偃"，b."拿只热水瓶打 tʻəu²⁴"。a 为动词，b 为介词。介词"拿"的用法如下：

1. 介引工具。例如：

（242）拿牙齿嗒住 用牙咬住。

（243）拿秆笤打人 用扫帚打人。

（244）新人来哩，被帕拿铳嗯去接 新娘子来了，赶紧用鞭炮去接。

2. 介引对象，表示就某一对象或某个事物作比较，提出话题等。例如：

（245）唔要什么事都拿义秀嗯打比方。

（246）拿正月请客个事来话，你哪次问过屋下个人？

（247）拿旧年来比，今年个产量算唔会太过呃。

3. 表处置，相当于普通话"把"。例如：

（248）拿一缸酒下 kuŋ⁵³ 酸 tʻəu²⁴ 把一缸酒全给搅酸了。

（249）拿嘴管都话 ŋo²⁴tʻəu²¹ 把嘴巴都说秃了。

（250）拿渠爹娭气来唔会动呃 把他父母气得死去活来。

"拿"是近代汉语中晚出的一个介词，约起于明代，它替代唐五代以后常用的介词"把"以及介词"著（着）"。在用法上，它与涉及词组成"拿N"，用于动词谓语前，表示动作行为所凭借的人物或工具。①如《金瓶梅》中的用例：

---

① 冯春田：《近代汉语语法问题研究》，山东教育出版社1991年版，第65—66页。

（251）如何远打周折，指出说磨，拿人家来比奴（第126页，转引自冯春田1991，第64页）

（252）吴月娘见西门庆留恋烟花，因使玳安拿马去接。（第142页，转引自冯春田1991，第64页）

这些用法在龙岗话中很普遍。

8.3.19 等

□tən^{31}，本字未明，写作"等"。介词"等"的用法可分两种：

1. 引进动作行为的施事，相当于普通话的"被""让"，"等N"用于动词前。

（253）水牛等贼牯偷走_水牛被贼偷了。_

（254）水缸等大细喈打烂 t'əu^{24}_水缸被小孩打破了。_

（255）饭下等渠几兄弟食 t'əu^{24}_饭全给他几兄弟吃光了。_

（256）等偃提到渠两次_被我抓住了他两次。_

（257）等渠食 t'əu^{24}只车，ti^{24}盘棋肯定要输呃_被他吃了一只车，这盘棋肯定要输了。_

（258）买电视机个票喈等偃跌 t'əu^{24}_买电视机的钱被我弄丢了。_

2. 引出事物的接受者，"等"相当于普通话"等N"置于动词后，如果动词带有宾语，"等N"位于宾语后。例如：

（259）ti^{24}只书包送等你_这只书包送给你。_

（260）街上个屋税等粮管所呃_街上的房子租给粮管所了。_

（261）通知寄等渠呃_通知寄给他了。_

（262）到来广州呃时打个电话等偃_到了广州的话打个电话给我。_

（263）拿杆笔等渠_拿支笔给我。_

8.3.20 除 t'əu$^{24/21}$、除开

"除 t'əu$^{24/21}$、除开"是表排除义的介词，两者可互换。排除的含义有两种，一是表示不计算在内，相当于英语中的 except；二是排除已知，补充其他，相当于英语中的 besides，前者通常称为"排除式"，后者称为"包含式"。

8.3.20.1 排除式

"除 t'əu^{21}、除开",表示排除义。例如:

（264）除 t'əu^{21} 唔食茄椒,什么都食除了不吃辣椒,什么都吃。

（265）除 t'əu^{21} 俚唔晓,别络人个个都晓得来哩除了我不知道别人都知道了。

（266）除 t'əu^{21} 几只蛋,再变唔出别个东西来待客呃除了几只鸡蛋,再变不出别的东西招待客人了。

（267）龙岗除 t'əu^{21} 一条溪坑啰,冇别个河呃。

（268）新南村除 t'əu^{21} 莲啰、粉干、砚石,冇别个有名个东西。

8.3.20.2 包含式

"除 t'əu^{21}、除开",表示包含义。例如:

（269）除 t'əu^{21} 爱食酒,渠还欢喜食烟除了爱喝酒,他还喜欢抽烟。

（270）陈小华除 t'əu^{21} 人好,本事也唔会太过陈小华除了人好,本事也还行。

（271）除 t'əu^{21} 会说宁都话,赣州话也晓得几句。

（272）除 t'əu^{21} 写得一手毛笔字,算盘也打来唔晓几精除了写得一手毛笔字,算盘也打得十分精熟。

从形式来看,排除式在主段中常有副词"都""再"等呼应,包含式则多以"还""也"呼应。

"除 t'əu^{21}、除开"在组合关系上可与名词、动词、形容词、小句结合,"除 t'əu^{21}/开……"结构可置于谓词前,也可居于主语前作全句修饰语,普通话表排除义的介词有"除、除了、除开、除去"几个,龙岗话一般不单用"除","除 t'əu^{21}"相当于"除了、除去"。"除 t'əu^{21}"和"除开"具有可替换关系,但以"除 t'əu^{21}"为常用。普通话"除了/除开/除去/……"可以后加"外、以、之外、而外"构成固定组合,龙岗话一般无后加成分。

8.3.21 当

当,音 tɔŋ$^{453/21}$。"当"在普通话中用作介词,表示事件发生的时间或处所。表时间时"当"经常与小句或动词为限定成分的定中短语组合,"当 N"结构出现在主语或谓词前,用作全句或句中状语,多有停顿。表示事件发生的处所、位置时,"当"与少数单音名词,或者带上"着"后与多音名词、名词性短语组合,"当 N"也总是前置于主语或谓词的。[①] 龙岗话"当"较之普通话有较大的差异,从意义上看它以表处所、位置、趋向为常,很少表示时间;从位次上看"当"可前置也常后置。从组合关系上看,前置的常与单音名词或名词短语组合,后置的多带单纯方位词。现从方普比较的角度,将龙岗话介词"当"的用法描写如下:

1. 普通话介引时间的"当",龙岗话不用。试比较:

普通话	龙岗话
(273) 当我回来的时候,他已经睡了。	偃转来个场间,渠歇呃。
(274) 当我毕业那一年,哥哥从外地回来了。	偃毕业 ka^{24} 年,哥哥从外头转来哩。
(275) 当洪水来临之前,要做好防汛工作。	大水冇来个场间,要做 tsaŋ^{31} 救水个事来。

2. 表示事件发生的处所时,龙岗话与普通话一样,"当 N"是前置的。

a. 与少数单音名词组合,指场所、位置。例如:

(276) 当胸打来渠一拳头㧣 当胸打了他一拳。

(277) 当场食来一口等渠看 当场吃了一口给他看。

(278) 当众出丑。

b. "当+面""当+N+个+面",指面对面。例如:

(279) 你有什么想法,可以当面赢偃话 你有什么想法可以当面跟他说。

(280) 票嘚当面点清来 钞票要当面点清。

(281) 当你两公婆个面偃拿 ti^{24} 件事话明来 当着你两口子的面把这件事说清楚。

(282) 你当个个人个面再话一次 你当着大家伙的面再说一次。

3. "当 + N"表动作行为的方向或趋势,其中"N"由单纯方位词或单音节趋向动词"归""转""进""出"等充当,"当 N"用于动

[①] 吕叔湘主编:《现代汉语八百词》(增订本),商务印书馆 2005 年版,第 148—149 页。

词后。"当"的这一后置用法是普通话没有的。例如：

（283）唔要紧 kan²⁴ 挤当前，前向有窖捡咪吧_{不要老往前挤，前面难道有宝捡吗}？

（284）你样斯手胳扳当出帮别人咧_{你怎么胳膊肘往外拐帮外人呢}？

（285）齐溪嘚行当下就到得到大由坪_{顺着小溪往下走就能到大由坪}。

（286）人家搒当出，你就促当归_{人家往外拔，你却往里塞}。

（287）喊渠去学书，渠 tsaŋ³¹ 走当转哦_{叫他去上学，他却往回走呢}。

（288）嘴嘴嘚要向当上，唔敢倾当下_{口要朝向上，不能斜向下}。

以上用例中的"当"相当于普通话的"往"或"向"，如例（283）"挤当前"即"往（向）前挤"。例（284）"扳当出"即"往外拐"。例（285）"行当下"即"往下走"。例（286）的"搒当出""促当归"即"往外拔""往里塞"。例（287）"走当转"即"往回走"。例（288）"向当上""倾当下"即"朝向上""斜向下"。

8.3.22 帮

帮，音 pɔŋ⁴⁵³。有动词、介词两用。动词例："有难处个场间帮下手"。介词例："帮俚舞坏 tˈəu²⁴ 电视机嘚"。介词"帮"的用法有：

1. 引进动作行为的受益者。例如：

（289）帮五保户挍水_{替五保户挑水}。

（290）帮渠剃脑_{替他理发}。

（291）昨日帮俚伯嘚栽来一工个禾_{昨天为我伯父插了一天秧}。

2. 引进动作行为的受害者。例如：

（292）你帮俚跌 tˈəu²⁴ 几杆笔呃，还问俚借啊_{你给我丢了几支笔了，还向我借呀}？

（293）帮春华嘚脑盖上打起只包 lau²⁴_{给春华头上打起了一只包}。

（294）每次来做客都要帮人家舞坏一样东西来_{每次来做客都给人家搞坏一件东西}。

3. 引进施为对象，表示动作行为的服务对象。例如：

（295）ti²⁴ 件事唔要你帮俚担心_{这件事不用你为我担心}。

（296）个个都要帮渠归亲个事出力_{人人都要为他娶亲的事出力}。

（297）请你帮俚多谢渠啦_{请你替我多谢他啦}。

"帮"是虚化得很不彻底的一个介词，它还带有较明显的动词"帮助"的含义，尤其在引进动作受益者的一类中，"帮"处理成动词亦未尝不可。但值得注意的是"帮"还可以引进动词的受害者，这一类用例的"帮"显然不能理解为"帮助"，因为"帮助"的结果对被帮者总具有积极意义的。而第三类中的"帮"与"替""为"具有明显的替换关系，"帮"的宾语也不限于人称词了。从形式上看，介词"帮"有 pən^{21} 的语音弱化形式，不能带体助词，大部分也不能重叠，这说明"帮"已逐渐虚化。

8.3.23 为

为，音 vi^{24}。"为"在龙岗话中是一个较"文"的介词，或许是由普通话经书面语进入的，它的作用主要是引进动作的受益者，或者表示原因、目的。

1. 引进动作的受益者，"为"主要介引代词、人称名词。例如：

（298）什么事都夜为渠自家着想 什么事都只为他自己着想。

（299）一日到夜都为渠操心 一天到晚都为他操心。

（300）为村里人搭桥修路做来唔晓几多好事 为村里人搭桥修路做了不知多少好事。

普通话这一类"为"还可以介引动词或小句，龙岗话口语中一般很少听到，只有文化人的表达中才有这种"文"的句式，显然它是用龙岗话"硬译"普通话的产物。例如：

（301）ti^{24} 次试验为医癌寻到种新办法 这次试验为治疗癌症找到了一种新方法。

（302）为早季稻增产打来个基础 为晚稻增产打了个基础。

2. 表原因、目的。例如：

（303）两家人为争地基个事打过几次。

（304）为省票嘚帮渠仔结婚，冇成一分钱掰做两分钱用 为了省钱给他儿子结婚，恨不得一分钱掰做两分钱用。

（305）一家人为渠学大学冇日冇夜个做 一家人为了他读大学没日没夜地干活。

（306）为老成起见，你最好自家看过遍 为慎重起见，你最好自己再看一遍。

普通话的"为了",龙岗话说"为来"。例如:

(307) 为来大细唔学到书有出息,大人做死来都抵_{为了小孩子上够学有出息,大人累死了都值得。}

(308) 为来帮渠仔哇新妇,渠 ti^{24} 几年真喺冇日冇夜个做_{为了给他儿子娶媳妇,他这几年真是没日没夜地劳作。}

第 9 章　助　词

龙岗话的助词可分三大类：一、结构助词，二、体助词，三、语气助词。本章讨论结构助词和语气助词，体助词参见第五章"动词的体"。有的助词是兼类的，如"个""哩""来""呃"等。兼类助词将在相关类别中讨论。

9.1　结构助词

结构助词被用来标明词语之间的结构关系，龙岗话的结构助词有"个""哩""来""得"4个，以下分别讨论。

9.1.1　个

"个"在龙岗话中有个体量词、结构助词、语气助词三种用法。例如：

(1) 门头徛来个人_{门口站了一个人}。［量词］
(2) 自家个碗箸自家洗_{自己的碗筷自己洗}。［结构助词］
(3) 总有一工渠自家会转来个_{总有一天他自己会回来的}。［语气助词］

做量词的"个"读本调 kei^{31}，做助词的"个"读轻声 kei^{21}。

"个"是近代汉语新兴的结构助词，它原是专以记竹的量词，汉魏以后变为一般量词，唐五代前后演变为助词。近代汉语中"底、地、个"3个结构助词演变到现在，北方方言中以［t］为声母的结构助词与"底"有继承联系，而东南方言中结构助词均以舌根音为声母，这些结构助词则与唐五代以后的"个"关系密切。① 龙岗话中的"个"显然继承了近代汉语中的结构助词"个"。以下具体描写龙岗话结构助词"个"的用法。

9.1.1.1　"X 个 + 名词"

"个"最通常的用法是用来联系定语和中心语，构成"X 个 + 名词"的偏正短语。

1. "个"的分布

"个"所依附的"X"可以是体词性、谓词性、副词性的各种单位，包括除连词、助词、叹词、介词之外的各类词以及名词性、动词性、形容词性和副词性短语。

a. 体词性成分 + 个 + 名。例如：

代词 + 个 + 名：伲个衫、哪里个风水先生、ti^{24}个井水

时间/方位/所处词 + 个 + 名：冬下辰头个日嘚冬天的日子、天光个事明天的事；上向个被芯上面的被芯、前高个鸭嘚前面的鸭子；壁圻眼里个虫嘚墙壁缝隙里的虫子、大由坪个圩日大由坪的圩日。

一般名词 + 个 + 名词：枞枋个楼棚松木的楼板、华平嘚个老伯华平子的哥哥、公家个票嘚公家的钱、县长个小包车嘚县长的小车、井湖个沿上水井的口沿上、书橱个脑上书橱的上面、水缸个盖水缸的盖。

名词重叠式 + 个 + 名：男男嘚个节裤嘚男人的短裤、伢伢嘚个衫裤男孩儿的衣服、妏妏嘚个辫嘚女孩儿的辫子。

名词性短语 + 个 + 名：河坝里赢水库里个水河里和水库里的水、伲赢你个粮票我和你的粮票。

名词 N 打 N 重叠式 + 个 + 名：碗打碗（哩）个饭成碗成碗的饭、迹打迹（哩）个泥大块大块的泥迹、块打块（哩）个肉成块成块的肉。

b. 谓词性成分 + 个 + 名

X 为动词：哇个事说的话、煎个鱼煎的鱼、斫个猪肉砍的（买的）猪肉、供个鸡喂的鸡、做阵个伢嘚交好的男孩儿、去走个货白费了的东西、去哩个人去了的人、跌 t'əu^{24} 个皮折嘚遗失了的钱包、去城里个班车去县城的班车。

X 为动宾短语：冇大义个人没孝心的人、骑摩托车嘚个后生骑摩托的年

---

① 曹广顺：《近代汉语助词》，语文出版社 1995 年版，第 139—143 页。

轻人、捡便宜个场中捡便宜的时候。

X 为动补式：舞酸 tˑəu²⁴ 个酒弄酸了的酒、着烂 tˑəu²⁴ 个鞋穿破了的鞋、徛起来哩个人站起来了的人。

X 为主谓短语：偃洗个被我洗的被子、狗乌个林化 mə⁵³ 哏狗娘养的林化傻子、纸做个飞机哏纸做的小飞机。

X 为带前加成分的动词重叠式：嚷嚷跳个人气得乱喊乱叫的人、摇摇动个桌哏摇摇晃晃的桌子、荡荡动个布起伏波动的布、碌碌转个乌珠哏转来转去的眼珠子。

X 为动词并立结构：冇牙冇齿个婆老壳没牙没齿的老太婆、冇大冇细个人没大没小的人、摇 liau 摇 liau 个篮哏摇来摇去的篮子、翘 liau 翘 liau 个尾巴哏一翘一翘的小尾巴、行上行下个人走上走下的人、桴天桴地个婆太人哭天哭地的女人、雄天雄地个值班员骂骂咧咧的值班员。

X 为形容词：红个桃哏红的桃子、乌个布黑的布、酸个酒酸的酒、能干个子仗能干的子女、标致个仗客哏漂亮的少女。

X 为单音节形容词重叠"AA 哩"式：红红哩个门帘有点儿红的门帘、淡淡哩个汤偏淡点儿的汤、滚滚哩个水热点儿的水。

X 为双音节形容词重叠式：nei²⁴ nei³³ 碎碎个药丸哏碎碎烂烂的药丸儿、零零 tɔk⁴ tɔk⁴ 个票哏零零碎碎的钞票。

X 为带前加成分的形容词：mia⁴⁵³ mia²¹ 乌个镬盖漆黑漆黑的锅盖、谢谢白个菜泛白泛白的菜、梆梆硬个馒头梆梆硬的馒头。

X 为带后加成分的形容词：乌 mia²¹ mia²¹ 哩个镬盖乌黑乌黑的锅盖、白谢谢哩个菜泛白泛白样儿的菜、硬梆梆哩个馒头硬梆梆样儿的馒头。

X 为形容词四音节嵌音式：齷哩八糟个菜脏兮兮的菜、下哩八贱个婆太人下贱的女人、生里八党个人陌生的人、舞过舞绝个事要命的事、疤拉liɛn³¹ kˑiɛn²¹ 个西瓜疤痕累累的西瓜。

X 为 Naa 式谓词性短语：眼横横哩个老几横眉怒目的家伙、肚脾脾哩个官老爷挺着大肚子的官老爷。

X 为三、四音节象声词：轰隆隆个声音、当当当个声音、xai⁴⁵³ lai²¹ xai⁴⁵³ lai²¹ 个响声、kˑau²⁴ lau³³ kˑau²⁴ lau³³ 个狗吠声。

c. 副词性成分 + 个 + 名：一贯个做法、历来个规矩、临化临赶个事临时仓促的事。

2. "X 个"的语法意义

在"X 个 + 名词"的结构中,"X 个"的基本功能是充当定语,其语法意义主要有:

a. 表示领属:佢个衫、公家个票嘚、华平嘚个老伯

b. 表限制:前高个鸭嘚、男男嘚个节裤嘚

c. 表描写:冇大义个人、龌哩八糟个菜

d. 表属性类别:煎个鱼/蒸个鱼、供个鸡/买个鸡

e. 表已然:佢煎个鱼、佢供个鸡

e 类中的"X 个"带有"准定语"性质。

9.1.1.2 "X 个 + 谓词"

"个"为修饰性助词,用作状语标志,构成"X 个 + 谓词"式的状中短语,其中心语由动词或形容词充当。

1. X 个 + 动词

其中的 X 可以是:

a. 动词性成分,包括:①四音节的动词嵌音;②衍音重叠式;③状中式;④动宾并立式。例如:

飙天 tɕ·iɔk⁴ 地个行 活蹦乱跳地走、桠天桠地个走来哩 哭天抹泪地跑来了、摇 liau³³ 摇 liau³³ 个挑水 摇摇晃晃地挑水、扭 liəu²¹ 扭 liəu²¹ 个行 扭来扭去地走、摸 lia²¹ 摸 lia²¹ 做 慢吞吞地做、冇声冇气个出去 没声没息地出去、有话有笑个来哩 有说有笑地来了。

b. 量词"N 打 N"重叠式。例如:

块打块哩个割、遍打遍哩个广播、碗打碗哩个食、袋打袋哩个提开来

"N 打 N"后一般要加"哩"更顺口,加"哩"后用不用"个"两可。

c. 双音形容词 AABB 重叠式、四音节嵌音式:白白净净个出去、舒舒服服个歇、安安静静个坐、快快活活个去、笔笔直直个行、信古打天个写 随随便便地写、老老实实个话

d. 带后加成分的四音节形容词:警 lau⁴⁵³ lai²¹ ts·ai²¹ 个放 歪歪扭扭地放、泥污 kɔŋ³¹ ka²¹ 个提起来 满是污泥地提起来、乌 mia⁴⁵³ ti⁴ tat²¹ 个涂 黑乎乎地涂。

e. 四音节副词:噼里啪啦个食 快快地吃、一五一十个话 一五一十地说。

f. X 为主谓结构：手牵手个出去、面对面个坐、一桶接一桶个装、眼巴巴哩个望

g. 三音节、四音节象声词：咣咣咣个摧敨（来几下铜锣）、嗒嗒嗒个响、轰隆轰隆个开（过来哩）、vi⁴⁵³ vo²¹ ts'at²¹ kiau²¹ 个喊、vo²⁴ 天 vo²⁴ 地个喊、乒 liŋ²¹ 乓 laŋ²¹ 个捶、xo³¹ lo²¹ xo³¹ lo²¹ 个流

"X个"用于动词前主要表示动作行为的方式，伴随状态，不管"X"属什么性质的语法单位，带上"个"用于动词前均充当状语。"X个"属副词性语法单位。此外这一类结构中的"个"都可省略，平常表达中以不加"个"为常，加"个"有一定的强调作用。

2. X 个 + 形容词

其中 X 主要为程度副词：十分个柴人、特别个恶柴、唔晓几样个燥爽、不胜几个潮湿、确实个大

9.1.1.3 构成"个"字短语

一般而言由"X 个 + 名"代替整个定中短语，除 X 为副词的一类外，其他类型的都可省略名词，由"X 个"代替整个组合。例如：

涯个、ti²⁴ 个、公家个、脑上个、屋下个、枞枋个、块打块个、做阵个、煎个、骑单车个、涯洗个、摇摇动个、行上行下个、红个、标致个、淡淡哩个、nei²⁴ nei³³ 碎碎个、mia⁴⁵³ mia²¹ 乌个、乌 mia²¹ mia²¹ 哩个、轰隆轰隆个、当当当个

"个"字短语功能可以单说，在句中可充当主语、宾语、谓语。例如：

单说：公家个/作田个/nei²⁴ nei³³ 碎碎个

主语：涯个放过 ti²⁴/mia⁴⁵³ mia²¹ 乌个唔好看

宾语：提到只偷东西个逮到个偷东西的/ti²⁴ 杆笔係华平嘚个这支笔是华平子的、拿只圆个等涯个圆的给我。

谓语：ti²⁴ 张桌嘚铁个这张桌子铁的/涯人作田个咱们种田的/ka²⁴ 乘小包车嘚县长个那辆小轿车县长的。

"个"字结构充当谓语的大都是判断句，"X 个"前可加判断词"係"。

9.1.1.4 用于运算两项之间，表提顿

"个"可用于运算的两项之间，表提顿。例如：7 尺个 8 尺总共就 15 尺、2 丈个 3 丈就 6 丈见方、5 个个 3 个还 ts'ɔŋ⁵³ 到两个 5 个的 3 个还剩

下两个。

9.1.2 哩

"哩"在龙岗话中是一个十分活跃的语法成分。它的用法有三种，一是用作状态词标记，二是用作体助词，三是用作中缀。例如：

（4）生 fak⁴fak⁴哩放下去炒。[状态词标记]

（5）渠头日去哩。[体助词]

（6）横哩横撑。[中缀]

"哩"用作状态词标记其语法作用是构成状态形容词。"哩"加在形容词及其变式后，可增强摹状的生动性，其他非形容词语法单位，加上"哩"之后大多具有了状态形容词性质，并使其成为一个独立运用的单位，因而"哩"具有成词的作用。其语义类似于古汉语形容词词尾"然"，相当于"××××的样子"。另外，作为状态词标记的"哩"，还具有标明结构关系的作用，"X哩"最通常的用法是修饰谓词，"哩"是状语的标志。以下集中讨论状态词标志"哩"的分布和语法功能。

9.1.2.1 X哩

"哩"能出现在副词性词语及拟声词后头，构成"X哩"状态词。其中的X可由以下单位充当：

1. 形容词性成分

主要有以下形式：

第一类，Aaa哩：红 fia³¹fia³¹哩、白谢谢哩、硬梆梆哩、高 k·ia²⁴k·ia²⁴哩

第二类，aaA哩：fia³¹fia³¹红哩、谢谢白哩、梆梆硬哩、k·ia²⁴k·ia²⁴高哩

第三类，aA哩：梆硬哩、谢白哩

第四类，AA哩：酸酸哩、浓浓哩、淡淡哩、甜甜哩、苦苦哩

第五类，bA哩：liɛn⁴⁵³软哩、laŋ⁵³硬哩、lan⁴⁵³淡哩、liaŋ²⁴甜哩、lu³¹苦哩

第六类，AABB哩：黏黏搭搭哩、伶伶俐俐哩、燥燥爽爽哩

第七类，ABCD哩：謷 lau³³赖在哩歪歪扭扭地、壮牯 lət⁴tət⁴哩肥肥壮壮

地、柴死八人哩难看死了、瘦骨 lai²⁴ 柴哩瘦骨伶仃地。

其中一、二、三类中的 a 为附加成分，一类后加式，二、三类为前加式，二、三类之间不存在对应关系，哪些双音节前加成分能减省为单音节视习惯而定。五类中的 b 为衍音，bA 是一种准重叠形式，其性质类 AA 式。七类为形容词四音节嵌音式，其类型繁多，几近无序。以上 7 类除了二、三、六、七类外，其余都是黏着的，即 X 必须带"哩"才能成词。

2. 名词性成分

第一类，N 打 N 哩：桌打桌哩、碗打碗哩、斤打斤哩、只打只哩

第二类，NN 哩：阵阵哩、勺勺哩、下下［xa⁵³xa²¹］哩一会儿、上上哩、下下［xa⁴⁵³xa²¹］哩稍下点儿

第三类，Nt 哩：天光边哩、半昼哩、大半晡哩、清晨八朝哩

第四类，aN 哩：齐家哩、完只哩、成日哩、成夜哩、沿街哩

第五类，数量（名）哩：一学期哩、一个钟头哩、三五个哩

第六类，量 + 把哩：斤把哩、两把哩、个把哩、只把哩

第七类，Np 哩：tin⁴⁵³ 哩、kan⁴⁵³ 哩、几多哩、几久哩、tin⁴⁵³ 阵嘚哩

第一类中 N 为量词或由名词转化来的临时量词。"N 打 N 哩"有"一 N 一 N""整 N"两重含义，如"碗打碗哩"既可表示"一碗一碗"，又可表达"整碗"的意思。第二类中的 N 多为不定量词和单纯方位词，重叠后表示量少。第三类中的 N 为时间词，带"哩"的时间词大都指约略的时辰，有的是带嵌音的四字格时间词，如"清晨八朝""夜不时工"。以上 3 类中，第一类中的"哩"是黏着的。第二、三类去掉"哩"也能成立。

3. 动词性成分

第一类，V 得哩：走得哩过来、爬得哩上来、枵得哩转来

第二类，aaV 哩：fit⁴ fit⁴ 跳哩、t‘iau⁴⁵³ t‘iau⁴⁵³ 煎哩、k‘uŋ⁵³ k‘uŋ⁵³ 动哩、pa⁵³ pa⁵³ 跌哩

第三类，Naa 哩：眼 k‘ia²⁴ k‘ia²⁴ 哩、嘴翘翘哩、面横横哩、脑 t‘o²⁴ t‘o²⁴ 哩

第一类中 V 与哩之间必须有衬音"得","得哩"相当于普通话中的"着",含有进行体意味。"V 得哩"修饰趋向动词,表示伴随进行的动作或方式,"得哩"是方式状语的标志。第二类中 aa 是动词的前加成分,有生动意味,"哩"是非黏着的。

4. X 为拟声词

第一类,双音节：xo³¹xo³¹哩（流）、砰砰哩（响）、呼呼哩（吹）

第二类,四音节：xo³¹lo³¹xo³¹lo³¹哩、叮铃铛啷哩、乒 liŋ 乓 laŋ

第三类,A/AB 下哩：砰声下哩、xo³¹ lo²¹ 声下哩、轰隆声下哩

第三类中拟声词可以是单音节的,也可以是双音节的,多音节的拟声词不出现在该位置,"A/AB 声下"相当于普通话"A/AB 地一声"。

5. X 为副词

例如：白白哩、偷偷哩、足足哩、节节赖赖哩、被哩帕拉哩、临化临赶哩、信古打天哩。

9.1.2.2 "X 哩"的语法功能

"X 哩"具备形容词的基本属性,可以单说,经常充当状语,也可作主语、谓语、补语、定语。"X 哩"大都可构成"个"字短语。NN 哩、aN 哩、V 得哩、N 把哩等式还可重叠。"X 哩"作状语时,非黏着的可带"哩"可不带"哩",以带"哩"为常,大都带"个"。各式用例如下：

Aaa 哩：

红 fia³¹fia³¹哩十分几柴人红红的十分难看。［主语］

ti²⁴个馒头硬梆梆哩这个馒头硬梆梆的。［谓语］

生 fak⁴fak⁴哩放下去炒鲜活鲜活地放下去炒。［状语］

空 tʻɔŋ⁵³tʻɔŋ⁵³哩个手袖空荡荡的袖子。［定语必须带"个"］

漆来黄 kuŋ²⁴kuŋ²⁴哩漆得黄澄澄的。［补语］

红 fia³¹fia³¹哩个。["个"字短语]

aaA 哩：

习习软哩好坐。［主语］

ti²⁴个沙发梆梆硬哩这个沙发硬硬的。［谓语］

xiɛ⁴⁵³xiɛ⁴⁵³红哩摘下来红红地摘下来。［状语］

谢谢白哩个猪肉白白的猪肉。［定语,带"个"］

洗来谢谢白哩_{洗得白白的。}［补语］
谢谢白哩个。［"个"字短语］

aA 哩：
梆硬哩咭唔进_{硬硬的咬不动。}［主语］
ti^{24} 盆花谢白哩呃_{这盆花有点白了。}［谓语］
歇来 lat^4 横哩_{睡得横横的。}［补语］
lat^4 横哩歇_{横横地睡。}［状语］
Lat^4 横哩个。［"个"字短语］

AA 哩（含 bA 哩式）：
酸酸哩更好食_{有点儿酸更好吃。}［主语］
ti^{24} 个凳嘚高高似哩_{这张凳子有点儿高。}［谓语］
做来阔阔哩_{做得有点儿阔。}［补语］
滚滚哩放下去_{热点儿放下去。}［状语］
轻轻哩个钁锄_{轻点儿的锄头。}［"哩""个"不能省］
旧旧哩个。［"个"字短语］

AABB 哩：
燥燥爽爽哩正唔会发霉_{干干爽爽才不会发霉。}［主语］
渠两个仔都 ŋo^{31}ŋo^{31}taŋ^{53}taŋ^{53} 哩_{他两个儿子都傻乎乎的。}［谓语］
和和气气哩讲_{和和气气地讲。}［状语］
黏黏搭搭哩个人_{黏黏糊糊的人。}［定语，带"个"］
扫来伶伶俐俐哩_{扫得干干净净的。}［补语］
燥燥爽爽哩个 ［"个"字短语］

ABCD 哩：
赘 lau^{33} 赖 ts'ai^{21} 哩蛮柴人_{歪歪扭扭的很难看。}［主语］
生来个仔壮牤 lət^4 tət^4 哩_{生了个儿子胖乎乎的。}［后置定语］
ti^{24} 条凳疤拉 liɛn^{31} k'iɛn^{21} 哩。［谓语］
瘦骨赖柴哩转来_{瘦骨伶仃地回来。}［状语］
生来柴死八人哩_{生得难看死了。}［补语］
牙花裂缺哩个。［"个"字短语］

Naa 哩：
眼腆腆哩鬼都怕_{眼突突的鬼都怕。}［主语］

渠一日到夜脑驼驼哩他一天到晚头昂昂的。[谓语]
眼虎虎哩走过来眼虎虎地走过来。[状语]
面横横哩个角色长得难看死了。[定语，带"个"]
一双手生来毛浓浓哩。[补语]

N打N哩：

fiŋ⁴⁵³打fiŋ⁴⁵³哩不胜几吓人一道一道的痕很是吓人。[主语]
鸡屎pʻiaŋ⁴⁵³打pʻiaŋ⁴⁵³哩鸡屎一摊一摊的。[谓语]
斤打斤哩买。[状语]
伙打伙哩个人行过来。[定语，带"个"]
笋打笋哩谷拿去送人。[定语，不带"个"]
撕来条打条哩。[补语]
籽打籽哩个。["个"字短语]
笋打笋哩笋打笋哩拿去送人。[重叠]

NN哩：

下下哩做唔得一会儿不行。[主语]
ti²⁴碗饭多多哩这碗饭一点点儿。[谓语]
滴滴哩滴一点点滴。[状语]
滴滴哩滴滴哩滴一点儿一点儿滴。[重叠]
买多多哩买一点儿。[宾语]
点点哩猪肉一点点猪肉。[定语，不带"个"]
阵阵哩个人工一会儿的时间。[定语，带"个"]
等来阵阵哩等了一会儿。[补语]

N时哩：

天光边时哩太早tʻəu天蒙蒙亮时太早了。[主语]
至今半昼时哩。[谓语，限于现在时间判断]
夜不时工时哩出门半夜里出门。[状语]
等到热头打顶时哩等到太阳打顶时分。[介宾]
清晨八朝时哩个场间大清早的时候。[定语，带"个"]
半朝时哩个。["个"字短语]

aN哩：

齐家哩请。[状语]

完只哩个鸡。［定语］

数量（名）哩：

一学期哩得么一学期左右够吗？［主语］

最多一个月哩最多一个月的样子。［谓语］

等一个钟头哩等一个小时左右。［宾语］

半个月哩转来一次半个月左右回来一次。［状语］

写来两个礼拜哩写了两个星期的样子。［补语］

两三个哩人两三个人左右。［定语］

量＋把哩：

斤把哩唔得食一斤左右不够吃。［主语］

ti^{24}只鱼斤把哩。［谓语］

买箱把哩。［宾语］

斤把哩鱼。［定语］

斤把哩个鱼。［定语，带"个"］

Np 哩：

tin^{453}哩看起来更有神气这样看起来更有精神。［主语］

敬老院几多哩敬老院多少？［谓语］

买几多哩？［宾语］

你几久哩转来一次你大约多长时间回来一次？［状语］

去过几回哩去过几次的样子。［补语］

几多哩人报来名大约多少人报了名。［定语，表疑问］

你看 ka^{24}边几多哩人吧你看那边那么多人。［定语，表程度］

几工哩个。［"个"字短语］

V 得哩：

汝群个仔从学堂下㭆得哩转来汝群的小孩从学校哭着跑回来。［状语］

渠 kʻi^{453}哩 kʻia^{31}lia^{21}走得哩过来他急急忙忙地跑过来。［状语］

aaV 哩：

fit^{4}fit^{4}跳哩不胜几活猎活蹦乱跳十分灵活。［主语］

ti^{24}张桌嘚 kʻuŋ^{53}kʻuŋ^{53}动哩这张桌子有点儿摇摇晃晃。［谓语］

烧来 tʻiau^{453}tʻiau^{453}煎哩烧得滚热滚热。［补语］

pa^{53}pa^{53}跌哩行来几步跌跌撞撞走了几步。［状语］

熬熬动哩个嘴管_{动来动去的嘴巴}。［定语］

təu⁴⁵³təu⁴⁵³震个［"个"字短语］

双音节拟声词＋哩：

坑里个水一日到夜xo⁵³xo⁵³哩流来冇停。［状语］

北风呼呼哩吹。［状语］

砰砰哩个声音。［定语］

四音节拟声词＋哩：

门头个铃一日到夜叮铃铛啷哩响。［状语］

A/AB哩声下哩：

砰声下哩世下都听得到_{砰地一声阴间都听得到}。［主语］

灰寮xo³¹lo³¹声下哩tan³¹t'əu²⁴_{厕所哗啦一声塌了}。［状语］

楼上轰声下哩。［谓语］

叭lak⁴声下哩个声音。［定语，带"个"］

hai³¹lai²¹声下哩个［"个"字短语］

F哩：

白白哩去走千多块钱_{白白地花了一千多块钱}。［状语］

9.1.3 来

"来"，音lei²⁴，龙岗话"来"有动词、体助词、语气助词、结构助词四用。例如：

（7）你几时来个？［实义动词］

（8）伯㖸昨日圩日买来只猪条。［体助词］

（9）戒t'əu烟来！［语气助词］

（10）累来要死哩。［结构助词］

9.1.3.1 "来"用作结构助词

"来"用作结构助词，相当于普通话的补语标志"得"，即"得"后联系的是状态补语。状态补语在意义上有的可表示动作的结果，有的兼表程度。例如：

（11）话相声个诱得个个哈哈哩笑。［结果］

（12）木来要死哩_{笨得要死}。［程度］

（13）ti²⁴扇壁粉来光va²⁴va²⁴哩_{这扇墙粉得光亮光亮的}。［结果兼程度］

表 9－1　　　　　　　　　　"X 哩"的语法功能

"哩"的分布			"X·哩"的语法功能							"X·哩"的性质
X 的性质	X·哩	举例	主	谓	宾	定	状	补	"个"字短语	重叠	
形容词性	Aaa 哩	红 fiafia 哩	√	√	×	√₊	√	√	√	×	形容词性
	aaA 哩	谢谢白哩	√	√	×	√₊	√	√	√	×	
	aA 哩	梆硬哩	√	√	×	√₊	√	√	√	×	
	AA 哩	酸酸哩	√	√	×	√₊	√	√	√	×	
	bA 哩	lau⁴⁵³高哩	√	√	×	√₊	√	√	√	×	
	AABB 哩	燥燥爽爽哩	√	√	×	√₊	√	√	√	×	
	ABCD 哩	牙花裂缺哩	√	√	×	√₊	√	√	√	×	
名词性	N 打 N 哩	斤打斤哩	√	√	×	√₊	√	√	√	×	形容词性
	NN 哩	碗碗哩	√	√	×	√±	√	√	√	√	
	Nt 哩	半昼哩	√	√限	√介宾	√±	×	√	√	×	
	aN 哩	完只哩	×	×	×	√₊	×	√	√	×	副词性
	数量（N）哩	两个月哩	√	√	√	√±	√	√	√	×	形容词性
	Nₚ哩	几多哩	√	√	√	√±	√	√	√	×	
	量＋把哩	只把哩	√	√	√	√±	√	√	√	√	
动词性	V 得哩	笑得哩	×	×	×	√	×	×	×	×	副词性
动词性	aaV 哩	fit⁴fit⁴跳哩	√	√	×	√₊	√	√	√	×	形容词性
	Naa 哩	嘴ŋa⁴⁵³ŋa⁴⁵³哩	√	√	×	√₊	√	√	√	×	
拟声	拟声＋声下哩	轰声下哩	√	√	×	√₊	√	√	√	×	形容词性
副词性	F 哩	白白哩	×	×	×	√	×	×	×	×	副词性

可能补语前不能用"来"。例如：

（14）话得清楚/＊话来清楚。

9.1.3.2　"来"的分布

1. "来"所依附的谓词以动词为主。形容词谓词主要是一些具有推移性的动态形容词。形容词后的补语意义上多是结果兼表程度的。例如：

烂来 tɔŋ²⁴tɔŋ²⁴跌跌/壮来眼睛眯眯哩/累来唔会动呃

2. "来"所联系的补语可以由以下成分充当。

a. 形容词性的"X 哩"结构。例如：煮来谢谢白哩/焗来红 fia^{31} fia^{31} 哩。

b. 形容词作中心语的状中短语：捡拾来蛮伶俐/话来太快 t'əu^{24}。

c. 形容词 AABB 重叠、嵌音、前加式：捡拾来白白净净/食来 lia^{24} 栽 liŋ^{31} tɕ·iŋ^{21} 倾/晒来 kuŋ^{53}kuŋ^{53} 黄。

d. 补语为数量名结构：行来一身汗。抓来一面咀血抓得一脸的血。

e. 补语由小句充当：

（15）食来牙齿都赢 ka^{24} 砻钉样吃得牙齿都像砻钉一样。

（16）吓来倨唔会动呃。

以上两例补语由小句充当，例（15）小句主语与"来"前的动词不构成动宾关系。例（16）小句主语同时又是前面动词的受事。

f. 补语由状中、动宾短语充当：精算来要死。/皮鞋擦来照得见人影。

3. 一般的动宾结构加"来"时，要用动词的拷贝形式，即重复该动词。例如：

（17）过年过来厚厚实实。

（18）大细哦听古听来唔恓去归呃小孩子听故事听得不想回家了。

人称代词作宾语时，宾语也可放在"来"后。例如：

（19）倨寻来你不胜几唔得过我找你找得不知多难过。

动词短语做补语时，中心词为动宾式的，也多用这种动词拷贝形式。例如：

（20）行来透气都透唔春扯呃走得呼气都呼不平匀了。

（21）累来话事都话唔出呃累得讲话都讲不出了。

4. "来"后的补语不能是单个的动词或一般形容词（"一般"相对形容词的生动形式如重叠、嵌音等而言）。

9.1.4 得

"得"在龙岗话中用在动词或形容词后头主要联系可能补语。"得"也可以联系状态补语，大多数状态补语标志"来"可用"得"替换，但"得"是后起的用法，地道的说法多用"来"。"得"也可用于某些程度补语。

9.1.4.1 "得"用作可能补语，相当于普通话的"得₁"

1. "得"后充当可能补语的可以是动词、形容词，有的只是复合词的后一部分。例如：

（22） 煮得烂/打得赢

（23） tiaŋ⁴⁵³扔得到蛮远/tiaŋ⁴⁵³得蛮远

（24） 用得到蛮久/用得蛮久到

（25） 着得到四五年/着得四五年到

（26） 守得住几多年？/守得几多年住？

（27） 拿得动/食得进

（28） 一个月学得会开车

（29） 认得到/听得到/点得着/睁得开

（30） 杀得/卖得

例（22）是形容词作补语表可能，若形容词受程度副词修饰，成为状中短语，其性质就不再是可能补语，变为表结果和程度的状态补语了。状中式补语的可能式必须加"到"成为例（23）（24）的双补语格式，其中"到"表可能。状中式形容词短语表实现的结果或达到的程度。两个补语的语序可互换。例（25）（26）也是双补语连用的形式，其中一个补语由数量短语充当。例（27）由动词充当补语，例（28）由助动词充当补语。例（29）的补语则是复合词中的后一部分。而例（30）中的补语就是"得"。

2. 可能式的否定形式是在补语前加"唔"，去掉"得"。例如：

煮得烂→煮唔烂　　　　　打得赢→打唔赢

拿得动→拿唔动　　　　　食得进→食唔进

认得到→认唔到　　　　　点得着→点唔着

双补语的否定式是在可能补语前加"唔"，去掉"得"。例如：

tiaŋ⁴⁵³得到蛮远→tiaŋ⁴⁵³唔到蛮远

tiaŋ⁴⁵³得蛮远到→tiaŋ⁴⁵³蛮远唔到。

着得到四五年→着唔到四五年。

着得四五年到→着四五年唔到。

3. 可能补语与宾语同现于动词后时，普通话宾语位置总是在补语后头。例如：听得懂话、赶得上车、叫不出名字。宾语放在"得"之后，例如："岂能瞒得我过"是宋元白话的格式，现代汉语普通话里除了一些熟语性说法，如"放心不下，吃罪不起"之外很少见（朱德熙1982，第132页）。龙岗话则宋元白话的格式依然常用，即宾语置于补语之前。例如：

（31）屋背岭打得野猪到。
（32）鱼塘里捉得脚鱼到。
（33）ti^{24}种乌蝇药闹毒得人死。
（34）俚话得渠郎人赢。
（35）一个人当得渠一家人到。
（36）ti^{24}种洗衣粉洗得衫上个油渍掉。
（37）一个朝晨卖得两桌豆腐尽。
（38）冇斯哩谁估得渠几时转来到。
（39）两年就学得做衫到。

充当宾语的成分可以是名词，如例（31）（32）（33）；代词，如例（34）；名词性偏正短语，如例（35）（36）（37）；主谓短语，如例（38）；动宾短语，如例（39）等。

与普通话一致的"动词+得+补语+宾语"的格式也平行使用，例如："打得野猪到"也可以说成"打得到野猪"，口语中选用何种语序一是与语用有关，强调宾语多用"V得+O+补"式，反之则用"补语+宾语"式；二是与宾语及补语的语流相对长度有关，当宾语过长而补语为单音节时，补语在前的格式，说起来节奏更平稳。

固定语序如"对得住"与自由组合对语序没有影响，可以说"对得你住"，也可以说"对得住你"。

9.1.4.2 "得"联系状态补语，相当于普通话"得$_2$"

1. 龙岗话状态补语标志有"得"和"来"两个。"来"的使用范围比"得"窄。当状态补语是形容词时，"得"可以引导单个形容词，也可引导"程度副词+形容词"的状中式短语或形容词的生动形式，而"来"不能引导单个的一般形容词。例如：

A	B
生得标致	生得蛮标致/标标致致

放得高　　　　　　　　　放得蛮高/k·ia²⁴k·ia²⁴高哩
话得好　　　　　　　　　话得蛮好
C　　　　　　　　　　　D
＊生来标致　　　　　　　生来蛮标致/（标标致致）
＊放来高　　　　　　　　放来蛮高/k·ia²⁴k·ia²⁴高哩
＊话来好　　　　　　　　话来蛮好

单个形容词（A式）与"程度副词 + 形容词"或形容词生动形式做状态补语，意义上有差别，前者一般是静态的陈述，后者则是动态的描绘；前者不包含量（程度）的概念，后者则承载了量的信息。

普通话"得"所引导的形容词状态可区分为上述 A、B 两种情况，龙岗话"来"的分布正反映了这种区别。

2. 与普通话一样，在形容词作补语的述补结构中，龙岗话的"得"既可引导可能补语，也可引导状态补语。如"爬得高"里"高"作可能补语、状态补语两可，两者的区别是：

a. 补语可扩展的表状态，不能扩展的表可能。例如：

爬得高→爬得十分高→爬得唔晓几高

"爬得高"表可能也可扩展，但必须加"到"，即扩展为"V得……到"，如"爬得蛮高到"。表状态时，扩展式中的"得"可由"来"替换，可能补语不能用"来"替换。

b. 可能补语的否定式是在形容词前加否定词"唔"，去掉"得"。状态补语否定式则有两式：一是用"冇"否定动词，去掉"得"；二是将形容词补语，变为"程度副词 + 形容词"式，再在"得"下插入否定词"冇"。例如：

可能补语：爬得高→爬唔高

状态补语：爬得高 { 冇爬高
　　　　　　　　　爬得冇蛮高

可能补语：话得好→话唔好

状态补语：生得标致→生得冇蛮标致

9.2 语气助词

龙岗话较有特色的语气助词有"咪、么、呵、喽、咧、嘶、个、来、啊"。"呃"和"哩"用在句末兼表语气和已然体,在"动词的体"相关章节讨论。

9.2.1 咪

咪,音 mi^{453},用在句末,表疑问。发问的目的是要对方就"咪"前叙述的事实加以证实。例如:

(40) 你 ka^{24}tɕ·i^{453} 美国留学个仔转来咪你那在美国留学的儿子回来了,是吗?

(41) ——唔交提留款个,大细啷唔准去报名不交提留款的,小孩不准去报名。

——係咪是吗?

(42) 沙排斯哩归新妇咪沙排谁娶媳妇是吗?

(43) 你新妇生来仔咪你儿媳生了儿子是吗?

(44) 买来红个 ka^{24} 件咪买了红的那件是吧?

"咪"可以构成招呼语,打招呼的方式是就对方即时的行为提问,或就对方已然、将然的行为提问。例如:

(45) tɕ·i^{453} 食饭咪?

(46) 到犁田咪?

(47) 去应墟咪?

"咪"可以与"呃、吧、咧"等助词连用。例如:

(48) 青水塘包等私人呃咪?

(49) 你真个唔听佢个话咪咧?

(50) 你打来长途等渠咪吧?

(51) 今年你唔栽油菜呃咪吧?

(52) 划 t·əu^{21} 你个名字来咪咧?

9.2.2 么

么,音 mo^{453},疑问语气词,其用法主要有:

9.2.2.1 用于句末表一般疑问

"么"用于句末，表示一般疑问。例如：

（53）你话醒渠么你告诉了他没有？

（54）散来墟呃么散了墟了没有？

（55）ti^{24}坵田往先栽过番薯么这块地以往种过红薯没有？

9.2.2.2 用于句末表委婉的劝谕或祈使

"么"用在句末，表示委婉的劝谕或祈使。例如：

（56）你要着多一件衫么？

（57）天光朝晨要起早床，你要先去歇么？

（58）坐过去多嘚么？偃ti^{24}边夜有只凳头嘚呃。

9.2.2.3 用于句末，表委婉的责备

"么"用在句末，表委婉的责备，带有幸灾乐祸的意味，句末用感叹号。例如：

（59）会死么！偃早都喊来你唔要爬上爬下呃。

（60）会唔听偃个话呃么！

（61）敢抄天呃么！ti^{24}次逮来打时该记骨呃吧？

9.2.2.4 "么"与"咧"连用

"么"与"咧"连用表关切的询问，或委婉的征询。例如：

（62）个个人食饱么咧？冇食饱时煮多嘚面添。

（63）天更寒呃着到衫么咧？

（64）下次再有车时你留偃去么咧？

（65）你话个係真个么咧？

"么"和"咪"都是疑问语气助词，两者的区别是："么"是有疑而问，答语必须是解释性的。"咪"是证实性是非问，答语用肯定或否定式与之呼应。

9.2.3 呵

呵，音 xɔ^{53}。"呵"所附着的句子是陈述性的，发问者陈述某种主观看法，句末的"呵"征询对方是否赞同，相当于普通话"……是吧？"例如：

（66）广东蛇嘚十分几鬼碌呵广东佬非常狡猾是吧？

（67）赣州啊冇什么灰头呵赣州也没什么好玩的，是吧？
（68）ti²⁴种烟蛮噌人呵这种烟很呛人是吧？

9.2.4 咧

咧，音 liɛ⁴⁵³或 liɛ³¹。用于句末或句中。其用法有：

9.2.4.1 表疑问

"咧"表疑问，音 liɛ⁴⁵³。例如：

（69）你旧年年下样斯冇转来咧你去年年根怎么没回来呢？
（70）ti²⁴个月个电表样斯走来 tin⁴⁵³样快咧这个月的电表怎么走得这么快呢？
（71）告状个係渠啊蛮係渠咧告状的是他不是他嘛？
（72）自家人就唔帮，去帮别络人，你样斯 tin⁴⁵³能干咧自家人就不帮，去帮别人，你怎么这么能干呢？

例（71）是反语责问。

9.2.4.2 表强调语气

"咧"表强调语气，提请对方注意句中事实。例如：

（73）渠公做过国民党个专员咧！
（74）苏区个场间，毛主席 tʻɕi⁴⁵³石城打过仗咧！
（75）太平天国个幼王洪仁玕都係 tʻɕi⁴⁵³石城捉到个咧！
（76）横江个重纸 tʻɕi⁴⁵³世界上都出过名咧横江的重纸在世界上都出过名的呢！
（77）伢啊伢，到来人家 ka²⁴屋下时蛮係自家屋下样咧女儿呀女儿，到了人家家里呢可不是像自己家一样啊！

9.2.4.3 表提顿

"咧"表提顿，突出陈述对象。例如：

（78）价钱咧唔算贵，就係冇票哽买唔起。
（79）你咧偢来去又去唔得；倨咧，唔偢去又要倨去，你说会气死人么吧你呢想去又去不了；我呢，不想去又要我去，你说会气死人吧。

9.2.5 喽

喽，音 ləu³¹，句末语气词，基本用法是提请对方注意，语气较委婉。具体用法有：

9.2.5.1 委婉的劝谕

"喽"表委婉的劝谕。例如：

（80）怕时唔敢 kan⁴⁵³ 哩喽恐怕不能那样啊！

（81）对爹另娭要有大义喽对父母要有大义（孝心）呀！

9.2.5.2 表提醒

"喽"用来提请对方注意。例如：

（82）落雨呃喽！你个衫收来呀冇？

（83）来过年呃喽！你唔要惹俚着火咧快过年了哦！你可不要惹我生气哈。

9.2.5.3 表叮咛

"喽"用在句末，表叮嘱、叮咛。例如：

（84）斫 tsaŋ³¹/²⁴ 柴时唔敢去洗冷水汤喽（刚）砍完柴的话可不能去游泳啊！

（85）tɕ·i⁴⁵³ 城里头行路时要望紧车，唔敢眼望四天喽在城里走路的话要看住车，可不能东张西望的！

9.2.6 啊

啊，音 a⁴⁵³，句中语气词，其用法如下：

9.2.6.1 表相容性选择

"啊"表相容性选择，相当于普通话"也"。例如：

（86）你今 ti²⁴ 坐啊好，歇啊好，反正十五以前要结 tsaŋ³¹ 石脚来就係你现在坐也好，睡也好，反正十五以前要砌好墙脚就是。

（87）打电话啊做得，写信啊做得，结婚 tin⁴⁵³ 大个事你总要赢屋下话一句打电话也行，写信也行，结婚这么大的事你总得跟家里说一声。

（88）汤啊好，水啊好，食下肚里总有饱。

9.2.6.2 表多项列举

"啊"表多项列举。例如：

（89）鱼啊、肉啊、烟啊、酒啊，冇话着就送到渠丈姨娭 ka²⁴ 呃鱼呀、肉呀、香烟呀、酒呀，还没说起（赶忙）就送到他丈母娘那儿了。

（90）衫裤啊、鞋袜啊、洗面手巾啊，要用个东西都要带到来。

9.2.6.3 用于正反问句

"啊"用于正反问的正、反之间。例如：

（91）你到底去应墟啊唔去？
（92）管渠肯啊唔肯，你都要监渠食掉 ti^{24} 碗药来。

9.2.6.4 用于呼告

"啊"用于呼告，可附于单项呼告语后，也可在两项之间。例如：

（93）天啊！你样斯 tin^{453} 唔公道咧？昨日 tsaŋ^{31} 死掉猪，今朝样斯又要烧掉偃个屋来咧？
（94）伲啊伲，端来人家个碗，就要服人家管！
（95）金华佬啊金华佬，你爹晓得来时怕会逮你埋掉来喽。

此外，"啊"除用作语气助词外，还可以用作体貌标记。

9.2.7 来

语气词"来"的用法主要是：

9.2.7.1 表祈使

"来"用于"V + 补 + O"式祈使句中。例如：

（96）天光朝辰耘 tsaŋ^{31} 岭背 ka^{24} 几坵田个禾来明天早上耘好山后那几坵田来！
（97）舞平整地基来搞平整地基来！
（98）被哩帕拉洗伶俐碗箸来赶紧洗干净碗筷！

也可用于动补结构后，此时宾语多可由语境补出。例如：

（99）扭燥（被）来！
（100）扫净（地下）来！

9.2.7.2 表处置

"来"表处置，例如：

（101）朝辰一起床就要开 tsaŋ^{31} 镬灶来早上一起床就把锅灶开好了。
（102）你再 tin^{453} 搅铲顽皮时剥 t'əu^{53} 你个皮来！
（103）大年三十家家户户都会打 tsaŋ^{31} 肉丸来。

以上例句删去句尾的"来"不能成立，可见"来"有结句作用。"来"也可居于句中，放在两个动词短语之间，显示两个动作前后一贯。例如：

（104）杀猪个场间打屠个要 ts'ən^{453} 紧猪脑盖来再下刀杀猪的时候屠夫要把猪头压住再下刀。

(105) 食 t'əu⁵³ 酒来 tsuai³¹ 饭 把酒喝了装饭。
(106) 洗呃牙齿呃来洗面 刷完了牙再洗脸。

"来"表祈使、处置语气是由动词虚化而来的。试比较：

(107) 拿镬锄来！
(108) 着起衫来！
(109) 打开门来！
(110) 削尖铅笔来！

例（107）"来"是趋向动词，与"拿"构成连动关系。例（108）中"起来""开来"本是趋向动词作补语，中间插入动词宾语后，"起""来"两个语素的合成性减弱，语意有所分离，"起"直接被用作动词补语。"来"的趋向义减弱。例（109）"开"与"来"有一定的合成关系，但没有"起"与"来"结合成"起来"紧密，说明"来"与动词补语之间的直接成分关系逐渐减弱。例（110）中的补语"尖"则属一般的结果补语，与"来"已不存在合成关系，"来"成为表祈使的结句语气助词。

9.2.8 个

"个"用作句末语气助词，表肯定、已然语气。

9.2.8.1 表肯定

"个"表肯定，例如：

(111) 渠会打电话等偓个，你唔要吓偓。
(112) 係死个，你舞坏 t'əu²⁴ 学堂下个收音机嘚 要死了，你搞坏了学校的收音机。
(113) 渠 ts'au⁴⁵³ 骗你个，你唔要当真 他骗你的，你不要当真。

9.2.8.2 表已然

"个"表已然，例如：

(114) 偓行路转屋下来个。
(115) 大华嘚几时学小学个？

以上例（111）（112）去掉"个"后，意思相同，加"个"带有强调意味。例（114）（115）去掉"个"动作尚未发生，加"个"后则动作已发生。

9.2.9 时

"时",单念 sๅ²⁴。龙岗话中"时"指时间,属来自书面语的"文"的说法。口语中只有"几时""背时""冇时"等少数几个词中的"时"是具有"时间""时候"含义的构词语素,普通话的"时间",龙岗话口语中说成"场间、场中、辰头"等。以单词形式入句的"时"意义已经虚化,读音弱化为 sๅ¹²,其分布可在句中,也可在句末,它所依附的对象可以是句子也可以是词、短语、语素等各级语言单位。口语中"时"的含义则相当空灵,主要用来表示疑问、假设、让步、提顿等意味,其用法概括如下:

9.2.9.1 表疑问,用于句末

"时"表疑问,相当于普通话"呢"。例如:

(116) 位置留㤚坐,你自家时?
(117) 夜两个月咓,屋做唔 tsaŋ³¹ 时?
(118) 两公婆都去出差,大细嗰时?

此类疑问句多是针对某种情况寻求对策的提问,相当于"至于……"

9.2.9.2 用于主语后,起强调作用

"时"用在主语后,使主语话题化,有强调作用。例如:

(119) 㤚时唔去哦。
(120) 你时一定要嫁到个好老公来,唔要赢㤚样。
(121) 春娣嗰时係死个,一个礼拜迟到来五六次。
(123) 角把哩钱时总有啊。
(124) 黄鳝鳅鱼时篓打篓,青啄嗰_{生活在竹林中的一种青蛇}时一条都得。

9.2.9.3 表假设

"时"表假设,相当于普通话"……的话"。例如:

(125) 有病时再穷也要去医喇。
(126) 唔听人话时学什么都冇用。
(127) 要洗汤时好去洗,唔要日日都挳到半夜三更。
(128) 行夜路时要拿到条棍嗰来。
(129) 食时被哩帕拉食吃的话(就)赶紧吃。

9.2.9.4　表让步

"时"表让步，相当于普通话"就"。例如：

（130）要请时请，反正 ti^{24} 屋下都夜你话来算要请就请，反正这家里都只你说了算。

（131）个把哩月呃时，唔转来做得。

（132）坐时坐倒来，唔要倚来条电话树嘚样。

9.2.9.5　提示陈述对象

"时"提示陈述对象，起标记话题作用。例如：

（133）恶时係蛮恶柴。

（134）电时有电，夜赢 ka^{24} 鬼火样就係。

（135）票嘚时冇，要命时有一条。

（136）大时冇蛮大。

（137）偃时恼来 ti^{24} 回该生仔呃，冇恼到又生只侬条出来。

"时"以单词形式入句的用法，在连城客家话中同样存在，项梦冰（1997）对之作了详细的描写和讨论。① 他认为这一用法是由表示时间的"时"虚化而来的，并举出赵元任提到的河北和山西一带方言中的以"的时候"作停顿助词的用例作旁证。例如："这问题的时候，就等下次再谈吧"。其中，"时候"的虚化跟"时"完全平行，项梦冰还进一步指出，"时"的这种用法近代汉语中不乏其例。如《老乞大谚解》中的以下两例就相当典型：

（138）[茶饭如何？]茶饭时我店里家小新近出去了，委实没人整治，你客人们自做饭吃。

（139）[你那参那里参？／我的是新罗参。]新罗参时又好，愁甚么卖？

关于"时"的来源我们赞同项梦冰的意见，龙岗客话与连城客话一样比较全面地继承了近代汉语中虚词"时"的用法，至于虚化的"时"的性质，项梦冰认为属"话题标记"，"时"的确具有标明评述对象的作用，从而构成"话题语＋时＋说明语"的句子样式。但是，我们认为，既然"话题"和"说明"是语用上的概念，话题句本身也就

---

① 项梦冰：《连城客家话语法研究》，语文出版社 1997 年版，第 271—296 页。

是语用平面上的句子类型，而不是语法平面的分类。在语用平面上"时"可以看作话题标记，但这并不妨碍在语法平面上将其定性为语气助词。

第 10 章　副词

龙岗话副词可分 5 大类：程度副词，时间副词，范围副词，否定副词，情态、语气副词。

10.1　程度副词

10.1.1　程度副词的分类

龙岗话程度副词有 3 组：第一，高程度副词，强调程度之高。例如：最、头一、好、蛮、十分、打死、几（不胜几、唔晓几）。第二，超程度副词，表示程度超过界限。例如：太、太过。第三，低程度副词，表示相对程度差别，例如：更、较、可可、略微、略、略略、稍微。

3 类程度副词第一类中的"最、头一"，第二类的"太、太过"以及第三类相对程度副词都含有比较的意味，"最""头一"是全范围比较，"太、太过"的比较对象为心目中的期望值，第三类主要用于两相比较，其中"可可"是等比副词，其他为差比。

10.1.2　程度副词的语法特征

1. 修饰形容词。形容词可分一般形容词和生动形式形容词（含重叠、附缀等），程度副词只能修饰一般形容词，不能修饰形容词生动形式。例如：最好、头一轻灵最轻、十分恶柴十分凶恶、蛮伶俐很干净等。
2. 修饰表心理活动的动词。例如：

| 最欢喜 | 头一欢喜 | 好欢喜 | 蛮欢喜 | 十分欢喜 |
| 更欢喜 | 太过欢喜 | 较欢喜 | 略微欢喜 | 稍微欢喜 |

3. 修饰助动词。例如：

最肯　　　　头一肯　　　　更肯　　　略微肯

4. 修饰动词短语。例如：

最唔欢喜　　蛮唔讲理　　更唔讲理　　太过冇划

冇蛮欢喜　　冇更清楚　　冇太多　　　冇几快活

10.1.3　特色程度副词

龙岗话的程度副词有的是与普通话共用的，方言色彩较浓的几个副词是：头一、蛮、打死、不胜几、唔晓几、可可。

10.1.3.1　头一

头一，音 t'əu^{24}i^{21}。来源于表序数的"头一"，虚化为副词的标志是"一"读音的弱化，即 it^4—i^{21}。"头一"的意义和用法相当于"最"，"最"在龙岗话中是一种较"文"的程度副词，可能是受普通话影响的结果。"头一"与"最"有可替换关系，但较"最"地道。例如：

（1）佢头一欢喜食面_{我最喜欢吃面条}。

（2）龙岗头一有名个东西就係粉干_{龙岗最有名的东西就是米粉}。

10.1.3.2　蛮

蛮，音 man^{24}，相当于普通话的"很"，可修饰动词、形容词。"很"可用作程度补语，如"好得很"，而"蛮"不能直接用作补语。龙岗话不说"很"，相当于普通话"很"的成分除"蛮"外，还有"十分、打死、不胜几、唔晓几"。

10.1.3.3　打死

打死，音 ta^{31}çi^{31}。相当于"很"，与"蛮""十分"等有可替换关系，表示程度高。例如：

（3）外国人生来打死高大_{外国人长得十分高大}。

（4）渠日日夜辰都打死歇_{他天天晚上都睡得很死}。

（5）江西人赢湖南人都打死欢喜食辣椒_{江西人和湖南人都很喜欢吃辣椒}。

10.1.3.4　不胜几

不胜几，音 pət^{4}sən$^{31/24}$ki^{31}，意义相当于"很"，其层次关系是：不‖胜｜几，已词化。例如：

（6）今年冬下不胜几寒_{今年冬天十分寒冷}。

（7）偃时谂来广东人个个都不胜几有票嘚哦我还以为广东人个个都十分有钱呢。

10.1.3.5 "可可"

可可，音 kʻo²⁴kʻo²⁴ᐟ⁴⁵³，相当于普通话程度副词"刚""刚刚"，表等比或"恰如其分"，例如：

（8）ti²⁴身衫偃着来可可好哩，十分熨帖这套衣服我穿了刚刚好，十分贴身。
"可可"还可以作时间、范围副词。

10.2 时间副词

龙岗话的时间副词有：情拈（马上）、即刻、□tsaŋ³¹（刚）、可可、又、再、紧、先、还、总、一直、重、重新、就、夜（才、只）、□tɕʻi⁴⁵³、坐张（常常）、会来、□tɔk⁴不时工（时不时）、时时刻刻、被哩帕拉。其中有些是与普通话一致的，有些是龙岗话特有的。

龙岗话富有方言特色的时间副词有：情拈（马上）、tsaŋ³¹、可可、紧、夜、tɕʻi⁴⁵³、坐张、tɔk⁴不时工、会来、被哩帕拉。

10.2.1 情拈

情拈，音 tɕʻiŋ²⁴niaŋ⁴⁵³，本字未明。其意义相当于普通话"马上"，表示即将发生或紧接着某事情发生。例如：

（9）听啊到信渠情拈就桴开一听到消息他马上就哭了。

（10）饭情拈熟，你食来饭再去饭马上熟，你吃了饭再去。

（11）情拈班车就会来呃马上班车就要到了。

例（9）用于动词前，例（10）修饰形容词，例（11）用于主语前。"情拈"常常与"就"连用，如例（9）。

10.2.2 □tsaŋ³¹

□tsaŋ³¹，本字未明，相当于普通话时间副词"才、刚、刚刚"。
a. 用于动词、形容词前，表示事情在前不久刚刚发生。例如：

（12）偃 tsaŋ³¹打来电话等渠我刚刚打了电话给他。

（13）tsaŋ³¹结婚冇蛮久刚结婚不久。

（14）病 tsaŋ³¹ 好哩就去下田呃*病刚好就去下地了。*

b. 用于时间前后，表示动作行为或状态变化的早晚。例如：

（15）tsaŋ³¹ 红数点钟渠就起来哩*4点钟他就起来了。*

（16）红数点钟 tsaŋ³¹ 起床*4点才起床。*

例（15）tsaŋ³¹ 用在时间词之前，表动作行为发生得早。龙岗话称"4"为"红数"，因"四""死"同音，系避讳改称。例（16）tsaŋ³¹ 居时间词后，表行为太晚。

c. 表因果、条件、原因、目的等逻辑关系。例如：

（17）渠先动手打偅，偅 tsaŋ³¹ 还手*他先动手打我，我才还手。*

（18）你食 tsaŋ³¹/²⁴ 饭，渠郎人 tsaŋ³¹ 敢食*你吃好了饭，他们才敢吃。*

tsaŋ³¹ 还可以充当范围、语气副词（见10.3，10.5）。

10.2.3 可可

可可，音 kʻo²⁴kʻo²⁴，时间副词，表示动作或状态变化同时发生，相当于"正好、刚刚"。例如：

（19）渠出门个场中，偅可可转来哩*他出门的时候，我刚好回来了。*

（20）渠转来个场间，饭可可好来哩*他回来的时候，饭刚好煮好了。*

10.2.4 紧

紧，音 kiŋ³¹，用于动词前表持续体。例如：

（21）紧等下去也冇用*老等下去也没用。*

（22）紧桴紧桴人都会等渠气死掉*老哭老哭，人都会被他气死。*

10.2.5 夜

夜，音 ia⁵³，本字未明。用于时间名词前表动作行为发生得早，相当于"才"，与 tsaŋ³¹ 有替换关系。例如：

（23）夜/tsaŋ³¹10点半钟就食来昼饭呃*才10点半钟就吃了中饭了。*

（24）夜/tsaŋ³¹18 岁就结来婚*才18岁就结了婚。*

"夜"与"tsaŋ³¹"的不同之处是，前者只能在时间名词前，而后者可前可后，如例（16）中的"tsaŋ³¹"不能换成"夜"。

10.2.6 □tɕ·i⁴⁵³

□tɕ·i⁴⁵³，本字未明，相当于普通话"正在"。例如：

(25) 热头 tɕ·i 升起来呃_{太阳正在升起}。

10.2.7 坐张

坐张，音 tsʻɔ⁵³tsoŋ⁴⁵³，本字未明，相当于普通话"时常"。例如：

(26) tɕ·i⁴⁵³ 赣州学书个场中，渠坐张去渠姊姊 ka²⁴ 食饭_{在赣州读书的时候，他时常去他姐姐那儿吃饭}。

(27) 俺坐张话唔敢一个人去洗冷水汤，你就唔听_{我时常说不能一个人去游泳，你就是不听}。

10.2.8 □tɔk⁴不时工

tɔk⁴不时工，音 tɔk⁴ pət⁴ sʅ²⁴ kuŋ⁴⁵³，多音节副词，相当于"不时""时不时"。例如：

(28) 俺 tɔk⁴ 不时工都会上城里去_{我时不时都会到城里去}。

(29) tɔk⁴ 不时工渠都会寄票嘚转来_{时不时他都会寄钱回来}。

10.2.9 会来

会来，音 vei⁵³lei²⁴，表示即将发生，相当于"快、快要"。例如：

(30) 渠老婆个肚唔晓几大，会来生仔呃_{他老婆的肚子十分大，快要生孩子了}。

(31) 饭会来好呃，你等住下添_{饭快好了，你再等一等}。

10.2.10 被哩帕拉

被哩帕拉，音 pʻi⁴⁵³li²¹pʻa³¹la²¹，由摹声词发展而来的副词，相当于"赶紧"。例如：

(32) 你被哩帕拉打个电话转去_{你赶紧打个电话回去}。

(33) 俺打啊开门来，渠被哩帕拉 liɛn⁴⁵³ 掉桌上个东西_{我一打开门，他赶紧搬走了桌上的东西}。

10.3 范围副词

龙岗话的范围副词有：都、也、单、下、夜、tsaŋ³¹、隔分、光尽、啥啥、可可、拢共、一共。其中"都、也、单、拢共、一共"与普通话基本一致，以下讨论非普通话副词。

10.3.1 下

下，音 xa⁵³，相当于"全、全部"，总括它前面词语的范围。例如：

（34）一家人下来哩_{一家人全来了}。

（35）县长赢书记下下赣州呃_{县长和书记全下赣州去了}。

（36）你话个事下等人家听走_{你说的话全被人家听去了}。

10.3.2 夜

夜，音 ia⁵³，相当于普通话副词"只、只是"。表示除此外，没有别的。例如：

（37）㑚夜欢喜食饭，别个拉拉杂杂个东西唔欢喜食_{我只喜欢吃饭，别的拉拉杂杂的东西不喜欢吃}。

（38）夜晡个电影㑚夜看到只尾尾嘚_{晚上的电影我只看到个尾巴}。

（39）ti²⁴本书渠夜翻来一下_{这本书他只翻了一下}。

（40）屋下夜㑚一个人_{家里只有我一个人}。

（41）妷嘚什么都好，就夜屋下冇蛮有_{姑娘什么都好，就只家里穷点}。

例（37）限定与动词有关的事物；例（38）限制动作数量；例（39）限制动作本身以及动作的可能性；例（40）"夜"直接置于名词前限定数量，"夜"后隐含了动词"有"；例（41）"就""夜"连用，表轻微的转折。

tsaŋ³¹作范围副词时，与"夜"有替换关系。例如：

（42）几百斤莲嘚 tsaŋ³¹（夜）卖掉几十斤哩_{几百斤莲子只卖了几十斤的样子}。

（43）全班 tsaŋ³¹（夜）你一个人去_{全班只你一个人去}。

（44）tsaŋ³¹ 买 10 本/夜买 10 本只买 10 本。

例（44）tsaŋ³¹有歧义，既可被理解为时间副词"才"表示"买"的动作刚完成，也可被理解为"只"，限定买的数量。如果是后者，可用"夜"替换。

10.3.3　隔分

隔分，音 kak⁴fən⁴⁵³，相当于"仅仅""只"，常与"夜"连用表让步意味。例如：

（45）偃隔分夜话来几句哩我仅仅只说了（那么）几句。
（46）隔分一个人食，要几多哩吧仅仅一个人吃，要几多嘛。

10.3.4　光尽

光尽，音 kɔŋ⁴⁵³tɕ'iaŋ⁵³/²¹，相当于普通话"光"，限定范围。例如：
（47）光尽食菜就食饱来哩光吃菜就吃饱了。
（48）光尽莲嘚就卖到千把块钱光莲子就卖了千把元钱。

10.4　否定副词

龙岗话的否定词有"唔、冇、蛮係"3个，只有"唔"是否定副词，"冇、蛮係"实为否定动词。"唔"，音 n²⁴，相当于普通话的"不"。其用法有三：

1. 加在动作动词或短语前，表示某种否定意愿。例如：
（49）偃时唔赢渠歇一张床哦我才不跟他睡一张床呢。
（50）春华嘚今夜唔去宁化春华子今天不去宁化。
2. 表示没有某种习惯或癖好。例如：
（51）渠从来唔去别人家背头点点啄啄他从来不去别人后头指指点点。
（52）渠一家人都唔食辣椒。
3. "唔"还可以表示某种假设。例如：
（53）唔食药样斯会医得 tsaŋ³¹病吧不吃药怎么治得好病嘛？
（54）唔舍得食苦就做唔成大事。
普通话"不"有时可以单用，龙岗话的"唔"不能单用。例如：

（55）［普］你吃饭吧？——不，我不吃饭。
（56）［龙］你食饭么？——＊唔，俚唔食饭。

10.5　情态、语气副词

龙岗话表情态、语气的副词有：莽、□aŋ³¹、千祈、情愿、肯坐、坐、一定、特事、勤事、横直、反正、越、越事、□tsaŋ³¹、偏偏、干脆、难当、到底。以下讨论有方言特色的几个副词。

10.5.1　莽

莽，音 mɔŋ³¹，表让步语气，含有"听任之""许可"等意味。例如：

（57）唔怕死时你莽去洗冷水汤吧不怕死的话，你就去游水好了。
（58）渠莽话啊，俚又唔会对渠死呃他说好了，我又不会为他去死。
（59）你莽先食，唔要等你可以先吃，不用等。
（60）你莽话死来，渠都唔听你即使说得要死他也不听。

10.5.2　□aŋ³¹

aŋ³¹，本字未明，表让步假设，相当于"即""无论怎么"，也含有持续反复进行的意味。

（61）你 aŋ³¹ 话啦，渠就夜唔听你即使反复说吧，他就是不听。
（62）你莽 aŋ³¹ 食，食到唔会动都做得你可以不停地吃，吃到动弹不得都行。
（63）冇本事时钱 aŋ³¹ 多都冇用没本事的话钱再多都没用。

10.5.3　千祈

千祈，音 tɕʰiɛn⁴⁵³kʰi²⁴，相当于"千万"。例如：

（64）ti²⁴ 个事你千祈唔要赢渠话这件事你千万别跟他说。
（65）千祈唔要落雨，唔係时 tin⁴⁵³ 多谷放都冇哪里世下放千万不要下雨，要不然这么多谷子放都没什么鬼地方放。

10.5.4 肯坐

肯坐，音 xən³¹ tsʻo⁵³，表两相比较的选择意愿。例如：

（66）偓肯坐食粉干我更愿意吃米粉。

（67）你肯坐去广东打工还就过屋下作田哦你愿意到广东去打工还是在家种田呢？

（68）肯坐渠赢你去还就偓赢你去愿意他跟你去还是我跟你去？

10.5.5 坐

坐，音 tsʻo⁵³，相当于"肯坐"，表选择意愿。例如：

（69）你坐食饭还就食面哦你愿意吃饭还是吃面呢？

（70）偓坐去砍柴也唔肯坐过屋下坐我宁愿去砍柴也不愿意在家闲坐。

"坐"还可以表达肯定推断的语气，这时"坐"不能换成"肯坐"。例如：

（71）你 ti²⁴ 次坐死个，3 篇作文冇写一篇你这次死定了，3 篇作文没写一篇。

10.5.6 特事

特事，音 tʻit⁴sə³¹，"特"也可弱读为 tʻi⁵³，相当于"故意""特地"。例如：

（72）偓特事天冇光就转来我特地天不亮就回来。

（73）特事过呃背 tsaŋ³¹ 话醒你，就係怕你唔得过咯特地事情过后才告诉你，就是怕你难过呀。

10.5.7 勤事

勤事，音 kʻin²⁴sə³¹，表专程做某事。例如：

（74）偓勤事弯过你屋门头来话醒你一句我特地拐到你家门口告诉你一声。

（75）渠勤事勤写来封信转来他特地写了封信回来。

例（75）"勤事勤"是重叠首音节，强调意味更浓。

"特事"和"勤事"有相似之处，都表示有意做某事。两者的差别是，"特事"多用于消极意义；而"勤事"多用于积极意义，有"专程

10.5.8 □tsaŋ³¹

tsaŋ³¹，表出乎意料。例如：

（76）喊渠走 ti²⁴ 边，渠 tsaŋ³¹ 走 ka²⁴ 边哦_{叫他走这边，他偏要走那边呢}。

（77）话醒渠天光去，_{告诉他明天去}渠 tsaŋ³¹ 今 ti²⁴ 去哦_{他却现在去哦}。

10.6 副词的两点特色

龙岗话副词有两点值得注意：一是存在副词后修饰现象；二是有多音节副词。

龙岗话的后修饰副词有"交、先、添、加、过"等。"后修饰"是就分布位置所作的分类。它们也可按意义归入不同的义类，如"交"属范围副词，"先""过"是时间副词，"添""加"可归入程度副词，其用法已在相关句式中涉及，现简要交代如下：

1. "交"，音 kau⁴⁵³，表周遍。例如：屋里寻交来都冇寻到_{屋里找遍了都没找到}。

2. "先"，表时间、位置的先后。例如：你行先_{你先走}。

3. "添"，构成"添"字句，表动量或程度的增加。例如：买件添_{再买一件}。

4. "加"，同"添"，表数量或程度增加，动词宾语只能是可数名词。例如：话加一句又会样斯_{多说一句又会怎样}？

5. "过"表重行。例如：请过个木匠_{重找个木匠}。

6. 多音节副词多是 4 音节的衬音或重叠时间副词。例如：被哩帕拉_{赶紧}、临化临赶_{临时}、临时临几_{临时}、tɔk⁴ 不时工_{不时}等。

龙岗话的叠音副词必须带"哩"，例如：白白哩、迢迢哩_{专程}。

第 11 章 处置句

11.1 处置式（NP$_1$） + **拿** + NP$_2$ + VP

龙岗方言的处置句指的是与普通话"把"字句相当的一类句式。

20 世纪 40 年代王力先生提出"处置式"这一术语，认为"把"字句的作用在于表示对"目的语"（即宾语）的一种处置。① 此后有人提出不同意见，如胡附、文炼（1957）："我们不能否认'把'字句中有许多确实含有'处置'的意思；但是，我们却不能说所有或绝大部分的'把'字句都含有'处置'的意思。""所以，我们不能同意把'把'字句叫处置式。"② 史存直（1986）《汉语语法史纲要》也认为"把"字句被称为"处置式"是不妥当的。③

宋玉柱（1991）则对"处置"的含义作了新的解释，认为"处置"是谓语动词所代表的动作对"把"字介引的成分施加某种积极的影响，以致使该成分发生某种变化，产生某种结果，或处于某种状态。④ 鉴于普通话"把"字句在意义上的确存在有无主观意图的两类（如"把钉子拔出来"与"把话说错了"），我们认为从意义上揭示"把"字句的性质，对"处置"的含义作宽泛的理解是比较合理的。

鉴于本节的重点在方普句式的比较，我们不在概念上作过多的辨析，只是沿用"处置句"这一习用名称，从形式上揭示这类句子的特

---

① 引自宋玉柱《现代汉语特殊句式》，山西教育出版社 1991 年版，第 3—4 页。
② 胡附、文炼：《现代汉语语法探索》，新知识出版社 1957 年版，第 129—130 页。
③ 史存直：《汉语语法史纲要》，华东师范大学出版社 1986 年版，第 199 页。
④ 宋玉柱：《现代汉语特殊句式》，山西教育出版社 1991 年版，第 5 页。

点，将其界定为"用介词把谓语动词支配的对象提到动词前的句子"。在普通话中处置句的典型格式可描写为：（NP₁）+ 把 + NP₂ + VP。龙岗话处置句的一般格式是（NP₁）+ 拿 + NP₂ + VP。例如：

(1) 春娣嘚拿只热水瓶打 t'əu²⁴ 春娣子把只热水瓶打破了。

(2) 拿一缸酒舞来酸个呃 把一缸酒搞酸了。

11.2 处置句标记"拿"

11.2.1 "拿"的语法意义

龙岗话处置句的标记是介词"拿"。它由表"把持"义的动词"拿"虚化而来，介词"拿"在龙岗话中可表工具、对象、被动、处置等多种语法意义（参见8.3.18）。因而龙岗话中广义的"拿"字句实际上包含有连动式、工具对象状语句、被动句、处置句多种句式。例如：

(3) 你拿几块钱去南货店买多嘚石嘚糖转来 你拿几块钱去南货店买点儿冰糖回来。

(4) 拿牙齿啮 t'əu²¹ 线头嘚来 用牙齿把线头儿咬掉。

(5) 拿渠冇一点整 对他没一点办法。

(6) ti²⁴ 块手表一个月都冇戴到，就拿渠舞坏 t'əu²⁴ 这块手表一个月都没戴到，就被他搞坏了。

(7) 食来饭拿碗箸洗 t'əu²¹ 来 吃了饭把碗筷洗干净。

例（3）为连动句，"拿"为动词。例（4）介词"拿"介引工具，构成方式状语。例（5）"拿"介引对象，介宾短语做状语。例（6）为被动句，"拿"介引施事。例（7）为处置式。

11.2.2 "拿"字相关句式

处置式"拿"与连动式"拿"的区别是，前者不能带动态助词，不能用肯定否定重叠式，后者则可以。介引工具、对象的介词"拿"可分别与介词"用""对"构成替换关系，而处置式"拿"不能替换。

在"NP₁ + 拿 + NP₂ + V + C"结构中，当 NP₁ 和 NP₂ 都具备行为能力时，处置式与被动式具有相同的表层结构，即"拿 + NP + V + C"可能是处置式也可能是被动式。例如：

（8）守门个拿贼牯打死。 { a. 看门的把贼打死了。
　　　　　　　　　　　　b. 看门的被贼打死了。

在没有上下文或其他语境的情况下，可用转换的方法将其分化。凡属 a 式的，都有"$NP_1 + 拿 + NP_2 + V + C \rightarrow NP_1 + V + C + NP_2$"的转换关系；凡属 b 式的，都适合另一种转换，即"$NP_1 + 拿 + NP_2 + V + C \rightarrow NP_2 + V + C + NP_1$"。以例（8）为例：

a 式：守门个拿贼牯打死→守门个打死贼牯

b 式：守门个拿贼牯打死→贼牯打死守门个

此外，就 C 与 NP 的关系看，若 C 为状态补语，其语义 a 式指向 NP_2，b 式指向 NP_1，即 a 式中 NP_2 与 C 构成主谓关系，b 式则 NP_1 与 C 构成主谓关系：

守门个拿贼牯打死。 { a. 守门个打贼牯，贼牯死。
　　　　　　　　　　b. 贼牯打守门个，守门个死。

11.3　介词宾语与 V 的关系

与普通话一样，龙岗话处置句 V 与介词宾语大多可构成"动作—受事"关系。例如：

（9）照七寸边打下去，一下就拿 ka^{24} 条蛇打死照七寸处打下去，一下就把那条蛇打死了。

（10）去大由坪老钟店里拿门牙镶整来去大由坪老钟店里把门牙镶镶好。

（11）一到大年日家家户户都拿门联贴起来哩。

（12）你总要拿小学学完来吧？

但有的句子介词宾语并非动词的受事。例如：

（13）拿屋里屋外寻高呒都冇寻到把屋里屋外找遍了都没有找着。

（14）一下唔在意拿只大细俫嗻走丢 tˑəu^{24}一下不在意把个小男孩走丢了。

（15）ti^{24} 本书个字竖排个，拿两只眼睛看来唔晓几痛这本书的字竖排的，把两只眼睛看得很疼。

（16）拿牙齿都笑缺 tˑəu^{24}把牙齿都笑缺了。

（17）拿禾杠挍断 tˑəu^{24}把禾杠挑断了。

例（13）介词宾语是处所词，它不是"寻"的目的物，而是处所。

例（14）不能说"走大细俫嘚"。例（15）"两只眼睛"与"看"可构成主谓关系。例（16）"笑"与"牙齿"也构不成动宾关系。不过有些 NP₂ 不是 V 的受事，却可看作 VP 的受事，如例（14）"走丢 t·əu²⁴ 只大细俫嘚"，例（16）"笑缺 t·əu²⁴ 牙齿"，例（17）"禾杠"是挍的工具，只能说"挍断 t·əu²⁴ 禾杠"。能构成"VP + NP₂"动宾关系的，VP 中多包含有结果补语和状态补语。

11.4 介词宾语

龙岗话中处置句大多数情况下要求介词宾语是定指的。定指标记有指代词、限定成分等，但并非所有的定指宾语都有有定标记，如例（10）的"拿门牙镶整来"，其中的"门牙"虽无定指标记，但对话双方都明确是谁的门牙。

普通话"拿"的宾语由"一 + 量词 + 名"充当的，龙岗话习惯用"量词 + 名"结构，"一"减省了。例如：

（18）一失手拿只电泡嘚打 t·əu²⁴ 一失手把一只电灯泡给打破了。
（19）几十个人拿条洞嘚挤来麻麻密密 几十个人把一条小巷子挤得麻麻密密。
（20）拿扇壁打来眼 lan²⁴ k·it²¹ 窟 把一面墙打得坑坑洼洼。

这种"量词 + 名"的宾语一般是有定的，但有时理解为无定的也未尝不可。例如：

（21）拿只猪放倒来，随便都做得出几桌酒席 把一只猪宰了，随便都做得出几桌酒席。
（22）拿壶酸酒放一驳络，就成呃醋 把一壶酸酒放一段时间，就变成了醋。
（23）拿只鸡嫲当鸡僆，渠还恛来捡到宝哦 把一只母鸡当子鸡，他还以为捡到了宝呢。

以上例（21）（22）"只猪""壶酸酒"都是任意的，其中的"拿"既不能重叠也不能带动态助词，很难说是动词，并且动词"杀""放"都有明显的处置意味。如果硬要理解为介宾是定指的，也只能看作以无定的普遍性表有定了。例（23）"只鸡嫲"也并非特指，尤其当作类比性分句时，它就更是无定的了。

（24）生来 tin⁴⁵³ 柴人，拿个个都吓来一惊 长得这么难看，把大家都吓了一跳。

（25）拿什么都撑下肚里去，样斯唔会壮吧把什么都吃下肚子里去，怎么不会发胖吧。

（26）拿箩梗炭洗唔白，拿个好人话唔坏把一箩木炭洗不白，把一个好人说不坏。

例（24）"个个"，例（25）"什么"都带有周遍性，从个体看它是任意的，是无定的，从全体看则可理解为有定的，亦即全部选定，这种定指类似英语当中以不定冠词表有定的用法。例如：

（27）A teacher must love his students.

其中的"teacher"是类概念。例（26）前后两个分句具有类比性，其中的"量+名"是无定的。

11.5 处置句 VP 的复杂性

与普通话一样，龙岗话处置句的动词也不能是光杆的，但 VP 的前后置成分较普通话多样。

11.5.1 V 的前置状语

前置状语可由以下单位充当：

副词：拿衫一脱/拿个个都骗/拿东西信天放把东西随便摆放

形容词：拿莲唔消停剥把莲子慢慢儿剥（出来）/拿画唔乱贴把画儿乱贴

介宾短语：拿书包朝桌肚下塞把书包塞桌子底下/拿鸭唔当鹅卖把鸭子当鹅卖

主谓短语：拿罂罐口朝下放把瓦瓮口朝下放/拿桶唔一只接一只接把桶儿一个接一个排放

并立结构：拿猪肉连皮带肉卖把猪肉连皮带骨卖/拿糖唔斤打斤个包把水果糖论斤包（起来）

四音节嵌音词：拿劈柴警 lau^{33} 赖 ts'ai^{53} 堆把劈柴歪歪扭扭地堆放/拿块布乌鲁埋载画把块布乱七八糟地画/拿东西信古打天放把东西随随便便地放

动宾短语：拿猪肉折骨卖把猪肉拆了骨头卖/拿奖状高 k'ia^{24}k'ia^{24}哩贴把奖状高高地贴（起来）/拿韭菜齐蔸哩割把韭菜挨着根儿割

11.5.2 V 的后续成分

后续成分主要有：

结果补语：拿绳嘚剪断/拿水缸打烂/拿一蔸大树斫倒/拿肚罗食饱

数量补语：拿作业对一遍/拿桶嘚踢来一脚

状态补语：拿面咀脸上涂来乌摸齐 ts'iɔ^{31}把脸上涂得黑乎乎的/拿肚屎食来绷绷哩把肚子吃得圆滚滚的/拿青菜剁来 nei^{24}nei^{24} 碎碎把青菜剁得碎碎烂烂的/拿渠爹气来要死哩把他爹气得半死/拿只钢精锅嘚烧来乌 tei^{24}tei^{24} 哩把个钢精锅烧得乌黑乌黑的

趋向补语：拿犯人带上来把犯人带上来/拿垃屑扫出去把垃圾扫出去/拿画嘚贴上去/拿裤脚顺过来/拿木匠追转来把木匠追回来

介宾补语：拿毫嘚踩过脚肚下把硬币踩在脚底下/拿尾巴翘向天上呃把尾巴翘向天上了

宾语：拿烂t'əu^{24}个当在上多嘚药把烂了的地方上点儿药/拿窗嘚漆奶黄色/拿贼牯送公安局/拿打人个事话醒你爹把打人的事告诉你爸

补语+宾语：拿饭甑盖紧盖来把饭甑盖住盖子/拿水缸核满水来把水缸挑满水/拿角笋补起眼 lan^{24} 来把笋筐补好窟窿/拿电视机嘚扫伶俐尘灰来把电视机扫干净灰尘/拿乡干部灌醉酒来把乡干部灌醉酒

体标记：拿杯嘚打 t'əu^{24}/拿酒筛起来/拿手表修 tsaŋ^{24}

连谓式：拿麻雀嘚追去仓库里用秆扫打/拿旧饭泡开水食 t'əu 来

兼语式：拿梨树岭个梨树划归各家各户管

11.5.3 动词重叠式足句的转换

普通话"把"字句动词可用重叠式足句，龙岗话相应的句式要改用动量补语足句。试比较：

把桌子抹抹→拿桌嘚抹一下

把衣服洗洗→拿衫裤洗一下

把数目核对核对→拿数字核对一下/拿数对一下

11.6 处置句和 SVO 句的转换

处置句在客家话里是一种弱势句式，远没有普通话使用频率高。龙岗话也不例外，普通话的"把"字句用龙岗话说大多改用 SVO 句更顺口，用处置式语感上显得拐弯抹角。以下分别讨论。

11.6.1 祈使处置句

祈使句带有强烈的处置意味，因而"把"字句在普通话祈使句中使用频率相当高，而大多数客家话仍以 VO 式占优势，以"a. 把饭吃了""b. 把手洗洗干净""c. 把盖子拧紧"三句为例，选粤东、闽西、赣南客话若干代表点统计如下：

表 11-1　粤东、闽西、赣南客家话 VO 祈使句与处置祈使句

客方言点 \ 例句	a. 把饭吃了		b. 把手洗洗干净		c. 把盖子拧紧	
梅县	食 pɛi⁷（ɛi³碗）饭 ti⁰	−	快洗净啊手	−	盖儿扭紧来	−
翁源	食 hɛt⁷（ti³⁶碗）饭渠	−	快点洗净手来	−	扭紧盖子	−
连南	食了（ti³滴）饭	−	快滴洗伶俐手来	−	扭紧盖子	−
河源	食 pau⁰（一碗）饭去	−	快滴洗净手来	−	kuai⁵只盖扭稳渠	−
清溪	（ia³碗）饭食哩去	−	快滴洗伶俐 ai⁵⁶手	−	ai⁵⁶盖扭紧来	−
揭西	将（li²碗）饭食哩	+	雯雯手洗 tsʻi¹	−	将盖扭紧来	+
秀篆	（li⁷碗）食啦	−	手 tɛi⁶去洗洗净	−	盖提去扭紧	−
武平	nioŋ³⁶碗兜来食 piɛʔ⁷渠	−	行 tɕiɒu ʔ⁷洗净手来	−	盖兜来扭緪来	−
长汀	拿（ni³碗）饭食 pʻe²⁷	+	快滴拿手洗净来	+	帮盖哩扭緪来	−
宁化	食 tʻia⁷（tsʅ¹碗）饭	−	手洗伶俐来	−	盖扭紧来	−
宁都	把（ti⁵碗）饭食掉系	+	把手洗 kuŋ³来	+	把盖子扭紧来	+
三都	拿饭食掉	+	捉手洗伶俐来	+	拿盖子 tɕiu³紧来	+
赣县	食了饭去	−	洗净手来	−	tɕiu³紧盖子来	−
大余	食了（ka⁵碗）饭去	−	快滴哩洗净手	−		
西河	把饭食开	+	把手洗净	+	把盖扭稳	+
陆川	把饭食净	+	洗净手	−	扭紧盖	−
香港	食儿碗饭去	−	快滴洗净手	−	扭紧盖	−

资料来源：《客赣方言调查报告》（李如龙、张双庆 1992）。

在 17 个点中，不用处置句的 a 例 11 点占 64.7%，b 例 13 点占 76.5%，c 例 12 点占 70.6%。由此可见在客家话祈使句中，非处置祈使句占有强势地位。

龙岗话祈使句以 VO 式为常，与大多数客家话一致。例如：

（28）食 tˈəu 饭来！

（29）洗伶俐㆐干净手来！

（30）扭紧盖盖嘚来！

（31）关起门来！

（32）挍满水缸里个水来！

（33）烧滚镬头来！

当动词带非结果补语或者要强调补语时，也可采用受事主语式。例如：

（34）衫裤放打箱里㆐衣服放在箱子里！

（35）盖盖嘚扭紧来㆐盖儿扭紧！

例（34）动词带处所补语，例（35）强调结果补语"紧"。

应该指出的是，普通话用处置式表达的祈使句，龙岗话习惯用 VO 式或受事主语式，但这并不意味着排斥用"拿"字处置式，不过用"拿"字式，祈使的语气反倒没有非处置式强烈，这恰恰与普通话相反。

11.6.2 消极"把"字句转换为 SVO 句

普通话消极"把"字句，龙岗话多用 SVO 句式。所谓消极"把"字句是指用处置式或 SVO 式两可的句子。此类句子龙岗话在无语境要求的情况下，多用 SVO 式，例如：

（36）［普］我们一定要把他请来／　　［龙］偓人一定要请渠来。

（37）［普］养路队把这段路修好了／　　［龙］养路队修 tsaŋ$^{31/24}$ti^{24}段路。

积极"把"字句指的是普通话中必须用"把"字将宾语提前的句子。这些积极"把"字句龙岗话都可用"拿"字处置句对译，同时大多有平行的非处置句。以下就宋玉柱（1991）归纳的积极条件"把"字句与龙岗话平行的非处置用法作比较。

a. 带特殊状语"都""也"的。"都"必须放在被总括的成分之后，动词之前。"也"要求放在与它相关的成分之后，动词之前。这类句子龙岗话可省去介词，让介词宾语改作全句主语或主谓谓语句中的小主语。例如：

（38）方才的话都说了→先 ka²⁴ 阵嘚个话都（下）话来。

（39）张师傅一口气把 12 个零件都制成了→张师傅一口气 12 个零件都（下）做成来哩。

（40）（为了赶做实验）老刘把午饭也误了→老刘昼饭都错过 tˑəu²⁴。

（41）把午睡也牺牲了→午睡都牺牲 tˑəu²⁴。

例（40）（41）的"也"龙岗话都说成"都"，这一类"都"不再表总括而是一种语气副词。

b. 用"得"引导补语的。"得"引导结果补语或状态补语，龙岗话相应的补语标记是"来"。这类"把"字句龙岗话常用受事主语或"VO—V 来 C"的动词拷贝式。例如：

（42）他把肉煮得很烂→渠肉煮来蛮烂/渠煮肉煮来蛮烂。

（43）把话说得越坚决越好→话［fa⁵³］话［va⁵³］来越硬扎越好/话事话来越硬扎越好。

c. 用介词结构作补语的。龙岗话可用受事主语句或 VOC 式。例如：

（44）请把信投到邮筒里→难为你信投过邮筒里高/难为你投信过邮筒里高。

（45）要时刻把老一辈的话记在心上→老班人个话要时时刻刻记过肚里/时时刻刻记老班人个话过肚里。

d. 趋向动词作补语的。龙岗话常用受事主语式以及 VOC 式，双音节趋向动词"出来""下去"等，也可将介宾嵌入两音节之间。例如：

（46）把存在银行的钱取出来→存 tɕˑi⁴⁵³ 银行里个票嘚取出来/取出存 tɕˑi⁴⁵³ 银行里个票嘚来→取存 tɕˑi⁴⁵³ 银行里个票嘚出来。

（47）要把家谱一代一代传下去→家谱要代打代哩传下去/要代打代哩传下家谱去/要代打代哩传家谱下去。

e. 谓语动词带间接宾语的。龙岗话可用介宾作受事大主语的主谓谓语句式或双宾式，偏正的直接宾语可改用小句形式作宾语，省去复指性的中心词。

（48）他立刻就把自己考上北京大学的消息告诉了远传大爷→自家考到北京大学的事渠情拈（就）话醒远传公→渠情拈就话醒远传公自家考到北京大学（个事）。

f. 动词带工具宾语的。龙岗话习惯上改用工具状语句或将工具宾语转化为工具状语，原介词宾语还原为动词宾语。例如：

（49）他把划破的手指贴上胶布→渠用胶布贴起割烂 t·əu²⁴ 个手指脑喵。

（50）天冷了，快把窗户糊上纸→天寒呃，被哩帕拉拿纸贴紧窗喵来。

g. 结果动词带宾语的。结果动词是指"称为、变为、当成、分成、看作、当作"一类补充式合成动词。龙岗话这类句子可将动词补充成分离散，将介词宾语插入其中，构成兼语式。例如：

（51）不吭不哈，大家都把他当成了哑巴→唔声唔气，个个人都当渠作哑喵呃。

（52）朋友们都把他称为"家庭妇男"→做阵个都喊渠做"家庭妇男"。

h. 连谓结构。"把"的宾语意念上是连谓结构中每个动词的受事，龙岗话可将介词宾语转换为第一个动词的宾语。例如：

（53）刘杭生常常把偷瓜贼吊到树上用枝条抽→刘杭生坐张 t·iak⁴ 偷瓜个贼牯过树上用树 k·a³¹ 喵抽。

i. 兼语结构。"把"字的宾语意念上是兼语后动词的受事。这类句子龙岗话常常将介词宾语转化为受事主语或受事小主语。例如：

（54）把没收的东西交工商所销毁→没收个东西交等工商所消 t·əu²¹ 来。

（55）邓大娘常常把贵重的东西请他保管→邓婆婆贵重个东西坐张请渠保管。

普通话有一类积极"把"字句是由抽象动词构成的，抽象动词如"作""加以"有动词特点而无具体词义，其后的宾语才是介词宾语的真正动词。如"把我们工作中的主要经验加以总结"这类"把"字句是近代后期新兴的，龙岗话一般不用此类抽象动词，也没有相应的句式。

11.7　"把"字句的普方转换

综上所论，普通话中消极和积极条件"把"字句，转换成龙岗话习用句式，具有一定的对应关系。列表概括如下：

表 11-2　　　普通话"把"字句在龙岗话中的习用句式

普通话＼龙岗话	VO式	受事主语句	VO-V来C	嵌宾式	工具状语句	兼语式	双宾式
祈使句	√	√					
消极"把"字句	√	√					
带特殊状语"都""也"		√					
"得"引导补语		√	√				
介宾补语	√	√					
趋向补语	√	√		√			
带间接宾语		√					√
带工具宾语					√		
结果动词						√	
连谓结构	√						
兼语结构		√					

第 12 章　被动句

本章讨论的被动句指的是有被动标记，相当于普通话"被"字句的句式，不包括没有被动标记的受事主语句。龙岗话被动句式的典型格式是：NP$_1$ + 等 + NP$_2$ + VP。

12.1　被动标记"等""拿""逮"

龙岗话被动句引进施事的介词是"等""拿""逮"，其中"等"最常用，"拿"次之，"逮"少用。

12.1.1　等

"等"用作被动标记来源于表给予义的动词，不过龙岗话中已经很少将"等"作为一个独立的表给予义的动词来使用，只在"ti^{24}只等倕，ka^{24}只等渠"之类表对举的情况下偶尔用到。"等"的给予义主要集中在"拿等倕""送等你"之类的结构中，其中的"等"相当于普通话的"给"。

"等"作被动标记见于赣方言，如泰和（戴耀晶 1997）[1]、醴陵、修水、都昌、余干、南城（李如龙、张双庆 1992）[2] 都用"等"引进施事。吴语浙江金华汤溪方言也用"等"（曹志耘 1997）。[3] 客话中相

---

[1]　戴耀晶：《赣语泰和方言的动词谓语句》，李如龙、张双庆主编《动词谓语句》，暨南大学出版社 1997 年版，第 223—226 页。
[2]　据李如龙、张双庆主编《客赣方言调查报告》（厦门大学出版社 1992 年版）整理。
[3]　曹志耘：《金华汤溪方言的动词谓语句》，李如龙、张双庆主编《动词谓语句》，暨南大学出版社 1997 年版，第 41—42 页。

当于普通话"被"的常用介词是"分",赣南客话中也有用"等"的,如三都、石城,但"等"在粤东、闽西客话中未见有用作被动标记的报道,或许它是赣南客话中的赣语成分。"等"是龙岗话最常用的被动标记。例如:

(1) 细路啩等茹箕遮紧 小路被芒箕遮住了。
(2) 月光等天狗食 t'əu²⁴ 月亮被天狗吃了。
(3) 门 □iaŋ²⁴ □ka⁴⁵³ 等风吹开样 门好像被风吹开一样。
(4) 猪条等瑞金人买走仔 猪被瑞金人买走了。

12.1.2 拿

"拿"既可用作处置句,也可用作被动句标记。在"NP₁ + 拿 + NP₂ + VP"结构中,当 NP₁ 与 NP₂ 都具备行为能力时,该句型义有两歧(两者区别见 11.2.2)。被动标记的"拿"也是由动词虚化来的,在龙岗话中动词"拿"有"把持""给予"两义,前者是普通动词,如"渠手里拿来本书";后者如"ti²⁴ 本书拿你","拿你"即"给你","给予"的含义是由动词引申出来的。可见被动标记"拿"的引申虚化过程是:普通动词→给予义动词→被动标记。"拿"是龙岗话中次常用的被动标记。例如:

(5) 好好哩个一只猪牯啩拿渠割死 t'əu²⁴ 好好的一只小公猪被他阉割死了。
(6) 被席拿雨水打湿 t'əu²⁴ 床上用品被雨水打湿了。
(7) 脚踏车啩拿东华啩骑走 自行车被东华子骑走了。
(8) 几十岁个人呃还要拿大细啩耻笑 几十岁的人了还要被小孩儿嘲笑。

12.1.3 逮

"逮",音 ti³¹,作动词表遭受义,相当于普通话的"挨"。例如:"屎窟上逮来渠一脚 屁股上挨了他一脚""一工人逮来几次打 一天时间挨了好几次打"。"逮"用作介词,引进施事,是由表遭受义的动词演化来的。从使用频率看,"逮"较被动介词"等""拿"低。

(9) tɕ·i⁴⁵³ 公司里逮老板骂,转屋下来又要逮老婆话,渠唔晓几膨气 在公司被老板骂,回了家又要被老婆说,他不知道多伤心。
(10) 放去露天下日日逮热头晒,车上的漆都晒起疤癞来哩 放在露天天天被太阳晒，车上的油漆都晒起疤来了。

（11）只只梨嘚都逮虫嘚咬了只疤瘌个个梨子都被虫子咬了个疤。

（12）偷东西个学生嘚逮学堂下开除 t'əu²⁴ 偷东西的学生被学校开除了。

12.2 被动句的基本特点

普通话被字句的一般特征也适用于龙岗话，如主语以定指为主，动词可带动态助词、结果补语、情态补语、趋向补语、动量补语；动词后可带宾语；助动词、时间状语，描写主语性状的状语，起关联作用的副词在介词之前；与介宾相关的状语要放在动词之前，介宾之后等。

除上述基本特征外，龙岗话被动句还有以下特色：

1. 表被动的介词后必须出现施动者。龙岗话没有普通话"NP + 被 + VP"格式的被动句，表被动的"等、拿、逮"需带宾语，在施动者未明的情况下，也要带"人""人家"之类的虚指成分。例如：

（13）［普］小轿车一出城就被拦住了→［龙］小包车嘚开啊出城就等人拦住。

（14）［普］变压器于上月 25 日被盗→［龙］变压器上个月 25 号等人偷走。

2. 普通话介宾之后不能是单音节光杆动词，龙岗话可出现光杆动词。例如：

（15）徛过雨天下等雨淋站在雨天下被雨淋。

（16）一日到夜都等人家骂一天到晚都被人家骂。

（17）tin⁴⁵³薄个褂嘚着上街也唔怕等人笑这么薄的背心穿上街也不怕被人笑话。

（18）邋里邋遢等人嫌邋里邋遢被人嫌弃。

3. 与普通话"被"字句一样，龙岗话被动句的语义色彩已不限于叙述不如意、不愉快的事情，愉快的、如意的事情也可用被动句表达。但以"逮"为标致的被动句是"遭受"的意思，只能用于消极的叙述。例如：

（19）大细嘚等人救起来哩小孩被人救了起来。

（20）守山个大眼嘚等县里奖到只电视机嘚护林的大眼被县里奖了一台电

视机。

（21）东学生啀坐张都逮队长 xɔŋ⁵³ 东学生（人名）经常都挨队长骂。

（22）东发啀偷电线逮派出所提起 东发子偷电线被派出所抓起来了。

例（19）（20）都是如意的、愉快的事情，例（21）（22）对受事来说都是消极的、不如意的事情。

4. 普通话由文言演化来的"被……所"被动式以及口语色彩较浓的"被（叫/让）……给"被动式，龙岗话都没有对应的格式，一律套用"等/拿/逮 + NP + VP"的句式。例如：

（23）[普] 这女人必是被她丈夫所害→[龙] ti²⁴个婆太人肯定係等渠老公害死个。

（24）[普] 我被他的故事所打动，抑制不住掉下了眼泪→[龙] 偓等渠个故事打动，忍唔住跌下眼粒来哩。

（25）杯子被他给打破了→[龙] 杯啀等渠打烂 t'əu²⁴。

（26）[普] 帽子叫风给吹跑了→[龙] 帽啀等风吹走。

（27）[普] 刚钓的鱼让小猫给叼走了→[龙] tsaŋ³¹ t'iak⁴个鱼啀等猫啀咭走。

12.3　被动和处置嵌套句

被动句和处置句连用，形成两种句式的嵌套，这种现象宋玉柱（1991）称为"'被''把'互见句式"，邢向东（2006）称为"套合句式"。

连用有两种结构，一是被动部分在前，处置部分在后；二为处置在前，被动在后。被动介词一般用"等"，处置介词用"拿"，动词不能是光杆的。

12.3.1　被动在前，处置在后

表示被动的部分在前面，处置部分在后。这种句子结构紧凑，表被动的介词短语和表处置的介词短语置于谓语前，系双重状语。例如：

（28）等渠大人拿一多图书下烧 t'əu²⁴ 被他大人把所有的图书都烧了。

（29）等学生啀拿校门头个路扫来廉廉地地 给学生们把校门口的路打扫得

干干净净。

（30）ti^{24}只斑鸠嘚等人拿翼拍打断 t'əu^{24} _{这只斑鸠被人把翅膀打断了。}

（31）花果山个梨树一夜人工等人拿树根都下掘走_{花果山的梨树一晚上的工夫被人把树根都全掘走了。}

12.3.2 处置在前，被动在后

表处置的部分在前，表被动的部分在后。其组织较松散，两部分多为结构独立的单句。

（32）一只猪龙拿猪栏门拱开，好在等供猪个人看到_{一只种猪把猪圈门拱开了，好在被饲养员看到了。}

（33）偓大人拿果嘚掜起来哩，等偓情抇就寻到_{我父母把饼干藏起来了，被我马上就找到了。}

（34）拿酒娘蛋快多嘚食 t'əu^{21} 来，唔要等你老弟看到_{把酒娘蛋快点儿吃了，不要被你弟弟看见了。}

第 13 章　双宾句

双宾句指一个述语后带两个宾语的句子。如"送她一枚戒指",其中"她"是间接宾语,"一枚戒指"是直接宾语。普通话双宾语句的基本句型是"VP + NP$_1$ + NP$_2$"。其中 NP$_1$ 是间接宾语,主要由人称名词或代词充当,NP$_2$ 是直接宾语,主要由事物名词充当。按动词义类不同,普通话双宾语句可分三类:第一,表给予的("送他一份礼");第二,表取得的("买了他一所房子");第三,表等同的("叫他座山雕")。[①]这三类双宾句转译为龙岗话结构不尽一致,以下分别讨论。

13.1　"给予"类双宾句

1. 普通话"给予"类双宾句转译为龙岗话最常用、最地道的句型是:VP + NP$_2$ + 等 + NP$_1$。即用介词"等"将充当接受者的间接宾语移位到直接宾语之后,"等 + NP$_2$"可以看作 VP 的补语,"VP + NP$_2$ + 等 + NP$_1$"就不再是双宾句了。例如:

(1) 送他一份礼→a. 送份礼等渠(送份礼给他)。
(2) 还小李十块钱→a. 还十块钱等小李啀(还十块钱给小李子)。
(3) 卖我一所房子→a. 卖栋屋等偓(卖所房子给我)。
(4) 赔他一本新的→a. 赔本新个等渠(赔本新的给他)。
(5) 给你两个人→a. 派两个人等你(派两个人给你)。

以上诸例括号中的句子是普通话对译"VP + NP$_2$ + 等 + NP$_1$"的句子。可见龙岗话"VP + NP$_2$ + 等 + NP$_1$"实际上对应于普通话"给予"

[①] 朱德熙(1982)区分"真宾语"和"准宾语",这三类双宾语是"真宾语"情况下的分类。参见朱德熙《语法讲话》,商务印书馆 1982 年版,第 116—121 页。

类双宾句以及"VP + NP$_2$ + 给 + NP$_1$"两种句型，这种一对二的对应关系透露出普通话两种句型之间的转换关系。

普通话给予类双宾句常用"VP + NP$_2$ + 介词 + NP$_1$"对译，这在汉语南方方言中有相当的普遍性，只不过引进接受者的介词各异，如闽语汕头话用"分 puŋ^{33}"或"乞 k·i ʔ^2"（施其生 1997），[1] 赣语泰和话用"得"（戴耀晶 1997），赣语安义话用"到"（万波 1997），客家梅县话用"分 pun^{44}"（林立芳 1997）。[2] 试比较：

(6)［汕头］我送一本书分你。
(7)［泰和］中学同学寄矣几本书得我。
(8)［安义］我送得一本书到小李。
(9)［梅县］𠊎送一本书分佢。
(10)［龙岗］𠊎送一本书等渠。

龙岗话的"等"与汕头、梅县的"分"、泰和的"得"、安义的"到"意义都与普通话的"给"相当，但其语法性质与"给"不完全等同。"给"可单用作动词，而龙岗话"等"一般不能单用（参见 11.2.1）。

应该指出的是上述普通话双宾句转译成龙岗话并非绝对排除 VP + NP$_1$ + NP$_2$ 的格式，如上例（1）—（5）可说成"送（来）渠份礼""还（来）小李嘚十块钱""卖（来）𠊎一栋屋""赔（来）渠本新个""派（来）你两个人"，但这种格式不是当地人转译时的第一言语反应，且单音动词后带上完成体标记"来"更顺口，或许它是受普通话影响后起的格式。

普通话给予类双宾句，龙岗话也可以用"VP + 等 + NP$_1$ + NP$_2$"表达。例如：

(11) 送他一份礼→b. 送等渠一份礼（送给他一份礼）。
(12) 还小李十块钱→b. 还等小李嘚十块钱（还给小李子十块钱）。
(13) 卖我一所房子→b. 卖等𠊎一栋屋（卖给我一所房子）。

---

[1] 施其生：《汕头方言的动词谓语句》，李如龙、张双庆主编《动词谓语句》，暨南大学出版社 1997 年版，第 144 页。

[2] 戴耀晶（1997）、万波（1997）、林立芳（1997），李如龙、张双庆主编《动词谓语句》，暨南大学出版社 1997 年版。

（14）赔他一本新的→b. 赔等渠一本新个（赔给他一本新的）。

（15）给你两个人→b. 派等你两个人（派给你两个人）。

2. 有的"给予"义双宾句转换成龙岗话也常用 VP + NP$_1$ + NP$_2$ 的格式。例如：

（16）放你三天假→放你三工假。

（17）喂孩子奶→供大细唞朧。

（18）问你一件事→问你个事。

其中例（16）（17）也可用"等"将间接宾语移位至直接宾语后，转换为"VP + NP$_2$ + 等 + NP$_1$"式，但不能转换为"VP + 等 + NP$_1$ + NP$_2$"式。例如：

（19）放你三天假→a. 放三工假等你（放三天假给你）。

　　　　　　　　b. *放等你三工假（放给你三天假）。

（20）喂孩子奶→a. 供（多唞）① 朧等大细唞（喂点儿奶给小孩）。

　　　　　　　　b. *供等大细唞朧。

例（18）则与普通话一致，为"VP + NP$_1$ + NP$_2$"双宾式，不能将 NP$_1$ 加上介词"等"，转换为状语或补语。例如：

（21）问你一件事→a. *问个事等你。

　　　　　　　　b. *问等你个事。

13.2　"取得"类双宾句

龙岗话"取得"类双宾句格式与普通话相同，都采用"前间后直"的"VP + NP$_1$ + NP$_2$"式。例如：

（22）买了他一所房子→买来渠栋屋。

（23）偷了我一张邮票→偷来偓张邮票。

（24）收了你两百块钱→收来你两百块铜钱。

这类句子间接宾语与直接宾语意义上有领属关系，所以普通话可以在间接宾语后加"的"使之转换为定语修饰直接宾语，而龙岗话不能加表领属的"个"。即：

---

① 这里加上表少量的"多唞"（一点儿）句子更站得住。

(25)［普］买了他一所房子→买了他的一所房子
　　　　　　　　　→＊［龙］买来渠个栋屋。
(26)［普］偷了我一张邮票→偷了我的一张邮票
　　　　　　　　　→＊［龙］偷来偃个张邮票。
(27)［普］收了你两百块钱→收了你的两百块钱
　　　　　　　　　→＊［龙］收来你个两百块铜钱。

不过龙岗话与普通话一样也可将数词换为"这"或"那"，将原来的双宾句转化为单宾句。例如：

(28)［普］买了他一所房子→买了他那所房子
　　　　　　　　　→［龙］买来渠 ka^{24} 栋屋。
(29)［普］偷了我一张邮票→偷了我那张邮票
　　　　　　　　　→［龙］偷来偃 ka^{24} 张邮票。
(30)［普］收了你两百块钱→收了你那两百块铜钱。
　　　　　　　　　→［龙］收来你 ka^{24} 两百块铜钱。

"借、租、换"等动词既可表"给予"，又可表"取得"，因而普通话的"张三借李四一本书"一类句子既可理解为"张三"是借主，也可理解为"李四"是借主。而龙岗话前者习惯用"VP + NP$_1$ + NP$_2$"式，不发生混淆。例如：

(31)［普］张三借李四一本书 {a. 张三借给李四一本书
　　　　　　　　　　　　　b. 李四借给张三一本书

　　→［龙］{a. 张三借来本书等李四
　　　　　　b. 张三借来李四一本书

13.3 "同等"类双宾句

普通话"同等"类双宾句间接与直接宾语在某一方面有同一性，这类双宾句转换为龙岗话后采用"VP + NP$_1$ + NP$_2$"的"前间后直"式。例如：

(32) 叫他大哥→喊渠老伯。
(33) 称陌生人师傅→喊生党人师傅。

（34）个个都夸她活雷锋→个个人都夸渠活雷锋。

（35）骂他疯子→骂渠癫佬。

从以上三类普通话双宾句的转换形式可见，龙岗话双宾句的基本格局与普通话相同，都属"动词+间接宾语+直接宾语"式。

第 14 章 比较句

比较句用来比较事物间某方面属性的异同或揭示其差异的程度，是基于意义建立的句子类别。比较句可带陈述、疑问、感叹等不同的语气。最基本的比较类别是等比和差比。

14.1 比较标记

14.1.1 比较句构成要素

比较句包含 4 个要素：第一，比较点，即事物某方面的属性；第二，比较项，即什么和什么或谁和谁比，比较项最少有甲乙两项或事物的两方面；第三，比差，即比较项之间的差异量；第四，比较标记，包括在比较项之间建立比较关系的词语或框式结构。例如：

（1）[普] 李秀梅上学晚，中间因为家里供不起休过两年学，就比同班同学大几岁。（陈世旭《立冬·立春——波湖谣》）

例（1）是个比较句，其中"大"是比较点，"李秀梅"和"同班同学"是两个比较项，"几岁"是比差，"比"是比较标记。比较标记通常是介词，也可以是框式结构。例如：

（2）[普] 何教授松了口气，忽然觉得自己好笑。在湖上住了几十年，怎么跟个城里干部一样？（陈世旭《立冬·立春——波湖谣》）

例（2）的比较标志是框式结构"跟……一样"。

14.1.2 比较标记词

龙岗话表比较的标记词有：比、过、当［tɔŋ³¹］、一样。例如：

（3）宁都比石城更大。

（4）妹唔生来比哥哥还更高妹妹长得比哥哥还更高。

（5）骑脚踏车唔去好过行路去骑自行车去比走路去好。

（6）总有一工渠会高过你总有一天他会比你高。

（7）老伯当唔到老弟唔哥哥比不上弟弟。

（8）你当渠一半都当唔到你比他一半都比不上。

（9）渠两爷仔一样壮他父子俩一样胖。

（10）两种水果唔一样好食两种水果儿一样好吃。

14.1.3　框式比较标记

龙岗话的框式比较标记主要用"赢……一样""赢嘎……样"，比较句式为"X+赢+Y+一样+Z""X+赢嘎+Y+样+Z"，其中X、Y为比较项，Z为比较点。例如：

（11）去大由坪赢去横江一样远去大由坪去横江一样远。

（12）渠仔赢渠自己一样都蛮有大义他儿子跟他自己一样都很孝顺。

（13）自家开车转来赢坐飞机一样贵，夜係偃时情愿坐飞机自己开车回来跟坐飞机一样贵，要是我的话情愿坐飞机。

（14）ti^{24}种布赢嘎塑料纸样，唔会漏水这种布跟塑料布一样，不会漏水。

（15）石城今ti^{24}赢嘎婺源样，唔晓几有名石城现在跟婺源一样，非常有名。

（16）姆妈赢嘎外婆样高大，买鞋都要买大码个妈妈和外婆一样高大，买鞋都要买大码的。

14.2　等比句

等比句揭示事物之间某方面属性的一致性，龙岗话等比格式有三种：一为"X+赢+Y+一样（样）+Z"式，二为"X+赢嘎+Y+样+Z"式，三为"X+当+得（到）Y+Z"式。

14.2.1　X+赢+Y+一样（样）+Z

龙岗话最常用的表示等比的格式是：X+赢+Y+一样（样）+Z。例如：

（17）渠赢渠爹一样精算他跟他父亲一样刻薄。

（18）ti^{24}本书赢 ka^{24}本书一样厚哩这本书和那本书一样厚。

（19）骑车赢行路样累人骑车和走路一般累人。

（20）食来也赢有食样，唔晓几肚饥吃了也像没吃一样，十分饥饿。

此格式中比较项 X、Y 可以是体词性的，也可以是谓词性的。"赢"为介词，介引比较的对象。"赢"省略后，主语成为并列短语。比较点是事物的属性，为谓词性成分，常为形容词或动词性短语。例如：

（21）屋里屋外一样热哩屋里屋外同样热。

（22）自家人别络人一样欢喜自己人别人同样受喜欢。

比较的对象亦可用数量名短语统括，保留比较词"一样"。例如：

（23）两个一样高。

（24）十个人一样大哩。

14.2.2　X + 赢嘎 + Y + 样 + Z

龙岗话表示平比，也可用"X + 赢嘎 + Y + 样 + Z"，比较的对象亦可用数量名短语统括。例如：

（25）番薯赢嘎芋啀样，要放去灰里 tsaŋ^{31} 唔会坏 təu^{21} 番薯和芋头一样，要放在（草木）灰里才不会坏掉。

（26）栽豆角赢嘎栽藜瓜样，要拿棍啀撑起来 tsaŋ^{31} 更有着种豆角就跟种黄瓜一样，要用棍子支撑起来才更能结果。

（27）ka^{24} 几个保安赢嘎土匪样恶柴那几个保安跟土匪一样凶悍。

（28）姓邓个祠堂修来赢嘎碉堡样坚固姓邓的祠堂修得像碉堡一样坚固。

（29）渠食来牙齿都赢嘎砉钉样，还会怕你叮哩个后生啀他吃得牙齿都像砉钉一样，还会怕你这样的年轻人？

（30）电火赢嘎萤火虫啀样，样斯看书吧电灯跟萤火虫似的，怎么看书嘛？

"赢嘎……样"表示平比是在同类事物之间作平行比较，它也可以发展为比况性比较，这在修辞上就是比喻性相似比较了。以上例（25）（26）是一般的同类事物平行比较。例（27）（28）发展为同范畴事物的某方面属性比况，是类比向比喻过渡性质的平行比较。例（29）（30）作比的两项非同类事物，属比喻性平比。

14.2.3　X+当+得（到）+Y+Z

客家话用"当"表示比较，意为"相当"，有别于"当作"的"当"。① 在龙岗话中，"当"读［tɔŋ⁴⁵³］，表示比较的"当"变读为［tɔŋ³¹］。"当"为动词，表平比或差比，取决于补语语义。平比为"当得（到）"，差比为"当唔到"。表平比的，例如：

（31）ka²⁴几个婆太人当得到男唔人，话作"半边天"一点嘚都唔会错那几个女人当得了男子，叫做"半边天"一点儿都不会错。

（32）你夜当得到渠咁能干时，俚歇倒都会笑你要是跟他那样能干的话，我睡着了都会笑。

（33）鱼丸当得到肉丸咁好食鱼丸当得上肉丸那么好吃。

14.3　差比句

差比句揭示事物之间某方面属性的差异、差异程度。差比可以是强比也可以是弱比。龙岗话差比格式有：

a. X+比+Y+Z（AP/VP）+比差
b. X+比+Y+副+Z（AP）
c. X+Z（AP）+过+Y
d. X+当+唔到+Y+比差
e. X+Z（AP）+Y+比差

以上格式中的"比差"可由数量短语，受副词修饰的形容词或"得"引导的"多""少"充当，其语法地位是充当补语。

按照比较标记词的不同，可以将以上5种格式归为四类："比"字差比句，"过"字差比句，"当"字差比句，无标记差比句。

14.3.1　"比"字差比句

a式：X+比+Y+Z（AP/VP）+比差。例如：

（34）大芳嘚比细芳嘚高只脑顶心大芳比小芳高一个头顶。

---

① 何耿镛：《客家方言语法研究》，厦门大学出版社1993年版，第72页。

（35）走山路比走大路近五六里。

（36）莲嘚比落花生贵蛮多莲子比花生贵很多。

（37）落花生油比菜籽油好食得多花生油比菜籽油好吃得多。

b 式：X + 比 + Y + 副 + Z（AP）。例如：

（38）铁桶嘚比木桶嘚还更轻灵铁桶儿比木桶儿还轻。

（39）老弟比老伯更高大弟弟比哥哥更高大。

14.3.2 "过"字差比句

"过"作为比较标记词，表示差比，基本格式是"X + Z（AP）+ 过 + Y"。例如：

（40）断春帮个场间青菜贵过鸡蛋青黄不接的时候青菜比鸡蛋贵。

（41）ti^{24}个年头做生意好过坐办公桌嘚这个年头做生意比坐办公桌儿好。

（42）广州唔晓样斯舞个，有多当在行路话快过坐车广州不知怎么搞的，有的地方走路说比坐车还快。

14.3.3 "当"字差比句

"当"字差比句表示"X 不及 Y"，差比的语义由"当"的补语表示。例如：

（43）做莲嘚生意当唔到卖衫裤咁有赚做莲子生意比不了卖衣服那么有赚头。

（44）春花嘚当唔到春娣嘚咁标致春花儿比不上春娣儿那么漂亮。

（45）二舅公当大舅公唔到勤力，屋下难过得多二舅舅比不上大舅舅勤快，家里困难得多。

（46）城里过年真係当乡下唔到好隳造城里过年真的是比不上乡下好玩。

14.3.4 无标记差比句

无标记差比句不用比较标记，基本格式是"X + Z（AP）+ Y + 比差"。例如：

（47）俚表姊姊大俚两岁我表姐大我两岁。

（48）肥肉便宜脿肉几块钱肥肉便宜瘦肉几块钱。

（49）渠老婆细渠蛮多他老婆小他很多。

（50）做老伯个高来老弟嘚一只脑盖做哥哥的高了弟弟一只脑袋。

第 15 章 疑问句

龙岗话疑问句分特指问、是非问、选择问、反复问四类描写。①

15.1 特指问

特指问是用"嘶哩、什么、样斯、哪里、几"一类疑问代词提出问题的句子。疑问代词代表疑问点。龙岗话特指问句末常用的语气词是"咧""吧",不能用"咪""么"。特指问也可不用疑问语气词。

15.1.1 疑问代词特指问

龙岗话构成特指问的疑问代词以及相应的习用短语,如表15-1所示:

表 15-1　　　　龙岗话特指问疑问代词、习用短语

疑问点	疑问代词	习用短语
人	斯哩 [sɿ⁴⁵³li] 谁 哪个 [na⁴⁵³kei³¹] 谁	什么人 [sən⁴⁵³mə nin²⁴] 哪多个 [na⁴⁵³to⁴⁵³kei³¹] 哪些
事物	什么 [sən⁴⁵³mə]	什么事 [sən⁴⁵³mə sə⁵³] 什么东西 [sən⁴⁵³mə tuŋ⁴⁵³ɕi]

---

① 石城客家方言疑问范畴的系统研究,可参见邵敬敏《汉语方言疑问范畴比较研究》,暨南大学出版社2010年版。

续表

疑问点	疑问代词	习用短语
处所	哪 [na⁴⁵³] 哪里 [na⁴⁵³ li]	哪多嗯 [na⁴⁵³ to⁴⁵³ tə] 哪儿/哪里 哪迹嗯 [na⁴⁵³ tɕiak⁴ tə] 哪儿/哪里 哪块嗯 [na⁴⁵³ kʻui³¹ tə] 哪儿/哪里 哪在嗯 [na⁴⁵³ tsʻai⁵³ tə] 哪儿/哪里
		什么当在 [sən⁴⁵³ mə tɔŋ³¹ tsʻai⁵³] 什么地方 什么地方 [sən⁴⁵³ mə tʻi³¹ fɔŋ⁴⁵³/³¹]
时间	几时 [ki³¹ sʅ²⁴]	几久 [ki³¹ kiəu³¹] 多久 几久哩 [ki³¹ kiu³¹ li] 多会儿 哪阵嗯 [na⁴⁵³ xən⁵³ tə] 什么时候 什么场间 [sən⁴⁵³ mə tsʻɔŋ²⁴ kan⁴⁵³] 什么时间/时候 什么场中 [sən⁴⁵³ mə tsʻɔŋ²⁴ tsuŋ⁴⁵³] 什么时间/时候
数量	几 ki³¹ 几多 ki³¹ to⁴⁵³/³¹ 多少	
程度	几 ki³¹	
方式	样时 [iaŋ⁵³ sʅ²⁴] 样时道哩 [iaŋ⁵³ sʅ²⁴ tʻau⁵³ li] 怎么样	像/做/成样时 [tsʻiɔŋ⁵³/tso³¹/saŋ²⁴ iaŋ⁵³ sʅ²⁴] 怎么 像/做/成样时道哩 [tsʻiɔŋ⁵³/tso³¹/saŋ²⁴ iaŋ⁵³ sʅ²⁴ tʻau⁵³ li] 怎么样
	叮 [tin⁴⁵³] 怎么/怎么	叮样 [tin⁴⁵³ iaŋ⁵³] 怎样 叮样时 [tin⁴⁵³ iaŋ⁵³ sʅ²⁴] 怎么样 叮样时道哩 [tin⁴⁵³ iaŋ⁵³ sʅ²⁴ tʻau⁵³ li] 怎么样/如何
状态	样时 [iaŋ⁵³ sʅ²⁴] 怎么 样时道哩 [iaŋ⁵³ sʅ²⁴ tʻau⁵³ li] 怎么样	像/做/成样时 [tsʻiɔŋ⁵³/tso³¹/saŋ²⁴ iaŋ⁵³ sʅ²⁴] 怎么 像/做/成样时道哩 [tsʻiɔŋ⁵³/tso³¹/saŋ²⁴ iaŋ⁵³ sʅ²⁴ tʻau⁵³ li] 怎么样
	叮 [tin⁴⁵³] 怎么	叮样 [tin⁴⁵³ iaŋ⁵³] 怎样 叮样时 [tin⁴⁵³ iaŋ⁵³ sʅ²⁴] 怎么样 叮样时道哩 [tin⁴⁵³ iaŋ⁵³ sʅ²⁴ tʻau⁵³ li] 怎么样
原因	叮解 [tin⁴⁵³ kai³¹] 为什么 样时 [iaŋ⁵³ sʅ²⁴] 为什么	做什么 [tso³¹ sən⁴⁵³ mə] 为什么/干什么 做样时 [tso³¹ iaŋ⁵³ sʅ²⁴] 为什么/干什么/怎么
确指	哪	

疑问代词和疑问习用短语，都可以用来标示疑问点，构成特指问。用疑问代词的，例如：

（1）ti^{24}个係斯哩个番瓟？样斯 tin^{453}大只咧这是谁的南瓜？怎么这么大个呢？

（2）地基个事你想样斯吧地基的事你想怎样吧？

（3）叮解你叮久唔转屋下来吧为什么你这么久不回家嘛？

（4）去广州个车票几多票唲一张去广州的车票多少钱一张？

（5）柿唲要叮做 tsaŋ^{31}唔会唻柿子要怎么做（加工）才不会涩？

用表疑习用短语提问的，例如：

（6）天光哪多个去横江赶圩明天哪些人去横江赶集？

（7）莲唲摘来放去哪多唲莲子摘了放哪儿？

（8）你身上哪迹唲会痛吧你身上哪儿会痛嘛？

（9）邓乡长个仔係哪个当在学大学个邓乡长的儿子是哪儿上大学的？

（10）木匠师傅哪阵唲散工个木匠师傅什么时候放工的？

（11）你晓得 ti^{24}只题目像样斯道哩做你知道这道题怎么做？

（12）珍花鸭要叮样斯做 tsaŋ^{31}好食吧珍花鸭（一种本地鸭子，红冠，个大）要怎样做才好吃嘛？

（13）你去青水塘做什么你去青水塘干吗？

（14）做样斯道哩你会半年都冇音冇信吧为什么你会半年都没音没信嘛？

15.1.2 疑问语气词特指问

"咧"［liɛ^{453}］、"时"［sʅ^{24}］相当于普通话的"呢"，加在词、短语或小句后，也可以构成特指问。例如：

（15）簸箕唲咧簸箕儿在哪？

（16）火发唲咧火发（人名）在哪？

（17）偓 ka^{24}件中山装咧我那件中山装放哪儿了？

若"NP + 咧？"与一个陈述句并举则问"怎么样"，仍为特指问。例如：

（18）角箩烂 tʻəu^{24}，簸箕唲咧箩筐破了，簸箕儿呢？

（19）水发唲去横江呃，火发唲咧水发去了横江，火发呢？

（20）今早出来日头，天光咧今天出了太阳，明天呢？

语气词"时"也有两种特指问。一是"时"用在单句尾，推测性问"怎么样"。例如：

(21) 食早饭个场中赶唔到时_{吃早饭的时候赶不到怎么办}？

(22) 一个礼拜写一篇作文时_{一个星期写一篇作文呢}？

(23) 过来年冇办法出去打工时_{过了年没办法出去打工呢}？

二是承接前一分句的陈述，比照性问 NP/VP 怎么样。例如：

(24) 旧年冇转来过年，今年时_{去年没回来过年，今年呢}？

(25) 今年八月节放来三工假，国庆节时_{今年中秋节放了三天假，国庆节呢}？

(26) 猜来三次都冇猜到，再猜一次还猜唔到时_{猜了三次都没猜到，再猜一次还猜不到呢}？

15.2　是非问

是非问是陈述出一件事情征询对方肯定或否定答复构成的问句。龙岗话是非问句末语气词丰富，也可以不用语气词，仅靠句末扬升语调来发问。

15.2.1　一般是非问

龙岗话是非问句末用"么"［mo⁴⁵³］，是疑大于信的一般询问。例如：

(27) 下一站龙岗么？——係/蛮係_{下一站龙岗吗？——是/不是}。

(28) 五月节有假放么？——有/冇_{端午节有假放吗？——有/没}。

(29) 桃啀红来么？——红来/冇_{红桃子红了吗？——红了/没红}。

(30) 过年有杀猪么？——有/冇_{过年杀了猪吗？——有/没}。

15.2.2　推测性是非问

龙岗话是非问句末用"吧/吧喇"［pa³¹/pa³¹ la³¹ᐟ³］提问，属推测性提问。例如：

(31) 你像咁哩话时係抄渠个天吧_{你像那样说的话是撒他的谎吧}？——係/蛮係_{是/不是}。

(32) 小红嘚怕係半年都冇转龙岗来呃吧喇小红子怕是半年都没回龙岗了吧？——係/蛮係是/不是。

(33) 叮夜呃还冇歇吧喇这么晚了还没睡吧？——係/蛮係是/不是。

15.2.3 求证性是非问

龙岗话是非问句末用"咪"[mi^{453}]、"淮"[fai^{24}]、"啊"[a^{453}]、"嚯"[xo^{53}]提问的，属求证性发问。例如：

(34) 你天光去学堂下咪？——係/蛮係你明天去学校是吗？——是/不是。

(35) 你就係小红嘚个爹咪？——係/蛮係你就是小红子的爸爸吗？——是/不是。

如前所述，龙岗话特指问句末不用"咪"或"么"，而是非问不必出现疑问词。但龙岗话有一种疑问句同时用疑问代词和疑问语气词"咪"或"么"的，这类问句在无语境情况下既可理解为特指问，也可理解为是非问，因而答语也可以有两套，或者先肯定，再作特指答。例如：

(36) 你几时去瑞金咪？
　　——係/蛮係。[是非答]
　　——下个月初二去。[特指答]
　　——係，下个月初二去。

(37) 你什么场间去瑞金么？
　　——去/唔去。[是非答]
　　——下个月初二去。[特指答]
　　——去，下个月初二去。

龙岗话是非问句末用语气词"淮"也是求证性发问。例如：

(38) 你个脚还冇好淮你的脚还没好是吧？——好来/还冇好了/还没。

(39) 啲篇文章係你写个淮这篇文章是你写的吗？——係/蛮係是/不是。

(40) （看见灶台上放着米粉）昼辰食粉干淮中午吃米粉是吗？——係/蛮係是/不是。

龙岗话是非问句末用"啊"提问变读扬升调24，"啊"是非问用来对别人提供的外源性信息进行求证。例如：

(41) 落雨呃啊下雨了呀？——係/蛮係是/不是。

(42) 院华嘚个仔考到清华大学啊院华子的儿子考上清华大学了？——係/

蛮係是/不是。

(43) 你话过呃年去广东打工啊你说过了年去广东打工是吧？——係/蛮係是/不是。

龙岗话是非问句末用"嚯"，也是证实性发问。与"啊"不同的是，它主要用来求证来自提问者的主观看法，可称为内源性求证是非问。例如：

(44) 渠昨日听来唔太开心嚯他昨天听了不太高兴是吧？——係/蛮係是/不是。

(45) 赣州个房价蛮贵嚯赣州的房价很贵是吧？——係/蛮係是/不是。

(46) 放假个场中自家开车转来确实唔划算嚯放假的时候自己开车回来确实不划算是吧？——係/蛮係是/不是。

除了用疑问语气词提问，龙岗话是非问还可以用句末扬升调来发问，用来求证事实，并有惊讶、怀疑、斥责意味。例如：

(47) 听地话渠老弟转来↗听说他弟弟回来了？——係/蛮係是/不是。

(48) 去泉州个高速开通↗去泉州的高速开通了？——係/蛮係是/不是。

(49) 你真个唔信↗你真的不信吗？——係/蛮係是/不是。

15.2.4 是非问的形式与功能

龙岗话是非问有6个常用句末语气词，再加一个不带语气词，而以语调为标志的是非问，共有7种形式。其语义功能主要在信、疑程度的差异。语用功能则体现为提问的性质属一般性询问，还是推测、求证性发问。而求证的信息，又因外源还是内源，选用不同的语气词。形式和功能的对应关系，如表15-2所示：

表15-2　　　　　龙岗话是非问的形式与功能

形式	功能	表疑手段	信疑度
S+么？	一般询问	语气词	疑大于信
S+吧/吧喇？	推测性发问	语气词	信疑各半
S+咪？	求证性发问	语气词	信大于疑
S+淮？	求证性发问	语气词	信大于疑
S+啊？	求证外源性命题	语气词	信大于疑

续表

形式	功能	表疑手段	信疑度
S + 嚄？	求证内源性命题	语气词	信大于疑
S + ↗？	求证事实，兼表惊讶、怀疑、斥责等意味	扬升语调	极小怀疑

15.3　选择问

选择问是并列两个或两个以上项目，让答话者选择一项的问句。选择问的构成，包括选择项、选择标记、语气词等。

15.3.1　选择标记

选择标记是联结选项的语用成分，龙岗话常用"啊""还（就）"和前升后降对称语调连接选择项，也可用副词"肯坐"[xən³¹ tsʻo⁵³]愿意标示选择义。例如：

（50）坐高铁啊坐飞机转去 坐高铁呀坐飞机回去？

（51）星期二啊星期三？随你 坐 星期二呢星期三？随你挑选。

（52）垅尾里 ka²⁴ 几坵田今年栽落花生还栽番薯哦 垅尾里那几块田今年种花生还是种红薯呢？

（53）崇脑更凉快还就崇背 山顶更凉快还是山后？

（54）肯坐（宁愿）过屋下作田还就去广东打工哦 愿意在家种地还是去广东打工呢？

（55）肯坐作田肯坐学书 愿意种地愿意读书？

（56）你係去屏山↗去观下↘ 你是去屏山还是去观下？

（57）外婆欢喜食肉圆↗鱼圆↘ 外婆喜欢吃肉圆还是鱼圆？

15.3.2　选择问语气词

龙岗话选择问可以仅凭语调表疑问，也可以带疑问语气词。常用的语气词有"吧""哦""咧""啊""淮"等。用上语气词，表疑更为显著。语气词通常用在句末，也可以用在选择前项，或者前后项配套使用。多项选择时，首项用语气词"啊"作选择标记，句尾可以用"吧"。例如：

（58）暑假肯坐去二舅公 ka²⁴ 还就大舅公 ka²⁴ 过吧 暑假愿意去二舅舅那儿还是大舅舅那儿过嘛？

（59）今早係秋溪个圩还就洋地个圩哦 今天是秋溪的圩日还是洋地的圩日呢？

（60）打算提前退休准，还就到呃年限再退哦 打算提前退休呢，还是到了年限再退呢？

（61）你愿意加班咧，还就休息哦 你愿意加班呢，还是休息呀？

（62）剃光头啰啊留铲头啰 理光头呢留板寸头？

（63）过广州齐大个仔食啊，还就去赣州齐细个仔，过武汉赢伢住，抑或就过龙岗哪里都唔去咧 去广州跟大儿子生活，还是去赣州跟小儿子，去武汉和女儿住，或者就在龙岗哪儿都不去呢？

龙岗话选择问这一组语气词分布上有一定规律。"吧""哦"只用在句末，"准"只在前项，"啊""咧"两可。

15.3.3　选择问类型

龙岗话选择问的基本类型，按选择项的多少，可以分双项和多项选择问。如上举各例多为双项选择，例（63）则为多项选择。

此外，也可按选择项的选择标记词分为语气词标记、连词标记、副词标记、复合标记、语调标记五类。例如：

（64）打针更快醒好啊食药 打针更快好还是吃药？

（65）放来学去斫草皮准，割鱼草 放学后去砍草皮还是去割鱼草（草皮：垫猪、牛栏用的蕨草；鱼草：喂鱼的草）。

（66）你过年过城里过还就转龙岗去 你过年在城里过还是回龙岗去？

（67）肯坐供鸡供猪 愿意养鸡养猪？

（68）你係南昌人啊还就赣州人哦 你是南昌人呢还是赣州人呢？

（69）再补习一年还就寻个事做吧 再补习一年还是找个事做嘛？

（70）夜辰肯坐食粥啊食饭 晚上愿意喝粥还是吃饭？

（71）你係石城人↗赣县人↘ 你是石城人赣县人？

以上例（64）（65）为语气词标记类。例（66）为连词标记类。例

（67）为副词标记类。例（68）—（70）为复合标记，其中例（68）（69）为语气词、连词复合，例（70）为副词、语气词复合。例（71）为语调标记。

15.4　反复问

反复问也叫正反问，是选择问的一种特殊形式，其选择项是谓语的肯定否定形式。

15.4.1　反复问基本类型

龙岗话反复问基本类型按动词、动词短语的组合形式分以下四类：
1. V 唔 V？V 为单音节动词。例如：
（72）你去唔去你去不去？
（73）你食唔食你吃不吃？
（74）翠秀㗎到底肯唔肯翠秀子到底肯不肯？
2. VO 唔 VO？例如：
（75）你洗汤唔洗汤你洗澡不洗澡？
（76）你考大学唔考大学你考大学不考大学？
（77）爹佬㗎今年自家写春联唔写春联老爹今年自己写春联不写春联？
3. VO 唔 V？例如：
（78）你洗汤唔洗你洗澡不洗？
（79）你考大学唔考你考大学不考？
（80）小秋㗎还做莲㗎生意唔做小秋子还做莲子生意不做？
4. V 唔 VO？例如：
（81）你洗唔洗汤你洗不洗澡？
（82）你考唔考大学你考不考大学？
（83）老师讲唔讲作文老师讲不讲作文？
第 2）、3）、4）式亦可看作同一形式的不同变式，3）式中以"VO 啊唔 V"最为顺口。

15.4.2　体标记反复问

动词带有体标记时，否定词多改用"冇"。例如：

（84）考来大学冇考大学？/考来大学冇考？/考来冇考大学？/考来大学冇？

（85）考到$^{31/24}$（过$^{31/24}$）大学冇考到（过）大学？/考到$^{31/24}$（过$^{31/24}$）大学冇考到（过）？/考到$^{31/24}$（过$^{31/24}$）冇考到（过）大学？/考到$^{31/24}$（过$^{31/24}$）大学冇？

（86）tɕ·i^{453}落雨冇tɕ·i^{453}落雨？/tɕ·i^{453}落雨冇tɕ·i^{453}？/tɕ·i^{453}冇tɕ·i^{453}落雨？/tɕ·i^{453}落雨冇？

15.4.3 可能补语反复问

动词带可能补语的反复问形式有：

a. V得+补+V+唔+补
b. V得+补+V+唔+补+O
c. V得+补+O+V+唔+补+O

例如：

（87）a. 做得完做唔完？
　　　b. 做得完做唔完作业？
　　　c. 做得完作业做唔完作业？

动词不及物时，可能补语的反复问形式为"V得+补+V+唔+补"。例如：

（88）倚得起来——倚得起来倚唔起来站得起来站不起来？

（89）洗得伶俐——洗得伶俐洗唔伶俐洗得干净洗不干净？

15.4.4 状态补语反复问

带状态补语的反复问形式：

a. V来（得）+补+唔+补
b. V来+冇+补+冇+补
c. V来+补+V来+冇+补

例如：

（90）唱来好听唔好听唱得好听不好听？

（91）洗来有伶俐冇伶俐洗得干净不干净？

（92）记来蛮清楚记来冇蛮清楚记得很清楚记得不很清楚？

第 16 章 其他句式

汉语东南方言中的"来、去"句、"有"字句、"添"字句是几种有特色的句式，闽、粤、客等方言普遍存在。龙岗方言也不例外，且有其特点。

16.1　"来、去"句

普通话趋向动词"来、去"单独做谓语，一般少用表示目的地的处所作宾语，处所词多由"到"介引，用在"来、去"前作状语，即在"到北京去（来）"与"去（来）北京"两种结构中，以前者为常。连谓结构中的"来、去"还可移到句末，如"我去买菜"说成"我买菜去"，且后一种说法更为常用。而南方的客、闽方言以及河南、山西、陕北等地方言却普遍存在着"来、去"带处所宾语或连谓结构中"来、去"不后置的现象，闽南话中"来、去"还可连用，造成"来＋去＋名"一类的结构。方言中"来、去"有别于普通话的这些个用法构成的句子，被称为"来、去"句。

龙岗话的"来、去"句有以下特点。

1. 带处所词作宾语。例如：

（1）偓天光去广东_{我明天到广东去}。

（2）罗书记大后日来龙岗_{罗书记大后天到龙岗来}。

龙岗话不说"到……来/去"，但有"过（上、下）……来（去）"的结构。例如：

（3）华平嘚天光墟日过横江来_{华平仔下一个墟日要到横江来}。

（4）渠过大由坪去哩_{他到大由坪去了}。

（5）上城里来/去做什么？

（6）下瑞金去/来装多嘚石灰。

以上诸例中的"过、上、下"都是动词。在龙岗人的方位观念中，目的地居于水的上游叫"上"，位于下游叫"下"，不存在上、下游关系叫"过"。"上、下、过"也可指心理上的方位关系，心理高地常用"上"，低地用"下"，平级用"过"。

2. "来、去"用于连谓结构不能后置。例如：

（7）偓放来学去扷猪食 我放了学去拔猪草→*偓放来学扷猪食去。

（8）偓来学书 我上学来了→*偓学书来。

3. "来、去"连用可带处所词、动词或动宾短语，这一用法亦见于闽南话。以下为龙岗话的3种用例：

a. 来 + 去 + 处所词

（9）偓来去学堂下 我要到学校去。

（10）你来去哪里 你要去哪儿？

（11）来去楼上看一下。

b. 来 + 去 + 动词（补语）

（12）来去歇 睡觉去。

（13）你来去死 你是去死！

（14）来去对你大人话清楚 来走去跟你父母讲讲清楚。

（15）来去看一下 走，去看看。

c. 来 + 去 + 动宾短语

（16）偓来去摘几皮青菜 我这就去摘点青菜。

（17）来去捡落花生 去捡花生。

"来去"的词汇意义集中在"去"上，陶渊明"归去来兮"辞，"去"实"来"虚，当属偏义复音词，龙岗话类似。但"来去"还附加有"即将发生"的"时"的语法意义。如"偓来去龙岗"，确切含义为"我就要到龙岗去。"此外，祈使句中用"来去"还有邀约一道进行 V 的意思。

4. "来"和"来去"的读音。

"来"在上述1、2两类用法中是独用的趋向动词，龙岗话读 lei^{24}。在第3类"来、去"合用各式中，"来"的意义已比较空灵，随着意义的虚化，"来"除要特别强调读"lei^{24}"外，以念lə^{453}为常，"来去"读作lə^{453}xə^{31}，"来"的韵母由［ei］变读［ə］是受了"去"［xə^{31}］的韵母的同化。

龙岗话"𠊎lə^{453}龙岗"与"𠊎来去龙岗"完全等义，lə^{453}是"来去lei^{24}xə^{31}"的合音。

16.2 "有"字句

普通话的"有"用作动词，其后带体词性成分，主要表领有和存在两种意义。方言中"有"常用于动词或形容词前肯定动词、形容词所代表的动作、行为、性状存在的客观性。这一类"有"字构成的句子称为"有"字句。"有"字句广泛存在于闽、粤、客等南方方言中，龙岗话也不例外。

龙岗话"有"字句有自己的特色，主要表现在：

1. "有"用于动词前，肯定动作行为已经发生或正在发生。这类"有"字句闽、粤方言及客家梅县话都广泛用于陈述句。龙岗话主要用于反复问和是非问，陈述句中使用频率不及疑问句。例如：

（18）你有记骨啊冇记骨_{你记牢了没记牢？}

（19）𠊎话个事你有听啊冇听_{我说的话你听了还是没听？}

（20）上个月有电话转来么_{上个月打过电话回来吗？}

（21）有去应墟么_{去了赶集吗？}

（22）𠊎有写信转来_{我写了信回来。}

（23）轮嘚有动呃_{轮子动起来了。}

以上例（18）（19）为反复问，例（20）（21）为是非问，例（22）（23）是陈述句，其中例（19）是大人训儿的惯用语，"有"的用法与闽、粤方言中的"有"字句最为一致。例（23）动词"动"已带有动词宾语性质。动词前"有"表肯定事态的这类用法多见于老派，除一些惯用语较地道外，一般用法已不很顺口了，说明这类"有"字句是一种处于消亡阶段的弱势句式。萎缩的原因可能是官话、赣语影响所致。

2. 龙岗话"有"用于形容词前肯定事物性质是一种使用频率较高

的用法。例如：

（24）桃嘚有红啊冇红_{桃子红了没红}？

（25）衫裤洗来有白净呃_{衣服洗白净了}。

（26）ti²⁴乘灶蛮有滚_{这眼灶容易热}。

（27）芋嘚煮来有烂_{芋头煮烂了}。

3. 龙岗话"有"一种最常见的用法是用在动词前表示动作行为时间之长，"有V"相当于普通话"有得V"，这类句子的色彩多是消极的。例如：

（28）tia²⁴时有桍呃_{这下有得哭了}。

（29）tin⁴⁵³多衫裤你一个人有洗呃_{这么多衣服你一个人经得洗了}。

（30）tia²⁴时渠两个有打官司呃_{这样的话他两个有得打官司了}。

进入这一句型中的动词一般不带宾语，及物动词带有宾语多改为受事主语句，如例（29）。或将宾语置于"有"与动词间，成"有＋N＋V"格式，但也不绝对排除"有"后跟动宾短语，如例（30）。

16.3 "添"字句

"添"字句是指"添"被置于谓语VP后头表示谓语所述数量的增加或程度加深的句型。如"食碗饭添"。"添"字句普遍分布于粤、客等汉语南方方言中。龙岗话"添"字句用法如下。

16.3.1 V＋数量＋N＋添

例如：

（31）雇几个人手添_{再雇几个人手}。

（32）看场电影添_{再多看一场电影}。

（33）写两副对嘚添_{再写两副对联}。

数量名短语的中心词也可省略，或者只出现表动量的数量词。例如：

（34）写两副添_{再多写两副}。

（35）行两转添_{再走两趟}。

梅县、连城等地，"添"字不能直接用在动词后，如不能说"＊食添""*写添"。龙岗话大体情况亦如此，但也有"去买菜""还要买添"等说法。此外还有"V + N + 添"式。例如：

（36）还要雇人手添_{还要再多雇些人手}。
（37）还要买谷添_{还要再多买些谷子}。

但这类用法缺少普遍性，其限制条件是句子为连谓结构或谓词前有"还""要"等副词或助动词修饰。

16.3.2　形容词 + 数量词 + 添

例如：

（38）饭烂多啲添更好食_{饭再烂点儿更好吃}。
（39）热头高多啲添_{太阳再高一点儿}。
（40）红多啲添呃来再摘_{再红点儿后摘}。

16.3.3　"再""添"共现

例如：

（41）再请几个人添_{再多请几个人}。
（42）热头再高多啲添_{太阳再高点儿}。

"添"字句转译为普通话大多可译成"再"字句，但"添"并不等于"再"。"再"着重动作的重复，"添"着重重复后数量或程度在原有基础上的增加，因而"再""添"可共现于动词前后。"再"居于动词前作状语，"添"在 VP 后，补充说明宾语的数量或动量的增加，充当补语。如果不带可数宾语或数量词就不能有后置的"添"。例如：

（43）再说我揍你→*话添𠊎打你。
（44）下午再开会吧→*晡辰开会添。

第 17 章　综合讨论

本章就龙岗话语法系统的共时面貌从谱系、结构类型、地域趋同等角度作有限的宏观讨论。

一种语言或方言的共时语法系统整合了该语言或方言谱系（发生学）、结构类型以及地域相互影响上的特征。我们虽然还难以完全指出龙岗话现时的语法系统哪些是谱系的，哪些是类型学的，哪些是地域融合的特征，但以下几方面的问题是值得综合考察其意义的。

17.1　语法中的存古现象

龙岗话语法中的存古现象，如介词"打、向、对、用、拿"等包括的历史层次；结构助词"个""哩"与古汉语结构助词"者、之、然"，近代汉语"个、地"的关系；助词"来""时"对近代汉语助词"来""时"的继承；"添"字句，"来去"句的存古用法等，这些现象既反映出方言语法特色，又反映了谱系上的传承关系。

17.2　与客家祖地方言的关系

有些语法现象反映了龙岗话与其客家祖地方言的关系。例如：语气助词"时"与河北、山西一带方言用"的时候"作提顿语之间的一致性；"来、去"句在河南、山西、陕北等地方言中有平行用法；龙岗话反复问句多用北方型的"VO + neg. + V"式等。这些语法现象与移民史的材料相佐证，所透露的或许正是"客从中原来"的信息。

17.3　客家方言语法的内部一致性

龙岗话词法、句法方面的特点反映了客家方言语法的内部一致性。如客家话有的地方叫"厓话",得名于客家特征词第一人称"厓",龙岗话也不例外,第一人称为"厓";三身代词"厓、你、渠"各地客话声调不尽一致,但在同一方言点中,三身代词的声调却是相同的,即所谓存在声调的"感染现象"。龙岗话"厓、你、渠"均读阴平,正是"感染"的结果。再如名词特征语缀"牯、嫲、公"的存在,且被用于无性别事物;实词和虚词中各类特征词,如方位词"背、唇",副词"aŋ^{31}、紧、死、坐、tsaŋ^{31}"等;构词法中重叠构词和拟声构词异常发达;语法范畴如形容词的级,以"啊"为标志的瞬间完成体的存在以及句法上的处置句少用,"有"字句,"添"字句,比较句,"来、去"句的存在以及句型、用法上的一致性,这些语法现象均反映了龙岗话语法系统所具备的客家话的内部一致性。

17.4　客家方言语法中的异质因素

龙岗话语法中也存在一些与客家话一般情形不相一致的现象。这些异质因素多为赣语影响所致,少数为闽语成分,有的则是龙岗话自身变异的产物。以下略举数例,其中以词法居多。

第一,客话常见的名词前缀"阿",龙岗不用,这与赣语相同;

第二,名词后缀"嘚"与赣语不少地方的 tɛ 一致,而客话常用"e"或"tsɿ";

第三,指人的语缀"侪"客话常见,且搭配相当活跃,龙岗话无"侪";

第四,表性别的"公、婆""牯、嫲"前一套赣语多用,后一套客话常见,龙岗两套并用;

第五,"吃饭"赣语叫"喫饭",客家叫"食饭",龙岗说"食饭"为常,也有故作风雅说"喫饭"的,且"喫亏"很常用;

第六,"交合"赣语说"戳",客话说"鸟",龙岗"鸟""戳"并用，且有客赣合璧联合词"鸟戳""鸟鸟戳戳"；

第七，"陌生人"叫"生当人"是闽客混合词，与闽西客话相同；

第八，"筷子"叫"箸""箸只"系闽语成分；

第九，疑问代词"什么"客话多叫"麻介、么个"，客话又因之叫"麻介"话，龙岗话则说"什么"，与赣语某些点一致；

第十，被动句引进施事的介词客话多用"分"，龙岗用"等"，与赣语一致；

第十一，"有"字句客话用得较普遍，龙岗话则处于萎缩之中，这与赣语影响有关。

17.5　关于重叠构词

龙岗话构词上一个显著的特点是重叠、叠音附缀、衍音构词十分发达，形式丰富多彩，如名词、量词、动词、形容词的衍音构词，名词的 Abb 哩、AA 脑叠音式、单音形容词有 aA、aaA、Aaa（哩）、Abcc、Acc（哩）5 种叠音附缀方式，且各式又包含多种语音变体，双音形容词的 AABB、A 哩 AB 式以及几近无序的名词、动词、形容词四音节嵌音形式，等等。叠音附缀、衍音、四音节嵌词是一种准重叠形式，因而这一类构词方式亦可统称为重叠。重叠是一种能产的语法手段，它不仅出现在汉藏语系语言中，也出现在与汉语无系属关系的邻近语言中（李如龙1984，刘丹青1988，张敏1997），并且它们相似的形式多表达相似的语法意义，李如龙先生认为特色重叠很可能是汉藏语系诸语言的一种同源现象；刘丹青指出，在亚太地区的一些语系中，如汉藏语系、南亚语系、南岛语系，重叠用得尤为广泛，可以说，重叠是把这些尚未发现亲属关系的不同语系联结为一个地域上相连的语言联盟的重要纽带之一。[①] Abbi，Anvita 提出重叠是以印度次大陆和东南亚为中心的语言区域的一个地域性语言的普遍特征；[②] 张敏（1997）从跨语比较的角度提出重叠具有类型意义。龙岗话丰富的重叠构词现象可能与语言底层有

[①] 刘丹青：《汉藏语系重叠形式分析模式》，《语言研究》1988 年第 1 期。

[②] 转引自张敏《从类型学和认知语法的角度看汉语重叠现象》，《国外语言学》1997 年第 2 期，第 39 页。

关，并具有类型学意义，它既可能是谱系特征也可能是类型的、地域相似的特征。

17.6 关于"修饰成分后见"

闽西长汀客话存在多种"修饰成分后见"的形式（饶长溶1988），龙岗紧靠闽西，亦有相关的平行结构。"修饰性成分后见"即是桥本万太郎（1985）所谓"顺行结构"，龙岗常见的有：

第一，表方向的介宾短语后见，如"推当出"往外推、"行当上"往上走；

第二，副词后见，如"你行先"你先走、"食加一碗"多吃一碗、"着多一件"多穿一件、"买过只"重买一个；

第三，"添"字句，如"食碗添"再吃一碗；

第四，结果补语在宾语后，远离动词，如"喊医生唔赢"来不及叫医生、"写字唔到"写不来字。

修饰性成分后见在类型学上有重要意义，有助于解决汉语的 SVO 与 SOV 类型之争。有意思的是龙岗话不少"后见"格式同时使用"前见"的平行格式，如"推当出——向外推"，"你行先——你先行"，"着多件——多着件"，甚至有前后成分共现的情形，如"再食一碗添"（前后现成分不完全等值，"再"重在重复，"添"重在量的增加，但"添"也未完全排除有"再"的含义）。平行、共现格式的存在使问题进一步复杂化，平行的同义格式可能属不同的历史层次，也可能是语源上的不同或者是方言自身演变的结果，也不能排除是语言或方言"接触"使然，"共现"的存在可能是句式交融，也可能是过渡转换的中间环节，鉴于相关材料不足以及本研究重点所限，对这些问题暂不展开讨论。

17.7 结语

龙岗话语法有着许多个性特色，这使我们认识到方言与共同语、方言与方言之间语法差异不能凭印象简单断言"差异不大"，具体语法范畴、语法手段，甚至某些句式方面彼此往往存在有无或使用频率高低之分，由此构成方言语法的多样性。同时，在基本的语法范畴、语法手段以及核心句型、构词法上，方言与方言、方言与共同语之间又具有相当的一致性，从而保证了彼此谱系上的统一，正所谓"万变不离其宗"。

参考文献

一 著作

［美］罗杰瑞：《汉语概说》，张惠英译，语文出版社1995年版。

［日］桥本万太郎：《语言地理类型学》，北京大学出版社1985年版。

［日］太田辰夫：《中国语历史文法》，蒋绍愚、徐昌华译，北京大学出版社1987年版。

［日］香坂顺一：《白话语汇研究》，江蓝生、白维国译，中华书局1997年版。

［日］志村良治：《中国中世语法史研究》，江蓝生、白维国译，中华书局1995年版。

曹广顺：《近代汉语助词》，语文出版社1995年版。

曹培基：《客家方言字典》，内部刊印1997年版。

陈昌仪：《赣方言概要》，江西教育出版社1991年版。

陈建民：《现代汉语句型论》，语文出版社1986年版。

陈晓锦：《东莞方言说略》，广东人民出版社1993年版。

陈修：《梅县客方言研究》，暨南大学出版社1993年版。

丁声树等：《现代汉语语法讲话》，商务印书馆1979年版。

冯春田：《近代汉语语法问题研究》，山东教育出版社1991年版。

冯春田：《近代汉语语法研究》，山东教育出版社2000年版。

傅雨贤、周小兵、李炜、范干良、江志如：《现代汉语介词研究》，中山大学出版社1997年版。

傅雨贤等：《现代汉语语法学》，广东高等教育出版社1988年版。

龚千炎：《汉语的时相　时制　时态》，商务印书馆1995年版。

郭校珍：《山西晋语语法专题研究》，华东师范大学出版社2008年版。
郭翼舟：《副词　介词　连词》，上海教育出版社1984年版。
何耿镛：《客家方言语法研究》，厦门大学出版社1993年版。
胡明扬主编：《汉语方言体貌论文集》，江苏教育出版社1996年版。
黄伯荣等：《汉语方言语法调查手册》，广东人民出版社2001年版。
黄伯荣、廖序东：《现代汉语》（修订本），甘肃人民出版社1983年版。
黄伯荣主编：《汉语方言语法类编》，青岛出版社1996年版。
江西石城县县志编纂委员会：《石城县志》，书目文献出版社1989年版。
兰玉英等：《泰兴客家方言研究》，中国社会科学出版社、文化艺术出版社2007年版。
李临定：《现代汉语动词》，中国社会科学出版社1984年版。
李荣主编，黄雪贞编纂：《梅县方言词典》，江苏教育出版社1995年版。
李荣主编，谢留文编纂：《于都方言词典》，江苏教育出版社1998年版。
李如龙：《地名与语言学论集》，福建省地图出版社1993年版。
李如龙：《方言与音韵论集》，香港中文大学中国文化研究所吴多泰中国语文研究中心1996年。
李如龙：《福建方言》，福建人民出版社1997年版。
李如龙：《汉语方言学》，高等教育出版社2001年版。
李如龙、陈章太：《闽语研究》，语文出版社1991年版。
李如龙、张双庆主编：《客赣方言调查报告》，厦门大学出版社1992年版。
李如龙、张双庆主编：《动词谓语句》，暨南大学出版社1997年版。
李如龙、张双庆主编：《代词》，暨南大学出版社1999年版。
李如龙、张双庆主编：《介词》，暨南大学出版社2000年版。
李如龙等：《福建双方言研究》，汉学出版社1995年版。
李如龙等：《粤西客家方言调查报告》，暨南大学出版社1999年版。
李如龙主编：《汉语方言特征词研究》，厦门大学出版社2001年版。
李珊：《现代汉语被字句研究》，北京大学出版社1994年版。
李向农：《现代汉语时点时段研究》，华中师范大学出版社1991年版。
李新魁：《广东的方言》，广东人民出版社1994年版。
李新魁等：《广东方言研究》，广东人民出版社1995年版。

梁银峰：《汉语动补结构的产生与演变》，学林出版社 2006 年版。
林立芳：《梅县方言语法论稿》，中华工商联合出版社 1997 年版。
林立芳、庄初升：《南雄珠玑方言志》，暨南大学出版社 1995 年版。
刘纶鑫：《江西客家方言概论》，江西人民出版社 2001 年版。
刘纶鑫主编：《客赣方言比较研究》，中国社会科学出版社 1999 年版。
刘泽民：《瑞金方言研究》，中国社会科学出版社/文化艺术出版社 2006 年版。
吕叔湘：《中国文法要略》，商务印书馆 1982 年版。
吕叔湘：《汉语语法分析问题》，商务印书馆 1984 年版。
吕叔湘主编：《现代汉语八百词》，商务印书馆 1984 年版。
罗美珍、邓小华：《客家方言》，福建教育出版社 1995 年版。
罗香林：《客家源流考》，中国华侨出版公司 1989 年版。
罗肇锦：《客语语法》，台湾学生书局 1988 年版。
马贝加：《近代汉语介词》，中华书局 2002 年版。
钱奠香：《海南屯昌闽语语法研究》，云南大学出版社 2002 年版。
钱乃荣：《上海话语法》，上海人民出版社 1997 年版。
邱锡凤：《上杭客家话研究》，海峡出版发行集团、福建人民出版社 2012 年版。
饶长溶：《汉语层次分析录》，北京语言文化大学出版社 1997 年版。
邵敬敏：《现代汉语疑问句研究》，华东师范大学出版社 1996 年版。
邵敬敏：《汉语方言疑问范畴比较研究》，暨南大学出版社 2010 年版。
施其生：《方言论稿》，广东人民出版社 1996 年版。
石毓智、李讷：《汉语语法化的里程——形态句法发展的动因和机制》，北京大学出版社 2001 年版。
史存直：《汉语语法史纲要》，华东师范大学出版社 1986 年版。
宋玉柱：《现代汉语特殊句式》，山西教育出版社 1991 年版。
宋玉柱：《语法论稿》，北京语言学院出版社 1995 年版。
孙良明：《古代汉语语法变化研究》，语文出版社 1994 年版。
孙锡信：《汉语历史语法丛稿》，汉语大词典出版社 1997 年版。
孙锡信：《近代汉语语气词——汉语语气词的历史考察》，语文出版社 1999 年版。

覃远雄等：《南宁平话词典》，江苏教育出版社1997年版。

万陆：《客家学概论》，江西高校出版社1995年版。

汪国胜：《大冶方言语法研究》，湖北教育出版社1994年版。

王东：《客家学导论》，上海人民出版社1996年版。

王还：《"把"字句和"被"字句》，上海教育出版社1984年版。

王力：《汉语史稿》（上册、中册、下册），中华书局1980年版。

王力：《中国现代语法》，商务印书馆1985年版。

王力：《汉语语法史》，商务印书馆1989年版。

王松茂等：《汉语代词例解》，书目文献出版社1983年版。

温昌衍：《客家方言特征词研究》，暨南大学，博士学位论文，2001年。

温昌衍：《客家方言》，华南理工大学出版社2006年版。

温美姬：《梅县方言古语词研究》，华南理工大学出版社2009年版。

温涌泉：《客家民系的发祥地——石城》，作家出版社2006年版。

吴福祥主编：《汉语语法化研究》，商务印书馆2005年版。

伍云姬主编：《湖南方言的动态助词》，湖南师范大学出版社1996年版。

项梦冰：《连城客家话语法研究》，语文出版社1997年版。

谢栋元：《客家话北方话对照词典》，辽宁大学出版社1994年版。

邢福义：《语法问题探讨集》，湖北教育出版社1986年版。

邢向东：《陕北晋语语法比较研究》，商务印书馆2006年版。

徐通锵：《历史语言学》，商务印书馆1996年版。

杨必胜、潘家懿、陈建民：《广东海丰方言研究》，语文出版社1996年版。

杨伯峻、何乐士：《古汉语语法及其发展》，语文出版社1992年版。

俞光中、[日]植田均：《近代汉语语法研究》，学林出版社1999年版。

袁家骅等：《汉语方言概要》（第二版），文字改革出版社1960年版。

詹伯慧：《现代汉语方言》，湖北人民出版社1981年版。

詹伯慧主编：《汉语方言及方言调查》，湖北教育出版社1991年版。

张恩庭、刘善群主编：《石壁与客家》，中国华侨出版社2000年版。

张双庆主编：《动词的体——中国东南方言比较研究丛书 第二辑》，香港中文大学中国文化研究所吴多泰中国语文研究中心1996年版。

张维耿主编：《客家话词典》，广东人民出版社1995年版。

赵元任：《汉语口语语法》，商务印书馆1979年版。
政协石城县文史委员会、石城客家温氏考略编撰委员会：《石城客家温氏考略》，内部刊印，2006年。
周日健：《新丰方言志》，广东高等教育出版社1990年版。
朱德熙：《现代汉语语法研究》，商务印书馆1980年版。
朱德熙：《语法讲义》，商务印书馆1982年版。
朱祖振：《石城客家姓氏》，石城县档案史馆1993年版（内部资料）。
祝敏彻：《近代汉语句法史稿》，中州古籍出版社1996年版。
Anne Yue – Hashimoto, 1993, Comparative Chinese Dialectal Grammar: Handbook for Investigators. Ecole des Hautes Etudes en Sciences Sociales, Centre de Recherches Linguistiques sur l'Asie Orientale, Paris.

二　论文

曹聪孙：《语言类型学与汉语的SVO和SOV之争》，《语言教学与研究》1996年第1期。
岑麒祥：《从广东方言中体察语言的交流和影响》，《中国语文》1953年第4期。
陈满华：《〈汉语方言语法比较研究〉评介》，《国外语言学》1996年第1期。
陈荣华：《江西石城话属客方言质疑》，《中国语文》1997年第5期。
陈艳林：《石城（屏山）方言的语流音变》，南昌大学，硕士学位论文，2007年。
傅雨贤：《连平话形容词构词方式和程度差异的多样性》，打印稿，1998年。
何文婷、赵则玲：《江西石城客家方言"牯"的意义和用法》，《现代语文》（语言研究版）2010年第1期。
贺巍：《汉语方言研究的现状与展望》，《语文研究》1991年第3期。
贺巍：《汉语方言语法研究的几个问题》，《方言》1992年第3期。
胡明扬：《B. Comrie〈动态〉简介》，《国外语言学》1996年第3期。
黄翠华：《石城（琴江镇）客家话的连读变调》，暨南大学，硕士学位论文，2018年。

黄加亮：《石城方言词汇研究》，南昌大学，硕士学位论文，2005 年。

黄雪贞：《客家方言的词汇和语法特点》，《方言》1996 年第 1 期。

赖汉林：《石城话的语法特点》，《福建论坛》（人文社会科学版）2006 年第 S1 期。

赖汉林：《石城话声韵调调查分析》，《东南传播》2006 年第 10 期。

赖汉林：《石城话语音分析》，福建师范大学，硕士学位论文，2007 年。

李讷、石毓智：《论汉语体标记诞生的机制》，《中国语文》1997 年第 2 期。

李如龙：《汉语方言学（大纲）》，打印稿，1997 年。

李如龙：《闽方言和苗、壮、傣、藏诸语言的动词特式重叠》，《民族语文》1984 年第 1 期。

李宇明：《疑问标记的复用及标记功能的衰变》，《中国语文》1997 年第 2 期。

廖姝芳：《浅谈石城灯彩的语音修辞》，《湖北师范学院学报》（哲学社会科学版）2014 年第 2 期。

刘丹青：《汉藏语系重叠形式的分析模式》，《语言研究》1988 年第 1 期。

刘纶鑫、何清强：《石城方言语气词》，《南昌大学学报》（人文社会科学版）2001 年第 4 期。

刘纶鑫主编：《客赣方言比较研究》，中国社会科学出版社 1999 年版。

刘叔新：《轻声"里"属什么单位的问题》，《语言教学与研究》1996 年第 1 期。

饶长溶：《长汀方言助词"嚟"和"咧"》，《语文研究》1996 年第 2 期。

饶长溶：《福建长汀方言动词的体貌》，《中国语文》1996 年第 6 期。

饶长溶：《修饰成分后见小集（初稿）》，打印稿，1998 年。

孙朝奋：《再论助词"着"的用法及其来源》，《中国语文》1997 年第 2 期。

汪平：《苏州方言语法引论》，《语法研究》1997 年第 1 期。

王静：《从语义级差看现代汉语"被"字的使用》，《语言教学与研究》1996 年第 2 期。

温昌衍：《石城音系》，南昌大学，硕士学位论文，1996年。

温昌衍：《江西石城话属客家方言无疑》，《江西社会科学》2003年第8期。

温昌衍：《石城话的"加1-词"》，《语言研究》2008年第2期。

温昌衍：《石城客话表微标记"哩"》，《中国语文》2011年第1期。

温昌衍：《江西石城客家话的领属结构》，《语言研究集刊》2013年第1期。

温昌衍：《江西石城客家话的致使结构》，《辽宁教育行政学院学报》2015年第2期。

温昌衍：《石城客家话中的"呃"》，《方言》2015年第4期。

温昌衍：《石城客家话中做补语的"倒"》，《中国语文》2015年第4期。

温昌衍：《石城（高田）客家话的疑问句和疑问语气词》，《嘉应学院学报》2016年第6期。

温昌衍：《石城（高田）客家话的否定词》，《嘉应学院学报》2016年第12期。

温昌衍：《石城客家话两字组连读变调——兼谈变调中的"语音词"和"心理词"》，《语言研究集刊》2017年第2期。

温昌衍：《石城客家话的述补结构》，《嘉应学院学报》2017年第3期。

温昌衍：《江西石城高田客家话同音字汇》，《嘉应学院学报》2018年第1期。

温昌衍：《江西石城客家话的小称变调和强化变调——兼论台湾东势客家话［ˆ］35变调》，《方言》2019年第3期。

温昌衍：《石城高田客家话名词、动词、形容词的重叠》，《嘉应学院学报》2020年第2期。

温美姬、温昌衍：《石城客家话的比较句——兼与梅县客家话比较句比较》，《嘉应学院学报》2021年第5期。

吴金夫：《客家方言与民系形成的时间和地点》，《汕头大学学报》1995年第3期。

吴可珍：《江西石城方言研究》，苏州大学，硕士学位论文，2010年。

徐燕青：《"不比"型比较句的语义类型》，《语言教学与研究》1996年第 2 期。

严修鸿：《客家话表示领属的 ŋa ŋja kia 的历史来源》，《汉语东南方言语法比较研究学术会议论文本》，1995 年 10 月。

易先培：《论湘西苗语名词的类别范畴》，《中国语文》1981 年第 3 期。

曾毅平：《石城（龙岗）方言的体》，李如龙、周日健主编《客家方言研究——第二届客方言研讨会论文集》，暨南大学出版社 1998 年版。

曾毅平：《石城（龙岗）方言的起始、接续、经历、已然体》，《语文研究》1998 年第 3 期。

曾毅平：《石城（龙岗）方言的处置句》，暨南大学中文系现代汉语教研室《现代汉语教学研究与探索》（第二辑），暨南大学出版社 1999 年版。

曾毅平：《石城（龙岗）方言的指代形式》，《方言》2001 年第 3 期。

曾毅平：《石城（龙岗）方言的结构助词》，李如龙主编《汉语方言研究文集》，暨南大学出版社 2002 年版。

曾毅平：《石城（龙岗）方言的被动句、双宾句、"来、去"句、"有"字句和"添"字句》，戴昭铭主编《汉语方言语法研究和探索——首届国际汉语方言语法学术研讨会论文集》，黑龙江人民出版社 2003 年版。

曾毅平：《石城（龙岗）客话常见名词词缀》，《方言》2003 年第 2 期。

詹伯慧：《汉语方言语法研究大有可为——序〈汉语方言语法调查手册〉》，《语文研究》1994 年第 4 期。

张国宪：《语言单位的有标记与无标记现象》，《语言教学与研究》1995 年第 4 期。

张济卿：《汉语并非没有时制语法范畴——谈时、体研究中的几个问题》，《语文研究》1996 年第 4 期。

张黎：《"着"的分布及其语法意义》，《语文研究》1996 年第 1 期。

张敏：《从类型学和认知语法的角度看汉语重叠现象》，《国外语言学》1997 年第 2 期。

张应春：《石城方言语法概要》，南昌大学，硕士学位论文，1995 年。

郑人萍、陶灵：《石城方言与普通话的词汇特征比较》，《传奇·传记文学选刊（理论研究）》2011 年第 2 期。

朱祖振：《石城方言的几个语法特点》，闽西客家学研究会编，李逢蕊主编《乡音传真情——首届客家方言学术研讨会专集·客家纵横（增刊）》，1994年。

《汉语方言语法研究丛书》书目

安陆方言语法研究
安阳方言语法研究
长阳方言语法研究
崇阳方言语法研究
大冶方言语法研究
丹江方言语法研究
高安方言语法研究
河洛方言语法研究
衡阳方言语法研究
辉县方言语法研究
吉安方言语法研究
浚县方言语法研究
罗田方言语法研究
宁波方言语法研究
武汉方言语法研究
宿松方言语法研究
汉语方言持续体比较研究
汉语方言完成体比较研究
汉语方言差比句比较研究
汉语方言物量词比较研究
汉语方言被动范畴比较研究
汉语方言处置范畴比较研究
汉语方言否定范畴比较研究
汉语方言可能范畴比较研究
汉语方言小称范畴比较研究
汉语方言疑问范畴比较研究

石城方言语法研究
山西方言语法研究
固始方言语法研究
海盐方言语法研究
临夏方言语法研究
祁门方言语法研究
宁都方言语法研究
上高方言语法研究
襄阳方言语法研究
苏皖方言处置式比较研究